增强安全防范意识　提高自我保护能力

大学生安全教育知识读本

DAXUESHENG ANQUAN JIAOYU ZHISHI DUBEN

总主编　李先德　刘凤健
主　编　黄快林　徐庆军　黄梅学

现代教育出版社
Modern Education Press

图书在版编目（CIP）数据

大学生安全教育知识读本 / 黄快林，徐庆军，黄梅学主编 . —北京：现代教育出版社，2017.8（2021.8 重印）

ISBN 978-7-5106-5691-0

Ⅰ . ①大… Ⅱ . ①黄… ②徐… ③黄… Ⅲ . ①大学生－安全教育－高等学校－教材 Ⅳ . ① G641

中国版本图书馆 CIP 数据核字（2017）第 198682 号

大学生安全教育知识读本

总 主 编　李先德　刘凤健
主　　编　黄快林　徐庆军　黄梅学

责任编辑　魏　星　魏艳平
封面设计　朗宁文化
出版发行　现代教育出版社
地　　址　北京市朝阳区安华里 504 号 E 座
邮政编码　100011
电　　话　（010）64251036（编辑部）　010-64256130（发行部）
传　　真　（010）64251256
印　　刷　大厂回族自治县聚鑫印刷有限责任公司
开　　本　787mm×1092mm　1/16
印　　张　13
字　　数　300 千字
版　　次　2019 年 6 月第 2 版
印　　次　2021 年 8 月第 3 次印刷
书　　号　ISBN 978-7-5106-5691-0
定　　价　37.80 元

前　言

　　大学生是祖国的未来、民族的希望，肩负中华复兴之重任。大学生的健康和安全是社会之期望，学校之要任。但由于大学生正处于身体、心理、知识、能力的成长和发展阶段，缺乏社会经验，安全防范和法律知识有所欠缺，遇到安全问题往往不能正确应对和处置，个人和群体的人身财产容易受到威胁和侵害，造成不必要的损失。校园安全是顺利开展学校教育活动的基础，也是教育改革和发展的基本保障。《国家中长期教育改革和发展规划纲要（2010—2020年）》指出，要"切实维护教育系统和谐稳定，深入开展平安校园、文明校园、绿色校园、和谐校园创建活动，为师生创造安定有序、和谐融洽、充满活力的工作、学习、生活环境"；同时强调，"加强安全教育和学校安全管理，加强校园网络管理和周边治安综合治理，完善学校突发事件应急管理机制，妥善处置各种事端"。这表明了国家对校园安全问题的重视。对大学生进行安全教育，是贯彻落实科学发展观的具体措施，是培养大学生树立国民意识、提高国民素质和公民道德素养的重要途径和手段。

　　通过安全教育，大学生应当在态度、知识和技能三个层面达到如下目标。

　　知识目标：通过安全教育，大学生应当了解安全的基本知识，掌握与安全问题相关的法律法规和校纪校规，安全问题所包含的基本内容，安全问题的社会、校园环境；了解安全信息、相关的安全问题分类知识以及安全保障的基本知识。

　　能力目标：通过安全教育，大学生应当掌握安全防范技能、安全信息搜索与安全管理技能；掌握自我保护技能、沟通技能、问题解决技能等。

　　素质目标：通过安全教育，大学生应当树立起安全第一的意识，树立积极正确的安全观，把安全问题与个人发展和国家需要、社会发展相结合，为构筑平安人生积极努力。

　　目前，各高校的安全教育普遍采用安全专题讲座加学生自学的方式进行。为便于广大学生自学，我们从科学发展观和构建和谐社会的要求出发，在总结多年高校安保工作经验教训的基础上，结合新时期的特点和规律，潜心编写了这本《大学生安全教育读本》。全书共分为15章，首先对高校及高校周边的安全形势进行了深入剖析，再对与大学生密切相关的消防安全、人身安全、心理安全、交通安全、财物安全、食品卫生安全、网络安全、教学安全、就业安全、旅游和游泳安全、公共安全、国家安全等安全问题进行了逐一介绍，呼吁大家远离黄赌毒，预防违法犯罪。最后详细介绍了报警、户籍管理等警务常识。

　　本书的编写，主要遵循实用性与时效性并重的原则。在实用性方面，首先，我们从安全教育的角度出发，阐述的都是在校大学生最有可能遇到的安全问题；其次，不单纯讲述安全理论，而多以案例导入，侧重介绍风险防范和危机应对的方法，增强了本书的可读性，便于学生学习和阅读。在时效性方面，密切联系实际，紧跟社会发展，对一些新的违法犯罪手法,如网络购物安全、电信诈骗、传销、校园贷等进行了详细的介绍。

　　本书编写过程中,借鉴和参考了诸多国内安全教育相关的教材和资料文献,在此向相关作者表示感谢!

　　由于编者水平有限,加之时间仓促,书中难免有疏漏和不当之处,恳请广大师生和读者批评指正。我们也将对本书内容进行修订更新。

编　　者

2021 年 5 月

目 录

第一章 认清安全形势 重视安全教育

安全是社会发展的基础，是人类个体发展的基本保证。高校的安全稳定，不仅关系到师生员工的合法权益和人身财产安全，也是大学生在校学习、生活、成长和全面发展的根本前提。目前高校的安全形势不容乐观，针对大学生的各种刑事治安犯罪屡屡发生，但仍有很大一部分大学生缺乏安全防范意识，缺乏安全防范技能。加强对大学生的安全教育是高校思想政治教育工作的重中之重。

第一节 当代大学生所处的安全环境

近年来，我国各项改革不断深化，社会更加安定繁荣，高等教育事业蓬勃发展，在社会良好态势的大局下，各类安全事故仍屡屡发生，大学校园也不例外。高校安全事故不仅给在校师生的生命和财产带来了损失，也严重影响了大学生的学习和成才，甚至关系到社会的稳定。安全事故的发生，主要原因是大学生对社会和校园的安全形势认识不够，缺乏必要的安全防范意识。

一、复杂纷乱的政治、社会安全环境

高校安全稳定与社会安全稳定相互作用、相互制约、相互依存。没有稳定的政治和社会环境，安全也就无从谈起。

（一）复杂的政治环境

当前国际形势错综复杂，新的冷战思维继续发酵，种族、民族、宗教矛盾在局部地区不断纠缠和深化，局部争端和斗争此起彼伏。伴随着中国的崛起，国际反华势力对中国的敌意和指责从未停止，"中国威胁论"的声音不时响起。

"和平与发展"虽是当今时代发展的主题，但国际反华势力运用各种手段对我国高校进行文化的渗透和破坏。由于高校是人才汇聚的场所，师生的思想较为活跃，通过各种方

式对高校师生进行心理战，很容易造成学生思想的模糊，形成对高校安全的潜在威胁。从国际来看，西方敌对势力采取"和平演变"手段和我们争夺下一代的目标没有变，而高校日渐增多的国际交往一定程度上为他们进行思想渗透提供了时机和平台，手段方式因此由原来的隐蔽方式转为公开或者半公开。他们通过宗教和一些非政府组织，打着与学校进行学术交流、扶贫助困、科研资助等幌子对师生进行意识形态渗透，并伺机刺探、套取或者收买国家和单位的秘密。境外敌对势力还常利用国内民族宗教问题，挑拨离间，煽动大学生的民族情绪，引发各种矛盾。加之现在留学生日益增多，大学生在国外留学一两年，国外的生活方式、意识形态也会影响大学生的人生观、价值观的形成。

（二）纷乱的社会环境

由于我国现阶段正处在一个经济体制和政治体制改革后的发展时期，也是建立社会主义市场经济新秩序的过渡时期，我国的改革开放取得了巨大成就，但转型中的中国也遇到了很多问题，新的矛盾不断产生，社会不安定因素仍在一定范围内存在：

（1）社会中各种矛盾日显突出，如贫富差距、诚信丧失、下岗失业、贪污腐败等。大学也是社会的一部分，大学校园也难以回避这样的社会矛盾。每个学生都是一个家庭的成员，这些社会问题易滋生个人的不良情绪，被带入校园。

（2）国内外敌对势力、犯罪团伙、黑恶势力、邪教组织或个人利用高校的政治影响大、信息传递快、人口相对集中等特点，以爆炸、自焚、自杀、投毒、发布邪教组织的信息等各种手段，报复社会、发泄私愤，进行各种破坏社会稳定的活动，对大学生人身、生命、财产安全构成严重威胁，扰乱了高校教学、科研、生活秩序。种种迹象表明，"瓦哈比""伊吉拉特""伊扎特"等宗教极端势力打着宗教的旗号，已开始向高校渗透，高校校园受暴力恐怖袭击的可能性与日俱增。

（3）网络已经成为大学生获取信息的主要渠道，无处不在的手机上网服务正改变着大学生的生活方式。网上丰富的信息拓宽了大学生的求知途径，成为大学生巨大而无形的积极因素，促进大学生观念更新。但是，不科学、不健康，甚至有害的信息垃圾泛滥，一些渲染暴力、传播色情，甚至宣传反社会、反人类的内容侵蚀着学生，弱化了大学生的道德意识。部分大学生沉迷于网上的游戏、聊天，荒废学业，长时间上网，身体免疫力功能降低，情绪低落，思维迟缓，身心健康受到损害。

（4）大学生正是生理发育的最好阶段。许多社会上的不法分子利用学生社会阅历浅、思想单纯的特点，在学校的公众场所如教室、舞厅、宿舍，甚至厕所等场所，利用大学生胆小怕事、麻痹大意的心理，对大学生进行强奸、猥亵等活动，严重损害学生的身心健康。

（5）拜金思潮对大学生的不良诱惑，"被包养"、搏出位的"网红"等社会现象摧毁了大学生心目中多年学校教育树立起来的人生价值观。社会相比高校而言，充满了利益关系和利益氛围，而刚入校的大学生大部分思想比较单纯，辨识力、自控力有待进一步提高，容易受到利益的诱惑，也容易被社会某些不良人群为了低俗目标，通过不良手段对大学生造成侵害。

二、危机四伏的校园及周边安全环境

随着改革开放的深入，高校由过去的封闭型办学变为开放型办学，由一般教学、科研机构，变为教学、科研、生产、商贸等多元化的社会机构。当前高校管理方式社会化，办学形式多样化，学生结构复杂化，校园与社会相互交叉、相互渗透，校园治安形势日趋复杂严峻。

（一）开放式教学环境给高校的安全带来诸多不利因素

相对于过去封闭式管理的高中校园，大学校园则是一个更加开放、管理趋于自由松散的学习环境。加上近年来国外一些先进的教学经验和模式被引进国内，我国大部分高校的办学模式也已经从封闭式的管理模式逐步转换成为开放式的教学。高校将体育场地、图书馆、实验室作为一种资源跟社会共享，体现了高校社会服务的职能，也有利于激发学生学习的积极性和主动性，有利于学生的全面发展，有利于培养学生独立自主的学习和生活能力。但开放式教学也使得校园周边的安全环境日趋社会化、复杂化。

（1）开放式教学模式增加了校园的人口流动性。社会人员进入校园更加轻松便捷，不法分子混入其中更不易被察觉。社会上的一些不法之徒，时常窜入高校进行盗窃、抢劫、诈骗、行凶等犯罪活动，有的甚至危害师生的人身安全，直接影响学校的安全稳定。

【案例】2016年3月中旬到4月期间，武汉大学文理学部教学楼教室里经常发生学生的电脑和手机莫名丢失事件。武汉大学保卫部接到学生反映后向珞珈山派出所报案。"我们调阅多起被盗案时的视频，发现都有一个穿酱色夹克上衣的学生背着书包进入教室，奇怪的是他每次进教室后不像是听课，而是四处观察后趴在课桌上睡觉，然后趁课间休息学生上厕所的间隙，迅速拿起桌上的电脑或手机离开。上课的学生没想到教室里会藏着小偷，一点防范意识都没有。"珞珈山派出所民警联合武汉大学保卫部对武汉大学文理学部教学楼进行了布控。4月11日中午，犯罪嫌疑人梁某穿着同一件上衣再次在教室内实施盗窃时，被当场抓获。据梁某交代，他平时经常扮成学生模样，混到武汉大学各个教室踩点，对于每间教室什么时间人少、学生学习时的物品摆放习惯非常熟悉。他利用学生上洗手间的时机盗窃学生财物，1个月先后在武汉大学文理学部等教室盗窃5次，盗走4部笔记本电脑和3部手机。

（2）开放式校园带来交通安全隐忧。校园内的汽车数量激增，而驾驶员素质参差不齐。许多高校校园内生活区与教学区划分不明显，人车不分流，电动车、私家车在校园内无序通行。一些学生的交通安全意识不强，导致校园交通事故频发。

（3）校园空间较大，有不安全死角。高校校园占地面积一般上千亩，建筑一般有行政楼、教学楼、各院系楼群、图书馆、学生宿舍楼、教师家属院等，内部还有一些草坪、树林等绿化地带。教学楼公共楼内或空旷场地的厕所，以及巡查人员巡查不到位的地方，则可能成为不安全死角。

（4）外国来华留学生逐渐增多。随着中国国力的显著提升，我国已经成为继美国、英国之后第三大留学生输入国。2014年来华留学生人数达到37.7万人，这些学生来自世界 203 个国家和地区，分布在全国 775 所高校、科研院所。外国留学生在华学习生活过程中，与我国高校学生可能引发矛盾、冲突。此外，不同国家、民族的学生也可能引发文化冲突。极少数外国留学生违反校纪校规、晚归、酗酒、打架、非法留宿的现象时有发生。国外宗教组织通过留学生对我国大学生进行思想渗透，国外反华势力通过留学生窃取我国军事、科技等机密，此类事件屡见不鲜。

（二）高校内部及周边形势存在诸多安全隐患

随着我国高校扩招，高校的规模和面积也在迅速扩大。随着我国经济的快速发展，当代大学生的花费也逐步增多，在校大学生正逐渐成为城市消费群体的重要组成部分。一些商人看中了高校这个特殊的消费群体，为了牟取暴利，想尽一切办法，对校园周边进行商业开发，各种餐饮业娱乐业在校园周边迅速兴起，外来务工人员、流动人员数量剧增，违法经营状况比较严重，安全隐患明显增加。

（1）治安环境更加复杂。学校周围各种网吧、KTV、旅馆、餐厅等经营场所林立，经营者和消费者身份较为复杂，人员流动性大，容易发生消费冲突、盗窃欺诈、打架斗殴等治安案件。

（2）食品安全存在诸多隐患。小吃摊、路边摊等在当前我国高校校园门口已经成为一道特殊的"风景线"，这些小吃摊、路边摊一般都是"三无"经营点，其经营既会对周围环境造成污染又可能影响到学生的身体健康。校园商店可能也有少数食品卫生存在安全隐患。

（3）交通安全问题不容小视。许多高校都处在城乡接合部，校门口的交通秩序还比较混乱，社会的"黑出租车"、载客的摩托车等在一定程度上影响了交通秩序，同时也埋下了巨大的交通安全隐患。

（4）目前高校中有不少学生外出租房，他们远离学校，疏于管理，在治安、防火、交通等方面都存在隐患。每所高校附近都有 24 小时开放的网吧，许多学生沉溺于网络游戏不能自拔，荒废了学业，影响了身心健康。

（5）高校学生本身没有实现经济独立，其消费能力完全依赖于自身的家庭和亲人。到校门口各种经营场所消费，在一定程度上导致了学生大手大脚的消费行为。

高校内部存在的安全隐患主要表现在：有些学校体育器材不牢固，容易发生伤害事故；有的缺乏消防设施设备，会使用消防设施的师生较少；有的学校电气线路老化，电闸、变电器等裸露在外，未加防护；有的教学楼和学生宿舍楼未设消防楼梯，疏散通道不够；有的学校实验室设备陈旧，缺乏消防设备，有毒和有腐蚀性的化学药品未按规定要求存放保管；不少学校未组织过师生进行救生、逃生的安全演练；大学生缺少专门的安全教育课程等。

（三）高校扩招使高校安全形势更加严峻

自 1999 年高等教育扩大招生以来，我国高等教育规模迅速扩大，毛入学率逐年上升。据 2015 年 7 月 30 日教育部公布的《2014 年全国教育事业发展统计公报》，2014 年全国各类高等教育总规模达到 3 559 万人，高等教育毛入学率达到 37.5%。办学规模的不断扩大给高校的安全形势带来更大挑战。

（1）随着高校扩招，在校生人数大幅度增加，其素质参差不齐；学校为了多出人才、多增加收入，从而扩大了办学规模，实行多层次、多渠道、多形式的开门办学模式，广招自考生、双证班、函授生、在职生等，同时也吸引了各种各样的教育培训机构到高校来办班，从客观上使高校学生主体队伍构成由原来单一的成分转向复杂的成分；高等教育进入大众化阶段，生源质量也随之下降，学习后进生增多；家庭经济困难学生增多；独生子女增多；高考无年龄和地域限制造成学生成分更加复杂；来自社会、家庭、人际交往等各方面的压力造成有心理障碍的学生增多。

（2）学校安全设施的建设落后于校舍的建设。为了满足扩招后师生的学习、生活需要，各学校扩大面积，新修校舍。但一些高校资源相对有限，在学生住宿、教室等场所中没有配置灭火器、应急灯，一旦发生火灾，后果将不堪设想。

（3）校园规模不断扩大，一些高校通过合并办学实现了资源共享，很多学校都有了分校区、新老校区，校区多而分散，使得交通安全存在较大的隐患。高校合并办学，打破了学校独门独院办学的格局。由于校区分散，相邻校区间的人流、车流、物流互动，有的院（系）的学生每天从甲校区到乙校区上课或去图书馆学习，使得校区之间人员流动性增大，稍有疏忽，则易发生交通事故和人身安全事故。

（4）学生人数倍增与校园资源短缺矛盾日益突出。由于学生人数大量增加，办学条件、教学设施、生活设施严重滞后，图书馆座位、饭堂座位不足，教室、自修室、宿舍拥挤，抢位子的摩擦或打斗时有发生，等等。这些因素都增加了校内安全隐患。

（四）后勤社会化带来了新的问题

我国高校自1999年实施后勤社会化改革。随着改革进程加快，过去一直由学校包揽的后勤管理工作逐渐转变为服务外包，从而保证高校集中精力进行教学科研。然而高校后勤服务虽然走向了社会化，但它服务的主体依然是广大师生，仍然紧密围绕着教学科研。外包易导致后勤管理部门与外包公司职权不明晰；外包公司对高校安全工作认识不足，追求利益最大化；人员流动性大，服务意识薄弱。后勤服务社会化带来的问题呈现多元化、多层次的特点。

比较典型的问题主要为以下几点：

（1）实施后勤社会化以后，学校的食堂由个人投资建设或者承包经营。而一些个体户为了追求经济利益实施以次充好的策略，造成严重的食品卫生安全问题。而学校对食品卫生和质量的监督的淡化使得食品安全问题难以得到解决。

（2）追求利润最大化造成恶性竞争，而恶性竞争又带来安全问题。高校后勤社会化之后，食堂、超市、公寓等的经营与管理都实现了社会化，竞争比较激烈。而一些个体业主为了在竞争中取胜，不惜采用极端的手段来打压对方，甚至可能发生像投毒这样的性质恶劣的安全事件。

（3）大量的外来人员来校务工、经商。由于这其中大部分人文化素质偏低，法制观念淡薄，流动性较大，不易管理。部分外来人员违法犯罪现象比较突出。据调查，高校外来人员引发的案件占高校刑事、治安案件的40%以上。有的外来务工人员在休息时间东逛西遛，惹是生非，寻衅滋事；有的以打工做掩护，盗窃学校公私财物；也有的聚众赌博、打架斗殴，严重扰乱了校园治安秩序。

（五）学生活动空间扩大，安全难以监管

开放式教育背景下，大学生已不再满足于校内简单的教学和实践活动，而转向校外的活动。他们渴望了解社会、适应社会，通过实践活动来提升自身的实际操作能力。具体表现为：在节假日，他们到校外兼职、家教、参加社会田野调查、实习或者见习等，参加各种各样的实践活动；一些大学生积极参加社会公益活动，到边远山区、基层社区支农支教。另外，随着大学生物质生活的改善以及个性化的追求，他们也不满足于在校的各种文体娱乐活动，而开始迈向社会，具体表现为：节假日组团进行长短途旅游，或是骑自行车，或是露营野外、攀爬山岭等，这些活动有一定的危险性；利用空余时间到社会上各式各样的娱乐场所进行娱乐活动。这种活动内容多样化和空间扩大化的发展趋势，使得大学生在校期间的安全难以监管。如因学生思想单纯、对校外环境不熟悉等造成学生上当受骗、出现人身财产损失甚至伤亡事件，对于学生家庭来说是极难承受的事情。

第二节　大学生常见安全问题

一、大学生常见安全问题

（一）酗酒、打架现象屡禁不止

国内大多数高校均已颁布过禁酒令，但学生酗酒现象仍然屡禁不止，部分自控能力差的学生酗酒后寻衅滋事，导致打架事件多因酗酒发生。

（二）学生财物失窃现象时有发生

学生财物失窃案件占校园安全案件的比重较大，笔记本电脑、高档手机、钱财、金银首饰等贵重物品作为大学生的主要财产，发生失窃的损失金额越来越大。作案人员主要分三类，第一类主要是社会闲散人员，他们伺机混入校园及学生宿舍作案；第二类主要是平日挥霍、手头拮据的学生；第三类是寻找刺激、形成偷窃习惯的心理不健康学生。以上三类人员作案具有习惯性及长期性的特点，部分人员还存在屡教不改的情况。

（三）交通安全隐患与日俱增

随着新形势下高校的发展，许多高校纷纷建立新校区，大多高校新校区距离校本部或市区较远，随之而来的就是学生乘车问题，无形中增加了学生交通的安全隐患。大多数学生都能够按照学校规定乘坐校车往返于市区和新校区之间。但因校车发车时间的固定性和夜间的不可选择性，致使许多学生搭乘私家车辆、无牌无证车辆，还有小部分学生自驾车辆往返于新校区和市区之间，无形中增加了学生出行的安全隐患。近年来此类交通事故的发生屡见不鲜。归结其原因，一方面，学生自身交通安全意识不强；另一方面，高校对学生的交通安全意识教育有所疏漏，对交通安全方面的管理不够严格。

（四）火灾隐患时时存在

近年来，高校校园火灾案件多发，轻则财务损失，重则人身伤亡。总结各类校园火灾案件发生的情况，大多是因为学生缺乏基本的消防常识，消防意识差，缺乏正确的应对火灾措施所致。各高校虽然一直对学生宿舍的管理常抓不懈，但学生在宿舍内私接电线，使用违禁电器，熄灯后点蜡烛，使用电炉、酒精炉、热得快烧水做饭，部分女生使用电夹板等美发用具等现象仍然屡禁不止，给宿舍安全带来极大隐患。据某大学调查显示：43% 的学生对防范安全事故存在侥幸心理；52% 的学生在宿舍使用过违禁电器；71% 的学生不会使用灭火器。从以上调查结果可以看出，引发高校校园火灾案件的主要原因是疏于防范，虽然各高校三令五申杜绝使用各类违禁电器，但大多数学生存在侥幸心理，避灾自救能力差，认为抓不到就没问题，在麻痹大意的情况下致使火灾发生。

（五）心理健康问题堪忧

现在大多数大学生是独生子女，很多都是第一次离开父母开始校园生活。由于之前过于依赖父母的生活，养成"以自我为中心"的个性，从小缺乏集体意识和合作精神，处理人际关系的能力比较薄弱，不能包容与分享，不能与同学建立和谐融洽的关系，加上大学生处在敏感和冲动的青春期，个性特征不同和待人处事的方式不同，有的学生会因为一些小事情无法忍受而产生纠纷。有些学生太过于自闭，没有倾诉的对象或宣泄的途径，会做出一些过激的自残轻生行为。

（六）上当受骗越来越普遍

电信诈骗、就业诈骗、网络购物诈骗、网络金融诈骗……近年来，诈骗的手段越来越高科技，公安部门侦破起来非常困难；诈骗的形式越来越隐蔽，财物损失追回的可能性很小；受骗的金额越来越巨大；受骗的对象越来越普遍。可以说每一个大学生大学四年都曾经遭遇过诈骗信息，近半数的学生有过被骗经历。受骗损失有时候还不仅仅是钱财，还可能危及人身安全甚至是生命。

（七）网络时代的安全隐患

许多别有用心的人利用网络信息传播的快速性、便捷性、虚拟性和隐蔽性，肆意在网上发布不真实的信息，甚至反动言论。未走入社会的大学生可塑性强，好奇心重，辨别是非能力差，容易轻易听信网络谣言上当受骗或被人利用。这类例子屡见不鲜，如，大学生受反动组织鼓吹不明所以误入其内；女大学生因同情心泛滥被骗财骗色等案件时有发生。部分学生对现实生活中的交际困难产生消极逃避的心理，借助网络聊天的虚拟性随意在网上交友，导致被骗被拐的情况不在少数。还有部分学生沉迷于网络游戏不能自拔，荒废学业。更有甚者在网络游戏中投入大量时间和金钱，有的变成了偷盗罪犯，有的损害了身体健康，有的辜负了亲人和老师的殷切期望。部分高校学生受不良的网络环境影响，形成懒惰、暴力、淫秽等负面思想倾向，淡化了对崇高理想信念的追求。这些都是网络时代给高校学生带来的安全隐患。

（八）刑事案件偶有发生

校园周边环境复杂引发的刑事案件越来越多。饭馆、KTV、网吧、宾馆、酒吧等各类商铺汇集高校周边，许多社会闲散人员混迹其中，伺机对大学生作案，致使学生人身和财产安全常遭不法侵害。学生酗酒后，因意识不清醒、情绪波动性较大导致寻衅打架事件引发的人身伤害类刑事案件时有发生。恋爱失败引发的对曾经的恋爱对象或是第三者仇伤类事件导致许多在校大学生走上犯罪道路。2004 年的云南大学"马加爵事件"、2010 年的西安音乐学院"药家鑫事件"、2013 年 4 月上海复旦大学投毒案等等，无不说明心理问题已成为当今威胁高校安全稳定的隐形杀手。

（九）群体性事件时有发生

近几年，因国内外重大突发事件所引发的大学生群体性罢课、示威、游行等活动时有发生。据《瞭望》新闻周刊报道，全国发生的群体性事件，已由 2000 年的 4 万起增加到 2009 年的 11 万起，增长了近 3 倍。近年来，高校发生的大学生群体性事件同样呈急剧上升的趋势，并且规模大，破坏程度深，影响广。若处理不当，不仅会破坏校园内部安定，还会影响到校园以外乃至整个社会秩序的稳定。

二、大学生安全事故频发的主要原因

在校园内外发生了许多涉及学生意外伤害的事故，原因虽然是多方面的，但有一个共同点，就是大多数当事学生对事故的发生没有任何心理准备和自我保护意识，面对伤害不知所措。

（一）缺乏社会经验和分辨能力

当代大学生由于从小都是在父母和老师的呵护下长大，没有经受什么挫折，思想比较单纯，对社会上的不良风气和一些坏人坏事不能作出理性的认识。由于缺乏社会经验，自我防范能力相对比较弱，如缺乏保管自己的贵重物品、现金的经验，易于发生财物被盗；缺乏人际交往中的经验，容易上当受骗。也有一些学生在受到不法侵害时，不知道如何保护自己，轻而易举地被一些不法之徒欺骗或威逼利诱。近年来发生的多起女大学生被拐卖、凌辱、残害的案件就是这方面的活生生的例子。

（二）缺乏安全防范意识

现在的孩子基本上都是独生子女，父母对孩子过于溺爱，除了学习什么都不舍得让孩子做，使他们接触不到一些安全问题，也就失去了在日常生活中从父母那得到安全知识、安全教育的机会。父母过多的呵护也使得子女缺乏对社会复杂性与危险性的认识，缺乏警惕性与危险意识。

中国的教育仍然是应试教育，学校、家庭一致将主要精力放在学生的学业上，忽视了安全教育的灌输和安全技能的培训。

在应试教育和独生子女两大背景下，大学生都是从一个完全封闭的教学模式进入一个完全开放的学习环境。在校园安全问题方面，很多学生在认识上存在一种误区，认为大学校园人员素质较高，从主观上放松警惕，导致事故发生。

一些大学生安全防范意识淡薄，对可能发生的各种安全问题，缺乏必要的重视和警惕，留下了种种影响安全的隐患。如在宿舍偷偷使用违规电器；为了方便将钥匙放在门框上；出门不关窗，以为有防护栏就万事大吉；随意将电脑等贵重物品放置在桌上；与网友认识不过数天就视其为知己、有求必应，轻易泄露个人信息；明知是黑车但因价格便宜而选择乘坐……在法制观念方面，受家庭、社会环境的影响，一些大学生的个人主义色彩强烈，法律意识淡薄，责任意识差，我行我素，企图凌驾于周围人之上。

（三）缺乏安全常识

一些大学生的安全知识面过窄，安全素质差，并且不能正确认识到自己的安全问题，在防火、防盗、防骗，及出行意外伤害等方面缺乏基本的常识。如在交通安全中，在通过马路一半时，路灯变成红灯，有一部分大学生选择了转身退回马路边上。而我国《交通安全法实施条例》第三十九条明确规定，人行横道绿灯亮时，准许行人通过人行横道；红灯亮时，禁止行人进入人行横道，但是已经进入人行横道的，可以继续通过或者在道路中心线处停留等候。一旦退回到马路边上，极易发生交通事故。

大学生也普遍缺乏与安全相关的法律知识。如在自身的合法权益受到侵害的情况下，一些大学生并不清楚是自身的身体权、生命权还是健康权等权益受到损害，也不清楚具体有哪些途径可以维护自己的合法权益，或是某些维权的途径是否合法、可行。正确、有效的安全知识和技能是维护安全的主要力量，缺乏安全知识和安全技能，面临安全隐患时就会缺少解决措施，不会正确规避风险，容易遭受伤害。

（四）缺乏成熟、健康的心理

大学阶段是大学生人格发展和完善的关键时期，大学生在这一阶段有着自身的特点：生理发育基本成熟而心理发育相对滞后；情感丰富但情绪波动起伏较大；思维活跃但存在主观片面性，易走极端；意志力水平提高但不能持久也无法平衡。在面临学习压力、交际压力和生活压力方面仍不够成熟；面对新的环境、陌生的群体以及未来的不确定性，学生们的心理压力加大，承受能力和适应能力明显不足，遇到问题束手无策，面对危险也缺少自救的知识与技巧。

（五）缺乏对社会消极因素的抵御能力

目前，我国正处在一个前所未有的改革开放时期，"一切向钱看"的极端个人主义、利己主义、享乐主义，对那些涉世不深、阅历不广、缺乏社会经验、良莠不分的青年大学生来说具有极大的诱惑力。有的学生经不起这种诱惑，自觉或不自觉地接受了这些腐朽观念，如有些大学生受拜金主义、享乐主义、极端个人主义思想的影响，经受不住来自社会好逸恶劳、贪图享乐的诱惑，从贪小便宜、小偷小摸而发展到大肆行窃，害人害己、危害社会；有些大学生在西方"性解放"及淫秽书刊、视频的影响下，奉行"青春不美，死了后悔"的人生哲学，在这种腐朽思想的支配下，很快成为淫乱思想的俘虏。

针对上述大学生安全意识和防范能力方面存在的问题和不足，加强大学生安全教育，提高他们的安全防范意识，减少和避免发生在大学生中的各种安全问题，已成为迫在眉睫的工作。

第三节　安全教育与大学生息息相关

一、大学生安全教育的重要性

高校安全事故不仅会给学生本身及家庭造成伤害，而且也会直接影响到学校正常的教学、生活秩序，严重时将危及整个社会的稳定。鉴于不容乐观的大学校园安全形势，鉴于大学生安全防范意识的淡薄，加强大学生的安全教育，增强安全意识和自我防范能力，已迫在眉睫、刻不容缓。

（一）大学生安全教育符合新时期国家安全和利益的需要

"冷战"虽然早已结束，但"冷战"思维从未消失，境外敌对势力和间谍情报机构从未放弃对我国的各种思想渗透。大学生容易接受新的思想观念和社会思潮，但也容易被错误的思想观念所误导。通过安全教育，使大学生把维护国家安全与自身的责任联系起来，有助于端正大学生的思想认识，增强国家安全意识。

党和国家高度重视和谐社会的建设，提出了构建"富强、民主、文明、和谐、自由、平等、公正、法治、爱国、敬业、诚信、友善"的社会主义核心价值观，和谐社会已经成为中国现代化社会的最高价值核心和最高社会境界。现在的大学生多为独生子女，大学生一旦发生安全事故，不仅涉及本人也涉及一个家庭，由此可能造成强烈的社会反响，其危害后果不可低估。大学生安全教育有利于防范安全事故的发生，有利于维护全社会的稳定。

大学生是国家的未来和希望，是民族发展的动力，代表着朝气蓬勃的力量。他们的素质决定着国家的发展，决定着国家建设的未来。高校是培养人才、输送人才的地方。把大学生培养成全面发展的高素质人才，既是社会对大学教育的基本要求，也是大学教育的根本任务。我们必须在进行知识传播的同时进行安全教育，培养全面发展的高素质人才。这样才能为学生走向社会做好铺垫，才能为社会提供合格的全面人才。

（二）大学生安全教育有利于构建和谐校园

建设和谐校园，是建设社会主义和谐社会的重要内容。学校的发展需要有一个和谐稳定的校园环境，也只有和谐稳定的校园环境才能促进学校健康快速的发展。大学生安全教育在构建和谐校园中发挥着巨大的功能，起着不可替代的作用。大学生的安全教育工作是推进和形成和谐校园的重要基础工程。针对校园及周边复杂环境可能造成的安全事故，很多大学生缺乏足够的认识。这就要求学校必须加强对大学生开展安全教育，不断提高大学生的安全意识。

（三）大学生安全教育有利于个人成才

大学生是一个特殊的群体，他们处在一个生理基本成熟但心理却没有完全成熟的阶段，虽然受到了良好的教育，但是与社会接触较少，缺乏社会经验，思想上比较单纯，性格比较冲动。我国的学校教育一直重视知识的获取，对小学到高中的人格养成教育重视不够，使得越来越多的大学生面对一些突发的状况时表现出无所适从，甚至出现校园暴力案件，如 2004 年云南大学马加爵案件、2013 年复旦大学投毒案件以及全国各地不断发生的校园自杀案件等等。类似案例近年不断见诸各大媒体报刊，对于这些案例的个体而言，正是由于安全教育的缺失，阻碍了他们成长成才的道路。

安全教育和安全意识的提升是一个潜移默化的过程，很多东西很难让大学生完全接受，但现实的生活实际又能让大学生进行更多的思考。安全教育的目的就是要帮助大学生提高安全意识，通过教育让他们了解更多的法律法规知识，学会在社会活动中更好地保护自己，防范各种对自己成长产生负面影响的言论和行为，要学会解决在学习和生活中所遭遇的挫折，面对突发事件做到临危不乱、逐一化解，确保自己的健康成长，为他们以后走向社会、服务社会打下坚实的基础。

二、大学生安全教育的基本内容

安全教育是学校思想政治教育的一个重要组成部分。安全教育涉及的内容非常广泛，应与高校的思想政治教育、道德教育、民主法制教育、校纪校规教育、心理健康教育等相结合。但安全教育又有其自身特色和特定内容，从安全防范角度讲，大学安全教育主要包括以下几个方面的内容：

（一）学习相关法律法规

我国的法律明确规定，公民年满 18 周岁就是完全民事行为能力人。从目前的情况看，绝大部分在校大学生都已年满 18 周岁，他们具有完全民事行为能力，依法对自己的行为承担责任。通过学习相关法律法规，要求学生不但学习和遵守学校的各项规章制度，更应该加强学习诸如《高等学校消防安全管理规定》《学生伤害事故处理办法》等有关规定，增强自己的法律意识，不仅自己遵纪守法，同时在权利受到侵害时懂得运用法律捍卫自己的权益。大学生须明确哪些行为是触犯国家法律的，哪些行为是国家明令禁止的，哪些行为是国家法律不作限制的，从而规范自己的行为，减少违法犯罪行为的发生。

（二）人身安全教育

人身安全是大学生最基本、最重要的安全保障，只有保障大学生的身体、健康和自由不受威胁，才能促使大学生安心完成学业。大学生在实际学习和生活中往往容易受到来自社会的侵害。人身安全教育，就是教会大学生在面临侵害威胁时如何有效地保护自己。

一是加强有关自我保护内容的法律知识的学习，学会运用法律武器保护自身的合法权益不受侵犯。要教育学生在遇到不法侵害的威胁时，及时向公安保卫部门报警，以求得他们的帮助。在遇到抢劫、强奸、行凶、杀人等不法侵害时，应大胆采取正当防卫来保护自己和他人。当遭到不法侵害后，要懂得按照法律程序，依靠执法部门来处理。

二是加强有关受到不法侵害时如何自我保护的学习。要临危不惧，不可惊慌失措。要大义凛然，以正压邪，迫使不法侵害人停止侵害行为，进而将其抓获。如果不能抓获时，应记住不法侵害人的体型特征，为公安部门破案提供重要线索。对于体能较弱的学生，特别是女生，同违法犯罪行为作斗争时，不能"硬拼"，一定要沉着机智，善于动脑，巧于周旋，学会"智斗"，用自己的智慧来赢得呼救及报案机会。

（三）消防安全教育

高校消防安全形势日益严峻，当前大学生消防安全意识淡薄，缺乏必要的消防常识和自救逃生技能。有的学生遇到火灾发生时，惊慌失措，不知道如何报警，由于没有掌握简单救火常识，往往小火酿成大灾；也有的学生在火灾发生时，因缺乏自防自救的知识和能力，丧失了逃生的最佳时间，最终被火魔无情地吞噬。

消防安全教育旨在帮助大学生增强消防意识，增进消防常识，学会如何安全用电，如何预防火灾的发生，在火灾发生时如何报警，如何针对不同火灾类型选择不同扑灭办法，如何使用消防器材，如何在火场中保护自身安全、正确逃生，如何帮助他人逃离火灾现场等。

（四）财物安全教育

目前，随着我国经济水平的不断提高，笔记本电脑、高档手机、钱财、金银首饰等贵重物品成为大学生的主要财产，而由此引发的盗窃、抢劫和被骗事件也逐渐增多。这不仅使学生遭受财产损失，而且直接影响到学生正常的学习和生活。应针对当前学生宿舍盗窃犯罪上升的特点和原因，加强大学生防盗安全教育，提高安全防范意识，在思想上筑起牢固的安全防线。增强防盗观念，自觉落实各项防盗措施，堵塞防盗漏洞。提高安全防范能力，自觉遵守学生宿舍安全管理规定，在宿舍内不存放大额现金，不擅自留宿外客，不能丧失警惕引狼入室。对形迹可疑的陌生人应提高警惕，随时进行询问，不给犯罪分子以可乘之机。

（五）交通安全教育

大学生交通安全意识普遍不强，主要体现在学生交通安全知识缺乏和交通安全意识淡薄两个方面。如何有效防范大学生交通事故的发生，确保交通安全？首先是学习了解交通法规，提高交通法制观念，了解在交通活动中可以做什么、不能做什么；自觉养成遵守交通法规的良好习惯，避免交通事故的发生；牢牢树立建立五个意识，即红绿灯意识、停车线意识、斑马线意识、靠右行意识、路权意识，形成人人自觉遵守交通法规的局面；行车、走路集中精力，注意观察，紧急情况下可以迅速处理，从而遏制交通事故发生。

（六）食品安全教育

俗话说"民以食为天"，食品安全卫生，不仅直接关系到广大学生的身体健康和生命安全，而且直接关系到学校的教学、生活秩序，也直接关系到学校和社会的稳定。但在整个食品安全问题突出的社会大背景下，高校周边的餐馆、经营食品的商店以营利为目的，采购劣质食材、过期食品、以次充好的大有人在，且高校大多不在市中心，工商监管不严，在外就餐引发的食物中毒屡屡发生。近年来，高校后勤社会化改革加上高校扩招，学校食堂社会承包，大学生食堂就餐也频发安全事故。故应加强食品安全教育，使大学生树立健康、卫生意识，自觉远离不卫生的食品，杜绝食品安全事故。

（七）网络安全教育

随着计算机网络技术的发展，网络已经成为大学生生活和学习的一个重要组成部分，成为大学生接触朋友、了解社会的一个重要工具。随着计算机知识的普及，网络的门槛越来越低，绝大多数大学生都能通过手机和电脑连接网络，获取大量的信息和知识，认识很多素未谋面的朋友。这虽然很大程度上丰富了大学生的课余生活，但也让大学生在未知的网络领域遭遇了危险。关于高校大学生特别是女大学生与陌生的网友见面遭到迫害的事件已数不胜数。特别是刚入大学的大一新生，刚刚离开父母的庇护，对外面的世界感到新鲜好奇，对社会毫无防范心理，这就让一些社会上的不法分子有机可乘。另外，一些外国团体也通过网络，宣传一些错误的言论，企图通过这些不法思想的传输制造错误的社会舆论和校园混乱。

网络安全教育可以帮助大学生认清网络诈骗、网络传销等网络不法行为的真面目，帮助大学生更好地规避网络中的安全风险，更好地在网络中保护自己。网络安全教育是预防大学生参与网络犯罪的重要手段，可以帮助大学生树立正确的网络价值观，正确应用网络。

（八）心理安全教育

长期以来，我国的学校教育一直以应试教育为主，对学生的人格培养重视不够，导致部分学生面对高考的压力和学习的重担，心理发展逐渐偏离了正常的轨道，形成了孤僻、敏感、偏激的性格。进入大学后，在面对经济压力、学业压力以及竞争压力时，如果没有及时缓解和释放，容易使学生产生心理问题，缺乏对生命的敬畏，一旦遇到挫折或遭遇较大压力，便较难掌控自己的情绪，从而做出过激行为。在大学校园中因为心理问题发生的惨案数不胜数，像"马加爵案""复旦大学投毒案"和昆明医科大学海源学院砍人事件，都和大学生学习生活过程中心理发展逐渐偏离正常轨道有关。

心理安全教育就是对学生常见的心理障碍进行疏导，开展人际关系和谐教育、环境适应教育、健康人格教育、心理卫生知识教育、挫折应对教育以及心理疾病防治教育。培养学生健康的心理，引导学生树立正确的三观，在学生心里建立生命敬畏感，减少危机事件爆发概率。

（九）就业安全教育

目前，我国每年有超过 750 万大学生进入就业市场，劳动力市场竞争极为激烈，来自家庭、学校、社会的压力较大。大学生急于找到合适的工作，而忽略了求职安全，很容易导致在求职中落入求职陷阱，甚至上当受骗被卷入传销组织。求职安全教育可以使学生在求职时找到正确的求职渠道，通过科学的方式进行求职，并能帮助大学生正确区分求职对象的资质，找到合适的求职单位。此外，求职安全教育也能帮助大学生在求职中正确掌握维护自身权益的方法，不卑不亢、不急不躁地进行求职。

（十）国家安全教育

国家安全是关系到国家存亡的大事，没有国家安全，就没有和平稳定的建设环境，就没有社会主义的现代化。每个大学生都有维护国家安全的责任和义务。如今的国家安全已经跟传统意义上的国家安全有很大的不同。随着科技的发展，我国已全面进入网络信息时代，网络信息安全和国家安全息息相关。网络的普及给大学生的生活方式带来了巨大的变化，也为境外势力提供了便利。网络的盛行，打破了国家地理层面的界限，为西方反华势力策动大学生提供了机会。"阿拉伯之春"爆发之际，埃及等国的民众暴乱就是通过网络完成组织策划的。以目前最为猖獗的伊斯兰国极端组织为例，有证据表明我国的部分大学生正在成为他们努力争取的对象。随着高校改革开放的深入，境外人员来高校参观访问、举办讲座、讲学、留学、科技合作等情况日益增多，使高校的国家安全工作面临许多新的问题。

国家安全教育是为了提高大学生的国家安全意识，使其能正确认识改革开放条件下隐蔽斗争的新形式和新特点，自觉抵御境内外敌对势力的渗透活动。

在社会治安形势严峻、高校周边治安环境复杂、校园治安形势不容乐观的情况下，加强大学生安全教育，提高他们的安全防范能力，可以有效地减少和避免发生在大学生中的各种安全问题，从而起到维护高校安全和稳定的积极作用。

第二章 消防安全

　　【案例】2008年11月14日，上海商学院徐汇校区一学生宿舍楼发生火灾，4名女生从6楼宿舍阳台跳下逃生，当场死亡，酿成近年来最为惨烈的校园事故之一。该次宿舍火灾是由于学生在宿舍使用热得快导致电器故障并将周围可燃物引燃而引发的。

　　【案例】2014年12月30日，陕西榆林学院公寓楼5号楼5层一间女生宿舍突发大火，消防人员第一时间赶到并在10分钟之内把火扑灭。万幸的是，这次事故并没有造成任何人员伤亡。事发时5号楼内居住的上千名学生被学校领导和老师及时紧急疏散。榆林学院校方表示，起火原因是电线短路。

　　火灾是指在时间或空间上失去控制的燃烧所造成的灾害。2015年，全国全年共发生火灾33.8万起，共造成2 854人伤亡，其中1 742人死亡、1 112人受伤，造成直接经济损失39.5亿元。2015年全年有10.2万起火灾是由于违反电气安装使用规定引发的。2015年大火灾中有56.7%是由于电气原因引发，用火不慎占17.7%，吸烟占5.6%，生产作业占2.9%，其他原因占17.1%。

　　大学生必须充分认识火灾及其危害性，提高安全防范意识，切实加强消防知识的学习，提高自防自救能力。只有这样，才能有效地预防和减少火灾危害，营造一个安全的学习和生活环境。

第一节 大学校园火灾的特点、种类和产生原因

一、大学校园火灾的特点

无情的大火曾夺去了无数人的生命，吞噬了无数的社会财富。随着社会的发展，社会

财富的日益增多，加上各种新设备、新材料、新工艺的大量开发和应用，用火、用电、用气范围日益扩大，潜在的火灾危险因素越来越多，火灾的危害性也越来越大。大学校园人口众多且密集，是火灾高发地之一。大学校园火灾具有如下特点：

（1）火灾事故突发、起火原因复杂。学校的内部单位点多面广，设备、物资存储较为分散，生产、生活火源多，用电量大，可燃物特别是易燃物种类繁多，工作人员的管理水平不一。而造成起火有人为的原因，也有自然的作用，任何环节的疏忽都有可能造成火灾。从时间上看，火灾大都发生在节假日、工余时间和晚间；从发生的位置来看，多发生在实验室、仓库、图书馆、学生宿舍及其他人员往来频繁的公共场所等。这些地方的火灾往往具有突发性。

（2）火灾预防和扑救工作较难进行。学校因受教育产业化的驱动，加之学校之间开展教学、科研的竞争，使得各个学校的建设规模都在不同程度上迅速扩大，校园的发展较快，校内高层建筑增多，形成了火灾难防、难救、人员难于疏散的新特点。有的高层建筑还存在消防设备落后、消防投资不足等弊端，这些都给消防安全管理工作带来了一定难度。

（3）容易造成巨大的财产损失。学校教学、科研、实验仪器设备多，中外文图书资料多，一旦发生火灾，损失惨重。精密、贵重的仪器设备，往往是国家筹集资金购置的，发生火灾损失后，很难立即补充，既有较大的有形资产损失，因直接影响教学、科研与实验的正常进行，故也有无形资产损失。珍贵的标本、图书资料是一个学校深厚文化积淀的重要标志，须经过几十年、上百年的积累，若因火灾造成损失，则不可复得。因此，这类火灾损失极为惨重，影响极大。

（4）往往造成人员伤亡，社会影响极大。学校人口密度大，集中居住的宿舍公寓多，宿舍公寓内违章生活用电、用火较多，吸烟现象普遍。因用电、用火不慎而发生火灾后，火势得不到控制便很快蔓延，在人员密度大、影响顺利疏散逃生的情况下，难免会造成人身伤亡。学校是社会稳定的晴雨表，是各类信息的集散地，一旦发生火灾，消息会迅速传遍社会，特别是若出现人身伤亡，会造成极为严重的社会影响。

二、大学校园火灾的种类

大学校园火灾一般可分为生活火灾、电气火灾、自然火灾、人为纵火等。

（一）生活火灾

生活用火一般是指炊事用火、取暖用火、照明用火、吸烟、烧荒、燃放烟花爆竹等。由生活用火造成的火灾称为生活火灾。随着社会的全面进步发展，炊事、取暖用火的能源选择日益广泛，有燃气、煤、油、柴、电等多种形式。学生生活用火造成火灾的现象屡见不鲜，原因多种多样，主要有：在宿舍内违规乱设燃气、燃油、电器火源；火源位置接近可燃物；乱拉电源线路，电线穿梭于可燃物中间；违反规定存放易燃易爆物品；使用大功率照明设备，用纸张、可燃布料做灯罩；乱扔烟头，躺在床上吸烟；在室内燃放烟花爆竹；玩火等。

（二）电气火灾

目前大学生拥有大量电器，大到电视机、电脑、录音机，小到台灯、充电器、电吹风，还有违规购置的电热炉等电热器具。由于学生宿舍所设电源插座较少，少数学生违章乱拉电源线路，不合规范程序的安装操作极易导致电源短路、断路等，从而引起电气火灾。个别大学生购置的电器是不合格产品，也是致灾因素。尤其是电热器大量使用，引发火灾的可能性最大。

（三）自然火灾

自然火灾不常见，这类火灾基本有两种：一是雷电；一是物质的自燃。雷电是常见的自然现象，它是大气层运动产生高压静电再放电，放电电压经常达到几万伏，释放能量巨大。当雷电作用于地球表面时，具有相当大的破坏性。它产生的电弧可成为引起火灾的直接火源，摧毁建筑物或窜入其他设备，引发火灾。预防雷电火灾，须合理设置避雷设施。

自燃是物质自行燃烧的现象，如黄磷、锌粉、铝粉等燃点低的一类物质在自然环境下就可燃烧；钾、钠等碱金属遇水即剧烈燃烧；不干燥的柴草、煤泥、沾油的化纤、棉纱等大量堆积，经生物作用或氧化作用积聚大量热量，使物质达到燃点就可能自行燃烧，发生火灾。所以对易燃物品一定要以科学的态度和手段加强日常管理。

（四）人为纵火

纵火一般带有目的性，大多发生在夜深人静之时，有较大的危害性。人为纵火有旨在毁灭证据、逃避罪责或破坏经济建设等多种形式的刑事犯罪分子纵火，还有旨在烧毁他人财产或危害他人生命的私仇纵火等。这类纵火是国家严厉打击的犯罪行为。另外，还有精神病人纵火，是由于病人对自己的行为无法控制而产生的，所以，精神病人的监护人一定要履行好自己的监护职责。

第二节　大学校园火灾的主要产生原因及预防

一、校园火灾发生的原因

高校发生火灾，客观上存在着学生人数多，居住密度高，教学及实验存在一定的火灾危险性，有些房屋建筑材料耐火等级低，电气线路老化等因素；主观上则是由于部分师生消防安全意识淡薄，违反学校管理规定及缺乏消防安全常识而造成的。纵观火灾事故，无一不是"人为"的原因，其主要表现在：

（一）消防安全意识淡薄

少数学生认为火灾离自己很远，不可能会在自己身边发生，心存侥幸，在学校举行消防安全知识教育和培训时，认为是多此一举，没有必要；面对一些火灾案例和观看图片展时，只是觉得很凄惨，却没有从思想深处予以重视，因而在日常行为中表现得满不在乎。

有的认为只要学习好了就行，其他的可以无所顾忌。有的认为消防工作是领导和学校有关部门的事情，与自己关系不大。

（二）违反学校管理制度

（1）违规使用电器。为图方便或省事，有些同学经常违规使用电炉、热得快、电热杯等大功率电器，引起火灾。

（2）私自乱接电源。随着学生宿舍热水器、电脑等电器的逐步普及，有的同学便私拉乱接电线，增加了线路负荷，加上使用的大多是低负荷的软电线，长期超负荷运行后出现绝缘体老化，极易导致火灾发生。

（3）胡乱丢弃烟头。烟头表面温度为 200℃ ~ 300℃，中心温度可达 700℃ ~ 800℃，超过了棉、麻、毛织物、纸张、家具等可燃物的燃点。许多同学对其"威力"认识不足，乱扔烟头，燃烧着的烟头一旦与可燃物接触就容易引起燃烧，甚至酿成火灾。

（4）肆意焚烧杂物。使用明火，最易发生火灾，因为明火实际上是正在发生的燃烧现象，一旦其失去控制马上便会转化为火灾。道理虽然简单明了，但有的同学常常不以为然，随意在宿舍内焚烧废弃物，最终不仅自食苦果，还殃及他人。

（5）擅自使用炉具。高校宿舍是同学们学习和休息的地方，但有的同学为图方便常在宿舍煮面条，还有的将火锅端到寝室里聚餐……凡此种种，无一不给校园安全造成隐患，对同学们的生命和财产构成威胁。

（6）随意燃点蚊香。蚊香具有很强的阴燃能力，点燃后没有火焰，但能长时间持续燃烧，中心温度可达 700℃，超过了多数可燃物的燃点，一旦接触到可燃物就可能引起燃烧，甚至扩大成火灾。

（7）违规使用蜡烛。蜡烛作为一种可以移动的可燃物，稍不小心，就可能烧熔、流淌，或者倒下，若接触其他可燃物则容易引起火灾。正因为其具有火灾危险性而被许多高校禁止，但少数同学却置若罔闻，最终酿成悲剧。

（三）消防基本知识贫乏

（1）不了解电学基本知识。许多大学生对基本的电学知识不了解，往往由于无知而造成火灾，如用铜丝代替保险丝、照明灯距离蚊帐太近、充电器长时间充电等都可埋下火灾隐患。

（2）不知道灭火基本知识。初起火灾极易扑救，但部分同学由于平时不注意对消防基本知识的学习，在发现火灾险情后，不知如何处理，失去了最好的灭火时机，以致火势发展蔓延成灾。

二、火灾的预防

火灾是残酷的，但它又是可以预防的。只有我们在思想上高度重视，在行动上落到实处，才可能有效地预防火灾。

（一）增强消防安全意识

只有提高了消防安全意识，才会时刻留意周边环境，控制一切火源；才会把预防火灾放在心头，时刻保持高度警惕，才会主动学习消防知识、掌握防范措施，避免火灾事故的发生。

（二）遵守学校防火制度

为了保障同学们的安全，学校制定了有关防火安全管理规定，如不得私拉乱接电线，未经批准不得随意增加用电设备；禁止使用电炉、热得快；禁止在教学楼、实验楼、宿舍楼、图书馆等公共场所吸烟；禁止在宿舍使用蜡烛等。绝大多数同学均能遵守规定，但也有极少数同学因为缺乏认识，常常违规而行，导致火灾发生。根据北京市消防局统计，1999年，北京发生在校园里的火灾共70起，其中，由电器引起的有27起；2000年，77起火灾中有28起是由电器引起的；2001年，63起火灾中由电器引起的有24起。而上述电气火灾中，因违规使用电器造成的火灾占95%。因此，同学们要从中吸取教训，严守校纪。

（三）加强消防法规学习

火灾防范管理要依法进行，这是由火灾的破坏性所决定的。为有效控制火灾的发生，我国以法律的形式制定了强制性规范。《中华人民共和国消防法》第五条规定：任何单位、个人都有维护消防安全，保护消防设施，预防火灾，报告火警的义务。同时《中华人民共和国刑法》第一百一十四条及第一百一十五条，对防火及过失引起火灾的法律责任也进行了明确规定，其中故意纵火的最高刑罚是死刑。

第三节　火灾的扑救

一、火灾的特点

实践证明，多数火灾是从小到大、由弱到强，逐步变得无法控制的。火灾的形成过程一般分为初起、成长、猛烈、衰退四个阶段，前三个阶段是造成火灾危害的关键阶段。

（1）火灾初起阶段。一般固体可燃物发生燃烧，火源面积不大，火焰不高，烟和气体的流速不快，辐射热不强，火势向周围发展的速度比较缓慢。这个阶段时间的长短，随建筑物结构及空间大小的不同而不同。在这种情况下，只需少量的人力和简单的灭火工具就可以将火扑灭。

（2）火灾成长阶段。如果初起阶段的火未被发现并扑灭，随着燃烧时间的延长，燃烧强度增大，温度逐渐上升，燃烧区内逐步被烟气充满，周围的可燃物被迅速加热，此时气体对流增强，燃烧速度加快，燃烧面积迅速扩大，会在一瞬间形成一团大的火焰。在这种情况下，必须有一定数量的人员和消防器材装备，才能及时有效地扑灭火灾。

（3）火灾猛烈阶段。随着燃烧时间的延长，燃烧速度不断加快，燃烧面积迅速扩大，燃烧温度急剧上升，达600℃~800℃，辐射热最强，气体对流达到最高速度，燃烧物质的放热量和燃烧产物达到最高数值，此时建筑材料和结构受到破坏，发生变形或倒塌。这段时间的长短和温度高低，取决于建筑材料的耐火等级。在这种情况下，需要组织较多的灭火力量和花费较长的时间，才能控制火势，扑灭大火。

（4）火灾衰退阶段。猛烈燃烧过后，火势衰退，室内温度下降，烟雾消散，火灾渐渐平息。

二、火灾扑救的主要方法

（一）迅速拨打报警电话

救火必须分秒必争，发生了火灾，在扑救的同时，要立即拨打"119"火警电话。在拨打火警电话时要沉着冷静，讲清发生火灾的单位、地点及自己所用的电话号码，并尽可能讲清楚着火对象、类型和范围，以便消防队"对症下药"。同时派人在校门口和必经的交叉路口等候，为消防车迅速到达火场赢得时间，减少火灾损失。与此同时，应迅速报告学校有关部门，以便学校及时组织人员扑救。

（二）及时扑救初起火灾

及时准确地运用各种方法扑灭初起火灾，是减少火灾损失、杜绝人员伤亡的最重要一环。

（1）隔绝空气灭火法。隔绝空气灭火法，即使燃烧物隔绝空气，因缺氧而停止燃烧。如点燃的蜡烛烧燃了课桌上的纸张、书本等时，不能挥舞拍打，用一条湿润的毛巾覆盖在上面，火就能熄灭；食堂炒菜时，油锅内的油起火，盖上锅盖，就可使火熄灭；电器、煤气着火都可用打湿的毛毯、棉被覆盖灭火。使用二氧化碳灭火也是这个道理，二氧化碳比空气重，本身不燃烧也不支持燃烧，可覆盖在可燃物上隔绝空气，使火熄灭。对于赤磷、硫黄、电石、镁粉等化学易燃物的燃烧，常用干粉、干沙、干土灭火。

（2）冷却降温灭火法。将水、干冰等直接喷洒在燃烧物上，可吸收热量降温，且能隔绝空气。一般来说，水是很好的灭火剂。但对于某些物品的失火则不能用水灭火，只能使用专门的灭火器材和设备。如钠、钾、钙、碳化钙等遇水会发生反应，产生氢气和热量，极易引起剧烈燃烧或爆炸。对于轻于水的油类等物质着火，用水灭火会扩大燃烧范围。高压电器设备未断电时，若用水灭火，可能引起漏电。其他如纸制品仓库、精密仪器、高温生产装置失火都不宜用水灭火。储备有浓硫酸、浓硝酸等物品的仓库失火也不宜用水灭火。

（3）可燃物隔离灭火法。可燃物隔离灭火法即把燃烧火源与周围可燃物分离开来。如森林失火后，常常开辟隔离带，使火势不再蔓延而得以控制；把失火处附近的液化气罐或其他可燃物移开；把不大不重的着火物移至空旷处等，都是有效的办法。

第四节　火场逃生与自救

火灾是恐怖的，但伤亡并非不能避免，在火场中生死系于一瞬间，留下来便是死亡的地狱，逃出去则是生存的天堂。面对滚滚浓烟和熊熊烈焰，只要我们冷静机智地运用自救与逃生知识，就有极大的可能拯救自己。因而，平时多掌握一些疏散与逃生的知识尤为重要。

一、火灾中疏散与逃生的基本原则

（1）抓紧时机，迅速撤离。一旦发生火灾，同学们要抓住有利时机，就近、就便地利用一切可利用的工具、物品，想方设法迅速撤离危险区，不要因抢救个人珍贵物品或钱财而贻误最佳时机。

（2）顾全大局，救助结合。一是自救与互救结合。当被困人员较多，特别是有生病或残疾同学在场时要主动、积极帮助他们首先逃离危险区，有序地进行疏散。二是自救与抢救相结合。火场是千变万化的，如不扑灭火灾，不及时消除险情，就会造成毁灭性灾害，带来更多的人员伤亡或财产损失，故在有能力和条件时，可采取扑救措施清除险情。三是当逃生的途径被大火封死后，要注意保护自己，等待救援人员开辟通道，逃离火灾危险区。

二、火灾中疏散与逃生方法

（1）安全出口要记牢。为了自身安全，同学们务必留心学校教学楼、实验楼及住宅区等场所的疏散通道、安全出口和楼梯方位等，以便关键时能尽快逃离现场。

（2）消防通道要畅通。楼梯、过道等是火灾发生时最重要的逃生之路，应保证畅通无阻，切不可堆放杂物、停放自行车或牵绳挂衣物，以便紧急时能安全迅速地通过。

（3）临危镇定辨方向。突遇火灾，面对浓烟和烈火，要保持镇静，迅速判断危险地点和安全地点，决定逃生的办法，尽快撤离火灾现场。

（4）简易救护不可少。在火灾中真正被烧死的人极少，大多数人是被烟熏窒息死亡的。为了防止火场浓烟呛人、中毒、窒息等，可采用毛巾、口罩蒙鼻，匍匐撤离的办法，向头部、身上浇水后，再穿过烟火封锁区。

（5）逃生切莫乘电梯。按规范标准设计建造的建筑物，都会有两条以上逃生楼梯、通道。发生火灾时，要根据情况选择进入相对比较安全的楼梯通道逃生。在高层建筑中，电梯的供电系统在火灾中随时会断电或因受热的作用发生变形，而将人困在里面。因此，千万不要乘普通电梯逃生。

（6）火已烧身莫奔跑。如遇火灾，发现身上着火，千万不可奔跑或用手拍打，因为奔跑或拍打时会形成风势，加速氧气的补充，促旺火势。当身上衣服着火时，应赶快设法脱掉衣服或就地打滚，压灭火苗；或跳入水中；也可让人向自己身上浇水。

（7）发出信号求援助。当被烟火围困无法逃避时，应尽量待在阳台、窗口等易于被人发现和能避免烟火近身的地方，及时发出有效的求救信号，引起救援者的注意，便于消防人员寻找、营救。

（8）迫不得已跳楼逃。身处火灾烟气中的人，精神上往往陷入极端恐惧状态，接近崩溃，惊慌的心理极易导致不顾一切的伤害性行为，如跳楼逃生等。应该注意的是：只有在消防人员准备好救生气垫并指挥跳楼时，或楼层不高，不跳楼即烧死的情况下，才可采取跳楼的方法。跳楼也要讲技巧，应尽量往救生气垫中部跳或往水池、软雨篷、草地等地方跳。如有可能，要尽量抱一些棉被、沙发垫等松软物品或打开大雨伞跳下，以减缓冲击力。如果徒手跳楼一定要扒窗台或阳台使身体自然下垂跳下，以尽量缩短降落距离。落地前要双手抱紧头部，身体弯曲蜷成一团，以减少伤害。跳楼虽可逃离火灾现场，但会对身体造成不同程度的伤害，所以要慎之又慎。

三、火灾中被困人员自救方法

（一）自救注意事项

（1）平时要对自己居室的结构、逃生途径做到心中有数。

（2）火灾初起撤离。此时温度不高，但烟雾较大。在无力扑救的情况下，应赶快离开起火房间，关闭门窗，阻止火势和烟雾向相邻的房间蔓延。撤离的顺序应是儿童、老人、妇女，最后才是男子。千万不要浪费时间去取贵重物品，应坚决果断、毫不迟疑地离开起火房间。撤离安全区域后，如发现还有人没有撤出来，不能冒失返回，应等消防人员营救。

（3）被困于火灾中的自救。当火势发展到猛烈阶段时，有计划的撤离难以付诸实施，只能随机应变冷静地进行自救。消防部门的统计资料表明，在火灾中丧生的人，因烟雾中毒、窒息而死的比例高于烧死的比例。有的是烟雾中毒、窒息失去知觉后才被烧死。因此，防烟雾中毒、防窒息是一切自救的第一步。

（二）防烟方法

用湿毛巾捂住鼻口呼吸。一时找不到湿毛巾的，可用衣服或其他棉制品浸湿代替。没水时，尿液也可应急。

（三）防热方法

淋湿身上的衣服；将棉被浸湿裹在身上；将浴缸、浴池注满水，打开水龙头，将身体浸在水中，只留下鼻孔于水面并用湿手巾盖住鼻孔呼吸。在没水时，就地打滚，直到身上的火熄灭为止。

（四）逃生方法

突围逃生的方法主要根据建筑结构和火灾情况而定。

（1）利用绳索或撕开床单结成绳索，通过阳台、窗口滑降逃生。

（2）利用雨水管滑降逃生。

（3）用湿棉被裹住身体冲出火海，向楼下逃生，尽量不要往上层逃生。

（4）在无法突围的情况下，不要在床下或壁柜里躲藏。设法在浴室、卫生间之类既无可燃物又有水源的空间躲避。进入后立即关闭门窗，打开水龙头，撕下身上的衣服浸湿塞住门窗的缝隙阻止烟雾侵入。

（5）被火势逼到阳台、楼顶时，既无出路又无退路，但生命暂时不受严重威胁，此时要镇定下来坚守，等候消防人员救援，不要轻举妄动。人多时要相互安慰，稳定情绪。

（6）非跳即死的情况下跳楼时，要抱一些棉被、沙发垫等松软的物品。选择往楼下的石棉瓦车棚、花圃草地或枝叶茂盛的树上跳，以减缓冲击力。徒手跳时要双手把紧头部，身体弯曲，缩成一团。

（7）滚到墙边可以防止房屋塌落砸伤自己。

第三章 人身安全

【学习目标】
（1）了解发生纠纷的主要原因及预防纠纷的方法。
（2）了解寻衅滋事、打架斗殴的危害及其应对方法。
（3）理解校园暴力的危害及其防范。
（4）了解性骚扰、性侵害的主要形式及其防范对策。
（5）掌握正当防卫的要点。

【案例】某大学几位学生一起喝酒，其中一个学生和另外一个同学开了一句玩笑。谁知这个被开玩笑的同学肚量小，两人居然吵了起来。最后这位肚量小的同学越想越气，顺手拿了一个酒瓶砸在对方的头上，造成该同学轻微脑震荡。当肇事者被学校勒令退学时，他留给大家的一句话是："真是冲动是魔鬼，一失足成千古恨啊！"

第一节 预防纠纷伤害

本书所指纠纷，是指争执不下的事情。人与人相处，难免有不和谐之处，难免有纠纷产生。产生纠纷，会有损大学生的美好形象，妨碍内部团结，破坏大学生成才的优良环境，极端的会酿成刑事、治安案件，葬送大学生的美好前程。

一、发生纠纷的主要原因

（1）因处理不好矛盾，猜忌成仇。

【案例】2008年12月23日晚20:30左右，某学院学生刘某因在寝室与班上另一寝室的纪某发生口角而怀恨在心。故在考试完毕后的这一天，刘某找人在考场外的黑暗处将纪某眼睛打伤，纪某身上还有多处瘀伤。

（2）与社会上的不法分子发生摩擦。校园周边存在一些治安复杂场所，如餐厅、歌舞厅、迪厅、网吧、酒吧、溜冰场等，其中有的场所治安管理不善，不时有人寻衅滋事。大学生进出这些场所，容易因一些小的纠纷起冲突，造成伤害。

【案例】2008 年 12 月 2 日，某大学生在校外附近的溜冰场溜冰时，不小心将一男子撞倒在地。该男子的手机屏幕上有了裂缝。该男子要求学生给他重新买一部新手机。该大学生不满对方提出的索赔要求，只同意给对方修理，换一个新的手机屏幕。双方争执不下，发生摩擦。该大学生最后被该男子的朋友挟持威胁，直到老师和其他同学赶去，给了对方一千元钱赔偿损失，才算了事。

（3）因无礼、冲动导致打架斗殴。在高校的操场、食堂等公共场所，个别大学生由于不注意遵守学校规章制度，影响到他人利益，又不能以礼待人，不能保持冷静克制，也会由口角、谩骂发展到打架斗殴，造成伤害。

【案例】2003 年 3 月 9 日中午午休时间，某高校经管学院学生因艺术学院学生开的音响声音过大，向对方宿舍投掷啤酒瓶和砖头，最后双方共有十余名学生发生斗殴。在斗殴中，经管学院一名学生被砸伤，另有三名学生受轻伤。

（4）极个别大学生因感情纠纷造成伤害。

【案例】2009 年 5 月 1 日，泰州市区某高校一名即将毕业的女大学生，与恋人发生争执后，爬上沿街一幢居民楼，纵身跳下，致使腰椎骨折。

二、预防纠纷

（一）学会宽容待人

同学之间在日常生活中，难免会产生一些矛盾。大学生在处理同学关系时，要多站在对方的角度看问题，互相尊重，学会宽容待人。赠人玫瑰，手留余香，在别人需要帮助的时候，伸出援助之手而不是落井下石，不但可以及时化解矛盾，而且能够营造出一种文明和谐的氛围。因为情绪不好而伤害过别人的，平时说话方式不当的，事后一定要主动向对方道歉，真诚地说声对不起，请对方原谅。被伤害过的人，也可以通过适当的机会把自己的想法和意见传递给对方，尽量化解矛盾，而不是积怨成仇，否则一旦有"导火索"出现，就会酿成灾祸。

【案例】某学院学生侯某与同寝室袁某一直有矛盾。2009 年 4 月 13 日早上六点半，袁某接到朋友打来的电话，两人在电话里说得津津有味，殊不知吵醒了熟睡中的侯某。侯某一气之下，抓起枕头扔向袁某。两人随后发生争斗，事情越演越烈，最后侯某用水果刀将袁某刺伤，导致后者下巴和左手掌流血不止，被送到医院抢救才脱离危险。

（二）认真学习学生手册，严格遵守学校的各种规章制度

大学生不仅要进行军训，而且要认真学习学生手册并进行考试，目的就是为了维护学校教学活动的正常进行。在学习知识的同时，学生对自身品德修养的提高也不容忽视。学校一般规定晚上十一点拉闸熄灯，要求学生按时就寝，养成良好的作息习惯。但是有些学生仍然在拉闸后聊天、下棋、打牌，用事先充好电的笔记本电脑、手机玩游戏等，严重影

响了他人的休息，也制造了寝室同学间的矛盾。

（三）避免与社会上的不法分子发生纠纷，染上不良风气

平时尽量少去或者不去网吧、酒吧、溜冰场等场所，避免与社会上的不法分子发生纠纷。尤其是酒后或失恋后去这些场所，容易情绪激动，发生纠纷。遇上同学、老乡与人发生纠纷以致斗殴时，要尽力去化解，而不是参加打斗。

（四）注重自身修养，讲究文明礼貌

大学期间一项重要的功课就是加强自身修养，讲究文明礼貌。大学生中的许多纠纷多由口角纷争引起，说话不当就可能引来祸端。时常把"谢谢""对不起""没关系"挂在嘴边，别人不小心伤害了自己利益时，也应该说一声"没关系"，这样很容易化解纠纷。

第二节　防寻衅滋事、打架斗殴

寻衅滋事，指在公共场所无故挑衅闹事，殴打辱骂、追拦他人，强拿硬要或损毁、占用公私财物，造成公共秩序严重混乱的行为。简单地说，寻衅滋事就是没事找事。打架斗殴多是为了报复他人、争霸一方或者出于其他不正当目的，纠集众人拉帮结伙地互相进行殴斗，是人们在现实生活中超出理智约束做出的一种激烈对抗性的互相侵害的行为。大学生应积极预防寻衅滋事、打架斗殴，增强自律意识，保护自身安全。

一、寻衅滋事、打架斗殴的危害

（1）影响大学生内部和谐，不利于大学生成长和成才。大学校园本来是学习知识的殿堂，打架斗殴不仅影响优良校风和学风的建设，而且会伤害同学之间真挚的感情，影响大家对班级建设的信心和凝聚力。打架斗殴的学生在身心方面都会受到影响。

（2）不利于维护校园秩序，损害学校形象。不管是校内还是校外的寻衅滋事、打架斗殴，都会不同程度地影响正常的校园文明秩序，造成学生心理上挥之不去的阴影，也有损学校的形象和声誉。

（3）触犯法律，给涉事人员及其家人造成巨大伤害。在校大学生的年龄大都在18～23岁之间，正所谓"血气方刚"。一点点小矛盾，就可能引发大事故。事实上，大多数违法行为是因为同学之间一些小的矛盾纠纷没有得到及时化解而酿成的。尤其是在酒后这类事件比较突出。大学生年轻气盛，若逞一时之快而将纠纷演变成寻衅滋事、打架斗殴就难以收拾，其后果很可能是给自己和家庭带来沉重的负担。

二、如何应对寻衅滋事、打架斗殴

大学生是校园的主人，理所当然要积极维护校园秩序、维护自身的利益。如果遇上别人寻衅滋事、打架斗殴，应保持清醒头脑，镇定处理。

（1）提高警惕，做好准备，正确看待，慎重处置。面对肇事者挑起的滋扰，千万不要惊慌，

而要正确对待。要问清缘由，弄清是非，既不畏惧退缩，避而远之，也不随便动手，一味蛮干，应晓之以理，动之以情，以礼待人，妥善处置。

（2）充分依靠组织和集体的力量，积极干预和制止违法犯罪行为。如发现滋扰事件，要及时向老师或学校有关部门报告。一旦出现公开侮辱、殴打自己的同学等恶性事件，要敢于见义勇为，挺身而出，积极地加以揭露和制止。要注意团结和发动周围的群众，以对滋事者形成压力，迫使其终止滋事行为。那些成群结伙、凶狠残忍的滋事者，总想趁乱一哄而上，为非作歹。只有依靠组织、依靠群众、依靠集体的力量，才能有效地制止违法行为。一旦对滋事者形成群起而攻之的局面，几个滋事者是不足为惧的，是完全能够被制服的。

（3）注意策略，讲究方法，避免纠缠，防止事态扩大。在许多场合，滋事者显得愚昧而盲目、固执而无赖，有时仅有挑逗性的语言和动作，叫人可气可恼而又抓不到有效证据。遇到这种情况，一定要冷静，注意讲究策略和方法，注意避免纠缠，目的就是避免事态扩大，尽快结束纠纷。

（4）自觉运用法律武器保护他人和保护自己。面对滋扰事件，既要坚持以说理为主，不要轻易动手，同时又要注意留心观察，掌握证据。如有哪些人在场，谁先动手，持何凶器，滋事者有哪些重要特征，案件大致的经过是怎样的，现场状况如何，滋事者使用何种器械，有何证件，毁坏的衣物和设施有哪些，地面留有什么痕迹，等等。这些证据，对查处滋事者是很有帮助的。

除了积极防范和制止发生在校内的滋扰事件之外，学生更应加强自身修养，不断提高自己的综合素质，严格要求自己，绝不能染上恶习而使自己站到滋事者的行列中。

第三节　预防校园暴力

【案例】因为男女之间的争风吃醋，2015 年 5 月，3 名中国留学生在美国洛杉矶暴力群殴同伴。在法庭上，受害人中国女留学生刘某声泪俱下地控诉了 3 名被告对她的残暴罪行，其中包括扒光衣服、用烟头烫伤其胸部敏感部位、用打火机点燃头发、强迫她趴在地上吃沙子、剃掉她的头发逼她吃等。其手段凶残，令人发指。期间还有人用手机拍下了刘某受虐照和裸照。整个折磨过程长达 5 小时，刘某遍体鳞伤，脸部瘀青肿胀，双脚无法站稳。最终，美检方做出判决，两名主犯被判终身监禁，两人累计保释金高达 600 万美金。

一、校园暴力屡有发生

大学校园本是一片净土，但是近年来，我国高校暴力案件频频发生，并呈现蔓延上升趋势，打破了校园应有的宁静，校园暴力已成为危害大学生人身安全的主要因素。校园暴力是指在学校实施正常管理、教育职能期间，发生于校园内部及其周边的，师生之间、学生之间以及非学校人员对学校师生所实施的暴力行为。

　　据某项调查，在校园暴力事件的成因中，"日常摩擦"以 55.0% 的比例居首，"钱财纠纷""情感纠葛"分别以 17.5% 和 15.0% 的占比位列第二、三位。此外，有 7.5% 的暴力事件是由"偏激心理"引发。报告指出，这种心理带有很强的青春期烙印，甚至出现因看不惯对方相貌、行为而产生欺侮、殴打等行为。

　　此外，很多校园暴力事件中，施暴者暴力、旁观者冷漠。当看见校园暴力发生时，部分围观者不是去制止、劝阻或报告老师，而是饶有兴趣地拿起相机和手机进行拍摄，以一种娱乐的心态看待正在发生的暴力行为，并且在网络中传播散发。此种冷漠举动或纵容，给被侵害人造成的身体、心理伤害极大。

　　减少和避免校园暴力的发生，需要社会、学校和学生的共同努力。作为大学生，要加强遵纪守法的观念，努力提高个人素质与修养，同时也要学会应对针对自身的暴力伤害和威胁的策略及方法，以避免或消除对自己的人身伤害。

二、校园暴力的危害

　　要缓解、消除校园暴力，首先必须客观准确地认识它所带来的多方面的危害。

　　（1）校园暴力严重危害大学生的身心健康。校园暴力可以直接导致对身体的伤害，有的会造成终身遗憾。它除了造成被害人生命、健康、财产损失外，还形成极为恶劣的心理伤害，严重的会使被害人产生自杀倾向，有的甚至还会形成暴力习惯或倾向。另外，大学生受到校园暴力的侵害，容易使他们对社会的认知产生偏差，使他们对社会产生极度的恐惧心理而自我封闭、逃避社会，导致他们的社会适应能力低下，或是因对社会产生憎恨心理而报复社会，走上违法犯罪道路。

　　（2）校园暴力使许多大学生养成流氓习气，影响他们的健康成长，甚至走向犯罪，最终危害社会。

　　（3）校园暴力还极易引发治安案件，严重影响社会治安，构成社会的不稳定因素。

　　（4）校园暴力严重扰乱了学校的正常教学秩序，严重影响了学生的学习意愿和老师的教学成效，导致教学质量低下，也严重影响了学生和家长正常的社会生活，引发许多社会问题。

（5）校园暴力会使一些原本品行良好的学生成为施暴者。校园暴力的一个重要特点是一个人在多次受害之后往往具有行凶的倾向，许多行凶者都是从受害经历中学会对他人施暴的。

三、校园暴力的防范

校园暴力是个人、家庭、学校或者社会等多方面原因综合作用的产物，是社会多方面消极因素的综合体现。校园暴力的防范，需要社会各界的广泛关注和全社会的共同努力，才能取得明显效果。

（1）应注重思想道德教育，形成良好的道德风尚。大学生要自觉加强理想教育、诚信教育、爱国主义教育以及形势政策教育，正确认识自我、认识社会，树立正确的世界观、人生观、价值观，增强公德意识。

（2）大学生应自觉加强法制教育，做到知法、懂法、守法，知道行为的法律后果；增强人身安全防范意识，弄清什么是犯罪，提高辨别是非和抵御错误思想侵袭的能力；正确理解权利与义务的关系，养成维护法律尊严的思想和遵纪守法的良好习惯。

（3）大学生要加强心理引导，提升自我的心理素质。

第一，大学生要学会控制情绪和自我宣泄。对一些经常产生的不满、愤怒和痛苦应积极加以宣泄释放，如进行快跑、拳击等激烈的体育运动，或找知己倾诉等，以减轻心理压力。同时，增强社会应变力，学会处理现实与理想的矛盾，学会自我调适，学会事前理智思考。以乐观和坚强的积极态度去面对所遇到的困难，而不应觉得自己无出路，产生极端的想法甚至采取极端的行动。

第二，大学生应建立和谐的人际关系。大学生要克服心理障碍和自闭倾向，学会与人沟通，积极在现实生活中寻找朋友；要充满信心地对待生活，能够接纳他人，使自己的心理轻松愉快；要以严肃的态度对待爱情，保持稳定的情绪及健康的心理。

第三，大学生应培养一定的抗挫折能力。大学生进入校园，难免会感到各种压力的存在，在生活学习中有不少困难难以轻易克服，甚至不能避免失败的发生。针对这一现象，应采用心理调节方法，能克制不良习惯，建立良好的心态，增强心理承受能力，增强免疫力，增强斗志和克服困难的信心，以从悲观的情绪中走出来。

第四，大学生要能够正确评价自己。正确认识自己、评价自己是建立良好自我意识的基础，同时也是健全人格形成的重要保证。健全的人格能够推动健康社会行为的产生，而有缺陷的或不健康的人格则可能推动反社会行为。因此，积极促进平衡、协调而统一的自我意识的建立，对提高大学生心理健康水平和心理素质，预防违法犯罪问题的产生具有建设性的作用。

（4）大学生要正确处理同学之间的关系。校园暴力的发生，大多数是因为微不足道的小事。同学之间应讲文明，团结，互相忍让。同学之间，不论成绩好坏、能力大小、成果多少、家境贫富、相貌美丑，都应当自觉消除优越感和自卑感，做到相互尊重、相互宽容、相互欣赏、相互取长补短，减少人为隔阂。

（5）大学生要注意保管好自己的财物。贵重物品妥善保管，外出时不要随身携带大量现金，不贪财，不露富。夜间休息时宿舍要关好门窗，使违法犯罪分子无机可乘，从根本上消除或减少自身被侵害的机会，积极做好个人安全防范工作。

（6）大学生要增强人身安全意识。大学生要增强抵御能力，学习一些防身术。一旦遭遇侵害，应该沉着应对，巧妙周旋，斗智斗勇，尽早报案，将损失减少到最低程度。在遭受不法暴力侵害时，应当临危不惧，沉着冷静，机智果敢，选准时机，正确运用正当防卫这一法律武器，保护自己的人身和财产安全。遇见他人遭受暴力侵害时，要发扬勇敢精神，见义勇为。

（7）大学生要严格遵守校规校纪。高校应根据国家安全法规精神，从学校具体情况出发制定安全管理制度，这些制度既是防止侵犯大学生合法权益的有效措施，也是大学生在其合法权益受到侵害时进行自我保护的有力武器。

（8）大学生要增强抵御暴力文化及不良文化场所、环境的能力。暴力镜头、暴力文化是暴力行为的催化剂。在这些暴力文化潜移默化的影响下，大学生的人格、心理暴力倾向的产生在所难免。大学生应自觉抵御暴力文化，不散播不良文化。

第四节　防性骚扰和性侵害

性骚扰主要是指一方通过语言或形体上有关性内容的侵犯或暗示，给另一方造成心理上的反感、压抑和恐慌。性侵害主要是指在性方面造成对受害人的伤害。由于两性的社会地位和角色不同，相对而言，性骚扰和性侵害的对象常以女性居多。性骚扰和性侵害是危害大学生身心健康的主要问题之一。因此，对于在校女大学生，需要了解一些防止性骚扰和性侵害的基本知识，掌握一些基本的防身办法。

一、性骚扰、性侵害的主要形式

（一）诱惑型性侵害

诱惑型性侵害，是指利用受害人追求享乐而诱惑受害人，最终使其受到性侵害。

（二）暴力型性侵害

暴力型性侵害，是指犯罪分子使用暴力和野蛮的手段，如携带凶器威胁、劫持女同学，或以暴力威胁加之言语恐吓，从而对女同学实施强奸、轮奸或调戏、猥亵等。

【案例】某高校一男生，晚上正与女友在校园僻静处约会聊天时，被一群路过此地的社会青年看到。这群青年顿生歹意，将男生殴打致伤，女生则被其中5人轮奸。

（三）滋扰型性侵害

滋扰型性侵害的主要形式有：一是利用靠近女生的机会，有意识地接触女生的胸部，摸捏其胸部和大腿等处，在公共汽车、商店等公共场所有意识地挤碰女生等；二是暴露生殖器等变态式性滋扰；三是向女生寻衅滋事、无理纠缠，用污言秽语进行挑逗，或者做出下流举动对女生进行调戏、侮辱，甚至可能发展成轮奸。

（四）社交型性侵害

社交型性侵害，是指在自己的生活圈子里发生的性侵害，与受害人约会的大多是熟人、同学、同乡，甚至是男朋友。社交型性侵害又称"熟人强奸""社交性强奸""沉默强奸"等。社交型性侵害受害人身心受到伤害以后，往往出于各种考虑而不敢加以揭发。

（五）胁迫型性侵害

胁迫型性侵害，是指利用自己的权势、地位、职务，对有求于自己的受害人加以利诱或威胁，从而强迫受害人与其发生非暴力性的性行为。

二、性骚扰、性侵害容易发生的时间、地点

（1）偏僻处和公共场所是女生容易遭受性骚扰、性侵害的地方。这是因为，通常情况下，在舞厅、酒吧、溜冰场、游泳池、车站、电影院等公共场所，人流量比较大，不法分子常趁拥挤时袭击女生；一些不法分子多在湖边、郊外僻静处、公园、树林深处、单位下班后的电梯边、尚未交付使用的新建筑物内等地溜达，女生如果单独在此逗留，很容易遭到袭击。

【案例】2005年5月某日中午，某高校学生喻某走到学校的僻静小路时，遭遇社会青年徐某的跟踪。当徐某确认周围没有其他人后，迅速用随身携带的刀子挟持喻某，喻某慌忙将身上的现金交给徐某，请求徐某放过自己。徐某不予理睬，将喻某撞倒在地。喻某极力反抗中将徐某抓伤，并大声呼救。徐某慌忙丢下喻某逃跑。案发后，喻某及时到学校保卫部门报案，并为公安机关提供线索和证据。数日后，徐某被抓获归案。

（2）深夜是女大学生容易遭受性骚扰、性侵害的时间。这是因为，夜间光线暗，犯罪分子作案时不容易被人发现。所以，在夜间女大学生应尽量减少外出。

（3）夏季是女大学生容易遭受性骚扰、性侵害的季节。夏季天气十分炎热，夜间生活时间延长，外出机会增多。而且，由于夏季气温比较高，女生衣着单薄，裸露部分较多，因而对异性的刺激增多，容易遭受性骚扰和性侵害。夏季校园内绿树成荫，罪犯作案后容易藏身或逃脱。

（4）一些不法分子利用女生上网聊天的机会，与对方结成网友，有的发展到裸聊，或到线下见面，诱骗对方发生关系，骗财劫色。

（5）以找家教为由，对女大学生进行侵害。很多女大学生在大学期间当过家教。当家教的风险性相对较低，是一项非常有意义的社会实践活动，可以使学生的知识发挥作用，增强学生的社会实践能力，也可以获得一定的经济收入。但有的女生在没有仔细了解对方的家庭成员、社会背景等情况就上门辅导，缺乏一定的防范意识。一些不法分子利用女生急于找家教的心理，对女生进行性骚扰或性侵犯。

（6）在竞争日益激烈的今天，大学生就业压力比较大，女大学生找到一份工作就更加不容易。她们试图通过各种途径去推销自己，到处托熟人、找门路，希望能找到一份好

一点的工作。一些别有用心的人恰恰就是利用她们这种急于求成的心理，花言巧语，骗取女大学生的信任和崇拜，等到女大学生疏于心理防范时，伺机对女大学生进行性骚扰、性侵害。

（7）在大学期间，同学之间建立纯真无邪的友谊是很正常的，但在实际生活中，一些大学生容易把异性间的友谊误认为是男女之间的爱情，特别是那些性格活泼，衣着打扮过于暴露，言谈举止轻浮、暧昧的女生更容易使男生产生误解，引起性骚扰、性侵犯。

三、防范对策

（1）注意自身修养，品行端正。大学生要注意自身的言行举止，品行端正，女生更要如此，不要在言语、动作上让对方觉得有机可乘。若要与恋人终止恋爱关系，须向对方讲明道理、耐心说服，使对方打消念头，不再继续纠缠。如果自己一直态度暧昧，就会使对方心存幻想，觉得还有希望挽回，于是纠缠不休。参加社交活动与男性单独交往时，要理智地、有节制地把握好自己，尤其应注意不能过量饮酒，不要被花言巧语蒙蔽。

（2）学会用法律武器保护自己。加强自我防范意识，增强法律观念，做到知法、用法。一些失去理智、纠缠不清的无赖或不法分子，往往利用女大学生害怕打击报复的心理，对她们进行要挟和讹诈，实施性骚扰和性侵犯。遇到性骚扰和性侵犯，要保持镇定，设法与不法分子周旋，及时向领导和老师报告，或者报警，向路人求救，学会依靠组织和运用法律武器保护自己，千万注意不能"私了"，那样做的后果常会使犯罪分子得寸进尺。不要穿过分暴露的衣服，尽量不化浓妆，防止产生性诱惑，独自外出时不要穿行动不便的衣服和高跟鞋。

（3）提高警惕，增强辨别能力。不法分子利用个别女大学生贪图小便宜的心理，通常以请吃饭、送礼物等方式接近女生。女生对一般异性的礼物和邀请应该谨慎处理。与男性单独相处时，要理智地把握好自己，不能过量饮酒。如果发现某异性对自己不怀好意，甚至动手动脚或有其他越轨行为，一定要严厉拒绝、大胆反抗并呼喊，还要及时向学校有关领导和保卫部门报告，以便保护自己。

（4）对于电话骚扰和网络骚扰，要注意搜集证据，及时报案。不要轻易相信新交往的朋友，慎交网友。不要单独和新认识的朋友或网友去陌生的地方，对对方过分亲昵的肢体动作要坚决反对。

（5）外出求职或找家教要事先告知室友或同学，并保持电话畅通，一旦发现对方对自己有不良企图，应立即想办法脱身。

（6）掌握基本的防身术，提高自我防范的能力。女生尽量避免独自去前面提到的偏僻场所、娱乐场所。在受性骚扰、性侵害的时候，要把握时机，狠准快地攻击犯罪分子的要害部位，即使不能立刻制服对方，也可以给自己创造逃离的机会。同时，要想办法在案犯身上留下印记，以备追查、辨认案犯时做证据。

（7）一旦不幸遭受性侵害，不要害怕，要鼓起勇气同犯罪分子做斗争。要尽量记住犯罪分子的外貌特征，尤其是对方的面貌、体型、语言、服饰以及特殊标记等，及时向公安机关报告，提供有力证据和线索，协助公安机关侦查破案。

第五节 学会正当防卫

大学生在校园里或者社会上，都有可能遭受外来的侵害，加上他们社会阅历比较浅，缺乏应有的安全知识和法律知识，安全防范意识相对比较差，所以必须重视并做好对在校大学生的安全教育。

我国《刑法》第二十条规定："为了使国家、公共利益，本人或者他人的人身、财产和其他权利免受正在进行的不法侵害，而采取的制止不法侵害的行为，对不法侵害人造成损害的，属于正当防卫，不负刑事责任。正当防卫明显超过必要限度造成重大损害的，应当负刑事责任，但是应当减轻或者免除处罚。"

"对正在进行行凶、杀人、抢劫、强奸、绑架以及其他严重危及人身安全的暴力犯罪，采取防卫行为，造成不法侵害人伤亡的，不属于防卫过当，不负刑事责任。"

大学生在日常生活中，有时难免会遭受不法分子的骚扰侵害，为了维护本人或他人的人身以及其他权益不受不法侵害，进行正当防卫是法律所允许的。

根据《刑法》的规定，正当防卫必须同时具备以下五个要件：

（1）必须是为了使国家、公共利益，本人或者他人的人身、财产和其他权利免受不法侵害而实施防卫的。这种不法侵害可能是针对国家、集体的，也可能是针对自然人的；可能是针对本人的，也可能是针对他人的；可能是侵害人身权利，也可能是侵害财产或其他权利。只要是为了保护合法权益免受不法侵害而实施的行为，即符合本要件。

（2）必须有不法侵害行为发生。所谓"不法侵害"，指对某种权利或利益的侵害为法律所明文禁止。

（3）必须是正在进行的不法侵害。正当防卫的目的是为了制止不法侵害，避免危害结果发生，因此，不法侵害必须是正在进行的，而不是尚未开始或者已实施完毕，或者实施者确已自动停止，否则就是防卫不适时，应当承担刑事责任。

（4）必须是针对不法侵害者本人实施。正当防卫行为不能对没有实施不法侵害行为的第三者（包括不法侵害者的家属）造成损害。

（5）不能明显超过必要限度而造成重大损害。正当防卫是有益于社会的合法行为，应受一定限度的制约，即正当防卫应以足以制止不法侵害为限。但另一方面，不法侵害往往是突然袭击，防卫人往往没有防备，情况紧急，精神高度紧张。一般在实施防卫行为时很难迅速判明不法侵害的真实意图和危险程度，也没有条件准确选择一种恰当的防卫方式、工具和强度来进行防卫。因此，只要不是明显超过必要限度而造成重大损害的，都应当属于正当防卫。

【案例】某高校女同学于某独自走夜路，突然被一不法分子姚某按倒在地。姚某卡住于某的脖子，企图强奸。情急中于某摘下自己头上的发卡，用发卡刺瞎了姚某的右眼，从而避免了被强奸。于某的行为属于正当防卫行为，尽管于某使姚某受重伤，但于某不负任何法律责任。

防卫过当，是指实施防卫行为明显超过必要限度并且造成重大损害的行为。对于防卫过当，我国《刑法》规定应当负刑事责任。但因为正当防卫行为是不法侵害引起的，是为了免受正在进行的不法侵害，所以"应当减轻或免除处罚"。

【案例】2009年2月13日，某高校学生刘某由家乡返校，凌晨三点左右在火车站附近的路上被三人抢劫。刘某情急之下，拿出随身携带的水果刀奋起反抗，制服了其中一名劫匪，随后打110电话报警。刘某的这种行为即属于正当防卫。但是如果刘某在制服劫匪之后，继续对劫匪进行殴打致死，就属于防卫过当。

假想防卫是指不法侵害行为根本不存在，但由于行为人猜想、估计、推断不法侵害行为存在，而对其实施侵袭的一种不法侵害行为。

防卫侵害了第三人的称局外防卫。它是指防卫者对正在进行的不法侵害以外的人实施的侵害行为。

防卫挑拨是指行为人故意挑逗对方，使对方对自己进行不法侵害，接着以正当防卫为借口加害于对方。

事前防卫，也叫提前防卫，是指行为人在不法侵害尚未发生或者说还未到来的时候，对准备进行不法侵害的人采取所谓的防卫行为。

事后防卫是指在不法侵害终止后，对不法侵害者进行的所谓防卫行为。

第四章 心理安全

【学习目标】
　　（1）了解大学生心理健康的重要性和标准。
　　（2）了解常见的心理疾病。
　　（3）理解自杀心理的成因和预防。

　　【案例】2013 年 4 月 7 日下午，池州学院女生宿舍楼发生一起悲剧，一名女大学生从宿舍楼 6 楼跳下身亡。据池州学院提供给省教育厅及当地政府的情况报告显示，该女生是该院外语系 2011 级学生，之前校方已知悉其患有抑郁症。据介绍，该女生原本 2010 年 9 月入学，因病休学一年后于 2011 年 9 月转入英语教育专业学习。但其终因病发而跳楼身亡，酿成悲剧。

第一节　大学生心理健康的重要性及标准

　　大学生活是一个人一生中的黄金岁月。大学生既保留着青少年的稚气和冲动，又开始表现成年人的稳重和成熟；同时，大学生又处于"心理断乳期"，将逐步摆脱对父母、师长的心理依赖，转而独立地适应社会群体的生活。因此，大学生必须注重培养自己健康的心理。

一、大学生心理健康的重要性

　　心理健康是健康素质的重要内容，也是其他素质的基础，更是 21 世纪人类生存和发展的通行证。作为人才预备队的大学生必须保持心理健康，这不仅关系到自己的未来，而且关系到全民族素质的提高，更关系到祖国社会主义现代化建设事业的成功。

　　（1）心理健康是大学生实现人生理想和成才目标的前提。当代大学生肩负着全面建设小康社会的历史重任，要把握住自己的社会历史责任，在实现社会共同理想的同时更为有效地实现自己的人生价值、个人理想和成才目标，努力把自己培养成为有理想、有道德、有文化、有纪律的"四有"新人。

　　（2）心理健康是大学生掌握科学文化知识的必备条件。学习科学文化知识是大学生的主要任务。心理健康是大学生接受思想教育和学习科学文化知识的关键，是大学期间正常学习、交往、生活、发展和学有所成的根本保证，更是顺利完成学业、塑造高尚品格、开发潜能、帮助大学生成才的基本条件。要实现成才目标和人生理想，心理健康是必要前提。

二、大学生心理健康标准

大学生的年龄一般在 18 ~ 25 岁之间，从心理学的观点来看，正处于青年中期。大学生的心理具有青年中期的许多特点，但作为一个特殊群体，大学生又不能完全等同于社会上的青年。心理健康标准随着时代变迁、文化背景变化而变化。根据我国大学生的实际情况，评判大学生的心理健康水平着重从以下标准考虑：智力正常；情绪健康；意志健全；人格完整；自我评价正确；人际关系和谐；社会适应正常；心理行为符合大学生的年龄特征。

第二节　常见的心理疾病

一、焦虑症

焦虑是由紧张、忧虑、恐惧等感受交织而成的一种情绪状态。这种病症在大学生中比较多见。有的学生因考试临近，变得焦急不安、茶不思、饭不想，甚至失眠，导致神经衰弱。有的学生因毕业在即，对未来过于担心，因而产生紧张、忧虑和不适感。焦虑症患者心理承受能力较弱，遇事总是放心不下，过低地估计自己的能力，过高地估计客观困难，因而对前途丧失信心，对现实采取回避态度。

随着社会发展和竞争的日益激烈，患焦虑症的人数不断上升。西方国家的发病率为3% ~ 5%。近年来，我国患者在人群中的比例也逐渐上升到　2% ~ 3%，尤其是在以脑力劳动为主的群体里，如科研、教学、行政机关、管理等职业中的患者人数要高于体力劳动者，因此对这部分人群的关注是十分必要的。

【案例】李某，大学三年级学生，已有五门功课不及格。面对再有一门不及格将被退学的现实，内心焦急，整个假期处在焦虑不安的状态，夜间噩梦相伴，总是梦见自己被退学，从噩梦中惊醒后还感到心在"怦怦"直跳。白天心神不定、心慌、四肢发凉，手抖，多汗，食欲不振，呼吸困难，担心自己脑子失灵，不得已休学一年，后诊断为焦虑症。

（一）大学生产生焦虑症的主要原因

在现代社会，竞争加剧、人口集中、居住和交通拥挤、生活节奏紧张给人们带来了许多心理压力。尤其是市场经济的发展、高校体制的改革，对学生提出了更高的要求。市场经济优胜劣汰的法则使大学生产生了强烈的心理压力。如何看待改革，如何处理学业与就业的关系，如何解决知识与能力的矛盾，就成为大学生关注的热点问题。面对高校改革的严峻现实，心理适应能力强的学生能从惊惧中走出来，可一些心理适应承受能力差的学生则烦躁不安，这种情绪打破了他们的心理平衡，最终导致了焦虑的产生。

焦虑症患者有明显的个性特点。一般来说，易于紧张，对躯体微小的不适应容易引起很大注意，遇到挫折易于过分自责、谨小慎微、优柔寡断、多愁善感、依赖性强的人，易患焦虑症。

（二）焦虑症的心理调节

对于焦虑症，要以预防为主，其关键在于提高自身的心理承受力。大学生应树立自信，正确认识自己有处理突发事件和完成各种工作的能力，坚信经过治疗可以完全消除焦虑疾患。每多一点自信，焦虑程度就会降低一些。

此外，还可以通过自我松弛训练来调整。我国的气功、印度的瑜伽术、日本的坐禅等，都是以放松为主要目的的自我松弛训练。在进行自我松弛训练时，要注意消除自己的"私心杂念"，使自己处于一种"超然"的状态。这样通过一段时间的训练会大大减轻心理的焦虑。

出现焦虑症，往往与深藏于潜意识中的"病根"有关，应认真分析，将其挖掘出来，这样焦虑便不治自愈。如一位女大学生，各方面表现都很好，但她常常感到内心存在焦虑，苦于找不到原因。经过心理咨询师的耐心开导，终于发现原因在其父母不睦，常常发生争吵。咨询师告诉她，家庭夫妻争吵是常有的事，不吵不算夫妻。只要不是为原则性的问题争吵，就没有必要大惊小怪。在咨询师的帮助下，这位女生很快摆脱了焦虑。

二、抑郁症

喜怒哀乐乃人之常情。精神病学家克莱曼称：人在其一生中总会有一段时间处于抑郁心境之中。抑郁心境是一种忧伤、悲哀或沮丧体验。可以说，抑郁心境是大学生中一种很常见的情绪状态。当抑郁心境发展到一定程度，出现一组有特征的症状，持续一定时间，且严重损害患者的社会功能时，就要考虑为抑郁症。

抑郁症是危害人们身心健康的常见病。据有关调查资料显示，大学生抑郁症患病率为6.8%，其中女生患病率较男生高。抑郁症可危及生命，严重的抑郁症患者中有15%因自杀而结束自己的生命。

抑郁症表现为：情绪低落、心情苦闷、愁眉不展；愉快感缺乏，生活中没有什么事情能让他们高兴；容易疲劳，常常感到精力不足，或有"力不从心"的感觉；思维迟钝，语言表达缓慢，反应能力减弱；产生睡眠障碍，入睡困难；产生强烈的自我责备，注意力不能集中或犹豫不决，有自杀意念或想法等。

【案例】王某，男，大学生，19岁。其父母都是知识分子，对他爱护有加，抱有极大的期望。他学习成绩一直很好，高中毕业顺利考入重点大学。进入大学后，王某学习刻苦，各方面表现积极，还被选为班长。不久，王某与同班的一名女生好上了，两人出双入对，形影不离。相处一段时间后，女方觉得两人性格有些差异，提出分手。但王某不能接受这一事实，找到女方质问："为什么要分手？"女方回答说："不为什么，只是我从来没有真心爱过你。"这件事给王某以沉重的打击，王某觉得女方欺骗了自己的感情，从此一蹶不振、沉默寡言、悲观失望、食欲减退，怕见老师和同学，对集体活动缺乏兴趣，完全变了一个人。同班同学发现王某这种情况后，都劝王某想开一点。可王某此时已陷入感情的漩涡中不能自拔，任何人的话也听不进去。平时总是想方设法避开女生，内心产生憎恨，甚至有强烈的报复欲望。学习成绩也因此一落千丈。

（一）大学生产生抑郁症的主要原因

抑郁症主要是因心理遭受刺激后而诱发的，主要有：

（1）感情上受到重大打击，如失恋、亲人去世、父母关系紧张、考试不理想。这些打击，对于一个心理承受能力强的人来说，可以经过自我调整，予以克服。可对于一个心理承受能力弱的人来说，就会感到无所适从，产生抑郁。

（2）自尊心、自信心受挫。如有的学生认为自己的长相不好，天生有缺陷，因而自卑。也有的学生在中学是学习尖子，可进入大学后，因为大家都是尖子，觉得自己成绩平平，总认为自己不如别人、不受老师重视、不引人注目等，产生一种失落感。

（3）不良性格的影响。有的学生性格内向，不善交际，往往把自己封闭起来，不与任何人接触，久而久之，就会产生孤独、寂寞、忧伤的情绪。有下列性格特征的人很容易患上抑郁症：遇事悲观、自信心差、对生活事件把握性差、过分担心。

（4）家长的影响。家长是孩子的第一老师。如果父母患有抑郁症，那么，孩子患抑郁症的可能性会很大。如有抑郁症的父母在家少言寡语，不参加社会活动，不与人结交往来，或对自己的身体健康过分关心，稍有不适，就十分焦虑，这些都会直接影响到孩子的情绪。

（5）攻击性倾向。大多抑郁症患者都有攻击性的倾向，这种攻击性在患者自尊心、自信心受到严重挫折时会表现出来。患者常把攻击冲动转化为抑郁倾向，越是想攻击，越是压抑自己的攻击情绪，因而抑郁也会越来越严重。

由此可见，抑郁症是遗传、心理和社会环境这些因素综合作用导致的。因此，大学生应培养自己乐观开朗的性格，树立自信心，锻炼自己的耐挫能力。

（二）抑郁症的心理调适

（1）治疗抑郁症的最有效方法，就是培养坚强的意志力，提高对挫折的心理承受能力。其途径是在生活、学习实践中进行锻炼。例如，每天除正常上课外，坚持看书 2 小时，每

天早起跑步 20 分钟，同时积极参加学校的各项集体活动，在活动中培养自己的意志力和自信心。这些行为疗法的目的旨在使患者认识到：人生活在社会上，不论生活、工作和学习，遇到挫折和困难是必然的、经常的，一帆风顺是偶然的、少见的。这样坚持下去，心理承受能力就会大大提高，心理抑郁也会随之烟消云散。

（2）要增强自信心。自信心是人成功的心理基础。为数不少的抑郁症患者都是因为自尊心受到伤害引起的。因此，树立自尊心、自信心，是大学生克服抑郁心理的重要手段。首先，要调整期望值，青年学生往往对问题的考虑过于理想化、简单化，一旦理想不能实现，就从一个极端走到另一个极端，产生抑郁心理。如"我这次必须考上××重点大学"，"我这次期中考试必须门门达到优秀"，"我这次必须评上三好学生"等，这些标准都是从自己的主观出发，没有考虑到自己的能力、条件等客观情况，因而往往出现主客观相背离的情况，使自己的自尊心、自信心受挫。因此，必须根据自己的实际情况去制定自己的目标，使之具有实现的可能性和现实性。其次，要运用奖励手段。一旦学生在某些方面取得成绩，都要给予及时的肯定、鼓励，使之产生成就感、幸福感。成就感、幸福感的情绪体验反过来促使自己向更高的目标攀登。

（3）当老师发现学生有抑郁症症状后，应主动与之谈心，给予更多的理解和关心。通过谈心，一方面可以找到产生抑郁症的病因，然后对症下"药"；另一方面，也可以给学生以情感上的支持，使他感到温暖，进而产生上进心和克服挫折的勇气。

第三节　预防自杀

【案例】2015 年 12 月 17 日，北京邮电大学研究生孙某从学校宿舍楼纵身一跃，结束了自己 24 岁的生命。孙某的成绩一直非常优秀，中学时候每次考试都是全校第一。进入大学后，每次项目小组讨论作业，他总是可以提出好的解决方法与研究角度，团队建模的大部分工作都是由他漂亮地完成，同学们都叫他"孙神"。本科期间，他曾在北京市数学建模、全国电子设计竞赛中获奖，也被评为校级三好学生，荣获学业奖学金……他还被保送到本校读研。孙某平时性格开朗，经常帮同学修电脑，对陌生人也经常施以援手。他体格健壮，经常参加各种锻炼，先后跑完了两届 40 多公里的全程马拉松。和女友的感情也一直稳定，双方的父母对彼此都非常认可。——在他的同学和亲友眼中，他真的是"神一样的存在"。

2014 年年初，孙某在某著名通信科技品牌公司内实习，但当时他所在的公司项目组正处于近乎停滞阶段，大半年的实习，孙某基本处于无研究可做的状态。直至毕业论文即将开题时，依靠项目研究作毕业论文的他向学校申请终止实习，经多次协商后提前返校。但由于毕业论文缺乏实践做支撑，最终，他的毕业论文没有通过，等待他的是延迟一年毕业的结果。因不能按期毕业，他无奈地放弃了已经应聘成功的某银行总部软件开发中心的工作，上交了 5 000 元违约金。这些事让他妈妈想不通：从小一直引以为傲的儿子，竟然会遇到这么不公平的事情。

她越想不通越痛苦，而她的痛苦更加强了孙某的自责：妈妈的痛苦是因他而起。慢慢地，他患上了重度抑郁症，说话有气无力，书也读不进去，常常失眠。但经过吃药、看病、做心理辅导、母亲的陪护，他的病情有所好转。2015年，他按时提交了毕业论文并得到了导师的认可。12月16日，一家知名银行通知他第二天去签约，他立即回复"参加"。就在签约前11个小时，他选择了自杀结束自己的生命，自杀前留下了三行字的纸条："活着真的很痛苦，不想再伤害自己的家人了……"在此前和家人讨论起学校另一起跳楼自杀事件时，他曾说："跳楼，太不可思议了，太不应该了。"

自杀是指本人自愿结束自己生命的一种手段。有意识、自愿地直接结束自己生命的行为称为自杀行为。自杀一般始于心理挫折，是人们心理危机的极端行为。自杀既是个人人生的悲剧，也是家庭与社会的悲剧。在我国，特别是在高校，大学生的自杀行为屡见不鲜，并呈不断上升态势，成为青年大学生的主要死因，也成为一个触目惊心的社会问题。

一、大学生自杀心理危机的诱因及影响因素

（一）心理冲突与自我认知偏差

进入大学以后，由于学习环境的转变及自身所具备的特长等诸多因素的影响，大多数人对自我的评价也在逐渐发生转变。这不仅表现在学习成绩、生活起居上，还表现在知识面、社会经验、人际交往以及个人综合能力等方面。现实生活中，现实自我与理想自我总会存在着一定程度的差距，对这一客观事实如果认识不足，就会引起认知上的矛盾。当自我认知出现偏差时，会极大地影响大学生对他人的知觉，很容易造成大学生的心理失衡。人不是天然就能获得心灵的成长的。人既不是随着年岁增大而必然获得心智的成熟，也不是随着知识的积累而完成人格的构建。

人的本质是社会化的，需要依赖周围的人提供对自身内在的和外在的评价而存在。所以不断地调整自我认知对每位大学生来说都非常重要。有的大学生能及时调整对自身的认识，重新确立目标，让新的目标符合客观现实的要求；而有些大学生在追求自我发展中顾此失彼，没能达到期望的目标，便企图逃避与现实的矛盾冲突，于是出现消沉、苦闷、颓废、抑郁等不良心理反应；还有的大学生，在自我发展过程中放大了自身的弱势、忽略了自身的优势，再加上缺乏必要的社会支持力量和有效的心理防御机制，在玩乐和自我放纵中麻痹自己的心灵，产生严重的烦恼和恐惧不安情绪，由此滋生自杀倾向等心理危机。

（二）人际关系失衡

与中学生相比，大学生的人际关系更为广泛而深刻，角色呈多元化。大学生来自不同地域、不同教育背景、不同经济状况，带着各自的生活习惯与学业期待来到大学，新型人际关系的适应是大学生面临的重要问题。大学生与人交往和相处的经验相对较少，在短期内建立起一种和谐的人际关系，往往需要很多的技巧。大学生们往往只感受到这一问题的重要性及其压力，而缺乏必要的经验和技巧。一方面，他们对良好的人际关系抱有极大的期望，希望能建立和谐、友好、真诚的人际关系。但同时，这种期望又往往过于理想化，

即对别人要求或期望太高，而造成对人际关系状况的不满。这种不满又会反过来给他们的人际关系带来消极的影响。渴望交往的心理需求与心理闭锁的矛盾集于一身，人际关系危机便会随之产生，进而必然会产生各种各样的心理问题，甚至会进一步产生自杀心理危机。

（三）应激性生活事件

应激性生活事件是指人们在日常生活中因为各种各样的社会生活的变动而引发个体身心反应，对身心产生较大影响的事件。应激性生活事件不仅是测量应激水平的一种方法，也是一项预测身体和心理健康的重要指标。在应激性生活事件中，父母离异、情感受挫、人际关系恶化、就业压力、生活陷入困境、生理或心理上的疾病困扰等等，会诱发或加剧一些心理适应能力脆弱的大学生采取自杀的极端方式，以逃避现实中的压力。大量的研究表明：即使是中等水平的应激事件，如果它们连续发生，就会对个体抵抗力累加，因而后果也非常严重。对个体而言，在应激性事件中获得积极有效的心理支持比其他任何事情都更为重要，这是人们应付心理压力的重要的社会心理支持资源。如果没有恰当的、有效的应激事件应付机制，个体的压力会持续存在，一旦个体陷入社会心理支持资源丧失、没能发挥作用或支持失当，面对压力的个体会变得脆弱无比和心理失衡，继而形成一种悲观厌世、逃避现实的消极生活态度，最终导致自杀悲剧的发生。

二、大学生自杀心理危机重点干预和关注的对象

下列几类同学都是应重点进行心理危机干预和自杀意念关注的对象：

（1）遭遇突发事件而出现心理或行为异常的同学，如家庭发生重大变故、遭遇性危机、受到自然或社会意外刺激的同学；

（2）患有严重心理疾病，如患有抑郁症、恐惧症、强迫症、癔症、焦虑症、精神分裂症、情感性精神病等疾病的同学；

（3）既往有自杀未遂史或家族中有自杀者的同学；

（4）身体患有严重疾病、个人很痛苦、治疗周期长的同学；

（5）学习压力过大、学习困难而出现心理异常的同学；

（6）个人感情受挫后出现心理或行为异常的同学；

（7）人际关系失调后出现心理或行为异常的同学；

（8）性格过于内向、孤僻、缺乏社会支持的同学；

（9）严重环境适应不良导致心理或行为异常的同学；

（10）家境贫困、经济负担重、深感自卑的同学；

（11）由于身边的同学出现个体危机状况而受到影响，产生恐慌、担心、焦虑、困扰的同学；

（12）其他有情绪困扰、行为异常的同学。

尤其要关注上述多种特征并存的同学，其危险程度更大，应作为重点干预的对象。

第五章 交通安全

【学习目标】
　　（1）了解交通安全的基本知识，培养自觉遵守和维护交通法规和规则的意识，提高自己的交通安全素质与能力。
　　（2）掌握交通事故自救常识。

　　大学生交通安全是指大学生在校园内和校园外的道路上行走、驾驶或乘坐交通工具进行交通活动时不发生人员伤亡和交通工具、财产损失的状态。据有关报道，自从有机动车道路交通事故死亡记录以来，全世界死于道路交通事故的人数已超过3 200万人，近百年来累计死于交通事故的人数已超过两次世界大战中死亡人数的总和。全世界每年有100多万人死于交通事故，而中国是世界上交通事故死亡人数最多的国家之一，交通伤害致死率达27.3%。交通事故已成为我国第一位的伤害死因。大学生在日常生活中遭遇的交通事故在大学生受伤害事件中占有较大比例，是大学生必须重视的安全问题之一。

第一节　大学生常见交通事故的原因分析及其预防

一、交通事故主要类型

　　交通事故有广义和狭义之分。广义的交通事故包括火车、轮船、飞机及汽车四种交通工具所造成的事故，其原因既有人为因素，也有自然因素。由于地震、台风、山洪、雷击等不可抗拒的自然灾害造成的事故，以及意外的无法预见的原因和机械故障引起的事故是非违章行为所引起的事故。

　　狭义的道路交通事故是指车辆驾驶人员、行人、乘车人以及其他在道路上进行与交通有关活动的人员，因违反《中华人民共和国道路交通管理条例》和其他道路交通管理法规、规章的行为，造成人身伤亡或者财物损失的交通事故。根据事故责任不同，可以将道路交通事故划分为机动车事故、非机动车事故、行人事故、其他事故等四类。

　　（1）机动车事故，指事故当事方中汽车、摩托车、拖拉机等机动车负主要以上责任的事故。但在机动车与非机动车或行人发生的事故中，机动车负同等责任的，也视为机动车事故，因为在道路上行驶，机动车相对为交通强者，而非机动车或行人则属于交通弱者。

机动车驾驶人员违反交通法规而发生的事故包括：违反安全驾驶规程，违反限制车速的规定（如超速行驶等），强行超车、逆行，通过交叉路口不减速，左右转弯及掉头不适当，违反停车或临时停车规定，违反优先通行的原则，路口闯红灯，与前车不保持安全间距，装载不适当，酒后开车，机械故障，过度疲劳，违反铁路岔口通行规定以及摩托车、轻骑驾驶员违反交通法规行车等所造成的交通事故。

（2）非机动车事故，指自行车、人力车、三轮车、畜力车、残疾人专用车等按非机动车管理的车辆负主要以上责任的事故。在非机动车与行人发生的事故中，非机动车一方负一半责任的应视为非机动车事故。因为非机动车与行人相比，非机动车属于交通强者，而行人则属于交通弱者。其中，骑自行车违反交通法规，包括在快车道上骑车，逆行，骑快车，左右转弯时无视来往机动车而猛拐，在交叉路口闯红灯，双手或一只手离开车把骑车，车闸失效，雨天骑车打伞，骑车带人，在人行道上骑车以及载物不当等。

（3）行人事故，指在事故各方当事人中，行人负主要责任以上的事故。行人违反交通法规，包括无视交通信号，不走人行道而在快车道或慢车道上行走，随意横穿公路，斜穿公路，在停车车辆前后横过公路，儿童在街上玩耍，行人在公路上作业或行走时精神不集中等。

（4）其他事故，指其他在道路上进行与交通事故有关活动的人员负主要以上责任的事故。如因违章占用道路造成的事故等。

二、大学生易发生的交通事故情形

（一）被机动车撞伤、撞死

大学生发生交通事故致伤致死的，主要是与机动车相撞造成的，其中有的是汽车，有的是摩托车。被撞伤、撞死的大学生有的是在马路上骑自行车，有的是步行横过马路或者在便道上行走，还有的是在车站候车。被撞伤、撞死的大学生，有的要承担一定的责任，如骑车违章带人、闯红灯、逆行，过马路不走人行横道，在校园道路上踢球、拍球、嬉笑打闹，在马路上边走边聊天等。有些交通事故是机动车驾驶员违章造成的，如学生在非机动车道被汽车撞伤、撞死；学生在绿灯放行的情况下步行通过人行横道，被违章的汽车撞伤、撞死；学生在车站站台候车，被机动车撞伤、撞死；学生在校园内人行便道上行走，被违章汽车撞伤、撞死等。

（二）乘坐机动车发生事故致伤、致死

大学生因乘坐汽车发生的交通事故屡见不鲜，有时甚至造成群死、群伤事件，教训十分惨重。造成大学生群死、群伤的交通事故大多与学生集体外出旅游有关。有的学生租用非法运营的私人车辆外出旅游，有的乘坐旅游公司的车辆旅游，途中发生交通事故，造成多人伤亡。有的大学生出行时疏忽安全，贪图方便乘坐黑车、"摩的"，而黑车、"摩的"往往不按规定行驶导致事故发生，造成受伤，甚至死亡。

（三）驾驶机动车违章发生交通事故致伤、致死

大学生拥有驾驶证的大有人在，有车族大学生也不在少数。其中一些学生驾车时间短、

经验少，遇到紧急情况时，缺乏处理经验，手忙脚乱，易发生事故。大学生违章驾驶机动车发生交通事故致伤、致死是近年来出现的新情况。有的学生醉酒后驾驶小客车，致使车辆翻到路边沟里，造成驾驶人和乘车人死伤。还有的学生无证驾驶无牌照摩托车，并且在后座上带人，因驾驶技术不过关，致使发生事故，并造成乘车人死伤。

（四）被非机动车撞伤

这种情况大多数发生在校园内，大学生被骑自行车、电动车的人撞伤，而肇事者大多数又是大学生。有的大学生在校园内随意骑车，认为校园内没有红绿灯，可以不分左右行道，骑快车，结果发生交通事故。

三、大学生交通事故的主要原因

近年来，随着社会的发展、高校办学规模的不断扩大和师生生活水平的提高，高校内机动车数量明显增加。校园周边机动车和非机动车辆密集，行人、自行车、机动车争道问题严重，而交通安全意识薄弱、交通标志标识欠缺、交通管理空白、外来车辆漠视校园规章制度等交通问题依然突出，造成师生交通安全事故增多，轻者受伤，重者死亡。总结起来，大学生发生交通事故的主要原因如下：

（一）思想麻痹、安全意识淡薄

许多大学生刚刚离开父母和家庭，社会生活经验缺乏，头脑里交通安全意识比较淡薄。有的同学在思想上还存在"开车人不敢撞我"的错误认识，诚然，没有哪个驾驶员愿意主观撞人，但机动车事故多是驾驶员注意力不集中、车速过快、错踩油门当刹车或车辆故障等原因造成的。行人缺乏安全意识，自己成为交通事故受害者的概率就会大大增加。

安全意识淡薄主要表现在：

（1）注意力不集中。边走路边低头看书、玩手机，对周围的交通状况完全漠不关心；或者边走路边听音乐，或者左顾右盼、心不在焉。

随着信息时代的快速发展，手机已经成为人们生活中必不可少的工具。等车时刷刷微博、看看新闻资讯，坐车时玩玩游戏、聊聊QQ，过马路时打打电话、发发微信……这些已成为我们日常生活中随处可见的场景。人们把这些时常低头玩手机的人称为"低头族"。

随着"低头族"日益增多，带来了不少安全隐患，街头"低头族"已成为马路安全又一新生隐患。

【案例】2015 年 11 月 13 日，天津静海，一男青年边走路边低头玩手机，结果撞到一张钢丝网上，钢丝尖头插入其右眼。

【案例】2013 年 10 月 22 日，南京一名男子在经过雨花路和应天大街交叉口处的火车道口时，低着头专注看手机，连火车鸣笛声都没听到，行驶过来的火车贴身而过，男子受惊倒地，幸好没有受伤。随后，火车也紧急停下。事后有关部门通报，这次事故导致火车在现场停留了 18 分钟，宁芜线多趟列车进站时间受影响。

无论是骑车还是开车，都是动态驾驶，玩手机时低头的一瞬间，发生事故的概率是正常情况下的数十倍。美国弗吉尼亚理工大学研究人员对 100 多名卡车司机进行了长达 18 个月的跟踪调查，发现司机边开车边发短信，发生车祸的概率是正常驾驶时的 23 倍。英国运输研究实验室也公布了一组统计数据：驾车时玩手机的司机，反应会比正常情况慢 35%。

（2）把马路当游乐场。如在路中央玩滑板、玩轮滑、进行球类活动，或者相互之间追逐打闹。

（3）骑车时随意变道、相互"逼车"、带人骑车或骑"飞车"，骑自行车、电动车、摩托车在校园里风驰电掣。还有些学生的车辆缺乏保养、维修，刹车失灵，车铃、喇叭不响，也是造成事故的重要原因。

（二）交通安全知识缺乏

在各个大学中普遍存在这样一种情况，有许多大学生只注重学校规定需要考试的几门课程的学习，而很少主动学习和关心交通安全知识，甚至于有同学连基本的交通安全常识都不甚了解。而学校方面也没有专门将交通安全方面的课程列入正常教学计划中，大学生只能被动地从保卫部门的提醒中获得这方面的知识。据有关统计，交通安全知识薄弱和自我防范能力较差是大学生上街外出时容易发生交通事故的主要原因。大学生余暇空闲时购物、观光、访友等要到市区活动，这些地方车流量大、行人多、各种交通标志眼花缭乱，与校园相比交通状况更加复杂，若缺乏通行经验，发生交通事故的概率就比较高。

（三）遵守交通法规的自觉性差

有些大学生在日常学习和生活中没有养成良好的自觉遵守规矩的习惯，自制能力和自觉性较差。在过马路时，只图自己方便省事，不走斑马线、人行道，翻越隔离护栏；在过红绿灯时，不遵守交通信号灯指示，猛冲猛跑，或者在从众心理驱动下"中国式过马路"。

（四）驾驶人员操控不当

近年来，私家车数量猛增，大量初考驾照者上路，成为诱发交通事故的又一大因素，又称"马路杀手"。由于新手驾驶经验明显不足，遇到紧急情况往往惊慌失措、操控不当，容易引发交通事故。

（五）校园道路、交通设施等交通条件落后

近年来，大学校园面积增加不大，校园道路变化不大，但是，在校生增长了一倍多，校园内私家车增长了数十倍，社会车辆每天进出校园的有成千上万辆，人车抢道现象普遍，校园内交通安全形势严峻。即使校园道路得到了拓宽和改造，但交通标志、标线的完善和交通设施设备的改善落后，视觉盲区依然存在，引发交通事故的隐患没有消除。

四、大学生常见交通事故的预防

许多高校教师拥有私家轿车，拥有电动车的更是普遍，大学学生开汽车上学也已不再是新闻了。大学生不管是在校内还是校外，不论是行走、骑车，还是乘车、开车，发生交通事故最主要的原因是思想麻痹、不遵守交通法规，缺乏交通安全常识，自我保护意识淡薄。作为一名在校大学生，遵守交通法规是最起码的要求。若没有交通安全意识很容易带来生命之忧。学校应及时开展道路交通安全的宣传和教育，完善对学生的教育、宣传等源头管理机制。为了预防大学生交通事故，要做好以下几点：

（一）必须认真遵守交通法规

交通法规是总结大量交通事故血的教训才产生的。它是人们交通安全的基本保障。只有自觉遵守交通法规，才能少发生或不发生交通事故。相反，如果不遵守交通规则，存有侥幸心理，甚至明知故犯，如违章驾驶、骑车带人、逆行、闯红灯、行人过马路不走人行横道和过街桥等，就非常容易发生交通事故。

（二）必须掌握基本的交通安全知识

了解道路通行条例中的交通信号灯、交通标志、交通警察指挥手势的含义；了解道路通行中的一般规定，机动车、非机动车、行人和乘车人的通行规定以及高速公路的特别规定；了解交通事故处理中的保护现场、抢救受伤人员、报警、交通事故的调解和诉讼以及向保险公司的理赔等方面的知识。

（三）必须增强自我保护意识

由于他人、特别是机动车驾驶员的违章，造成了大学生无辜被撞伤、撞死，这样的教训是十分惨痛的，因此必须增强自我保护意识，要警惕和防止由于他人的过失对自己造成伤害。出行时要集中精力，不仅要瞻前，而且要顾后，眼观六路，耳听八方；发现违章的车辆向自己驶来，要主动避让，防止伤害到自己；不开车况不好的车上路，开车不超速，与前车保持安全距离；遇到路况复杂、天气不好时，要处处小心，及时避让，以免受到意外伤害。

五、交通事故的处理

（一）道路交通事故的处置

无论在校外还是在校内，一旦发生交通事故要及时报案，以有利于事故的公正处理。可以拨打 122 或 110 报警电话，准确报出事故发生的地点及人员、车辆伤损情况。除及时报案外，还应该及时与学校取得联系，由学校出面处理有关事宜。

（1）选择解决事故的方法，或是自行协商解决，或是报警解决。当机动车与机动车、机动车与非机动车在道路上发生未造成人身伤亡的交通事故时，当事人对事实及成因无争议的，在记录交通事故时间、地点、对方当事人的姓名和联系方式、机动车牌号、驾驶证号、保险凭证号、碰撞部位并共同签名后，双方可撤离现场，自行协商损害赔偿事宜。如果当事人对交通事故事实及成因有争议，则不能撤离现场，应当迅速报警。当在道路上发生造成人身伤亡的交通事故时，车辆驾驶人应当立即抢救受伤人员，并迅速报警。当非机动车与非机动车或者行人在道路上发生交通事故，未造成人身伤亡，而且基本事实以及成因清楚的，当事人应当先撤离现场，再自行协商处理损害赔偿事宜。如果当事人对交通事故事实以及成因有争议，则应当迅速报警。控制肇事者。若肇事者想逃脱，一定要设法控制。自己不能控制的可以发动周围的人帮忙控制。若实在无法控制也要记住肇事车辆的车辆牌号等特征。

（2）交通事故当事人应当保护交通事故现场。交通事故现场是指发生交通事故的车辆与事故有关的物体、痕迹和伤亡人员及其所在地点。现场情况是了解、判断事故发生过程、原因、责任和正确处理事故的重要依据。发生交通事故后，当事人故意破坏、伪造现场及毁灭证据的，承担全部责任。

保护交通事故现场，就是保护交通事故发生时的原始现场，车辆、物品、伤亡人员以及痕迹都不能变动。为了解决抢救受伤人员同保护现场的矛盾，在抢救受伤人员需要变动现场时，应当标明位置或拍照留下记录。

（3）道路交通事故的损害赔偿。在道路上发生交通事故后，当事人不能自行协商处理的，报警之后，交通警察到现场进行勘验、检查，搜集证据，填写交通事故认定书后，对交通事故损害赔偿的争议，有两条途径可供选择，即请求公安交通管理部门调解，或是直接向人民法院提起民事诉讼。交通事故损害赔偿项目和标准依照有关法律的规定执行。

（二）校园内交通事故的处置

高校的道路允许社会车辆进入和停放，故校园道路应是社会道路的延伸。校园内发生交通事故，当事人可以根据情况自行协商解决，也可以向公安机关交通管理部门报案并向学校保卫部门报告。

（三）当事人在交通事故中的注意事项

（1）要立即停车，保护现场。若事故造成人员伤亡，要迅速抢救伤者。应仔细检查伤亡情况，拦截过往车辆将伤者送往就近医院抢救，如无过往车辆而情况又特别紧急时，可以自己开事故车直接送伤者到医院，以争取时间。但是，必须将伤者位置和车体位置标明，用石头或树叶等东西把主要部分围起来，禁止车辆或行人进入现场，防止事故现场被破坏。

（2）要赶快检查和救护车辆，消除危险，减少损失，防止着火、爆炸、腐蚀等。

（3）要及时报案，防止因报案不及时而承担不必要的事故责任，先报交警和保险公司，再报学校领导和有关部门。如在校园内部道路上发生事故，应向学校属地公安部门报告。

（4）要委托证人证明，防止与证人失去联系。发生严重交通事故后，驾驶人员应及时注意事故现场的见证人和证据，记下见证人姓名、性别、单位、地址及电话、QQ号码等。

（5）司机不要有侥幸心理而在肇事后逃离，置伤亡人员或国家财产于不顾。作为学生，应及时将事故情况报告辅导员和保卫部门等。

（6）不要嫁祸于人，不要伪造现场，破坏现场，毁灭证据，隐瞒事故真相，以免事故处理复杂化。

第二节　交通安全常识

一、我国道路交通法规简介

道路交通安全管理法律法规（简称交通安全法规、交通管理法规或交通法规），是用以管理道路交通安全、带有强制性的所有法律法规以及其他规范性文件的总称。

交通安全法规属于国家行政法律法规的范畴，是公安行政法律法规的一个组成部分，是公安机关代表国家意志管理道路交通的重要法律依据，是道路交通安全管理的重要工具，是国家行政法的组成部分，因此具有与其他法律、法规相同的性质和基本特征。

（一）交通安全法规的主要类别

按主要内容及其调整的对象，可以从交通秩序管理、车辆和驾驶人管理、交通安全违法行为处理、交通事故处理等四个方面进行分类。

（1）交通秩序管理法律法规，是交通安全法规最基本的内容，其主要内容是对道路上的交通活动或与此有关的其他活动进行管理和制约，包括行车秩序管理，车辆装载管理，行走和乘车秩序管理，对道路的占用、使用管理，违法行为处罚等。其主要法律法规是《道路交通安全法》《交通安全法实施条例》和国家标准《道路交通标志和标线》（GB 5768-1999）。

（2）车辆和驾驶人管理法规，包括《机动车登记规定》《机动车驾驶证申领和使用规定》和国家标准局 1999 年修订发布的《机动车运行安全技术条件》等。

（3）交通安全违法行为处理方面的法规，包括《道路交通安全违法行为处理程序规定》和《机动车驾驶证申领和使用规定》，主要对交通安全违法行为处理的程序，处罚的种类、档次，记分办法等等事项作了明确的规定。

（4）交通事故处理方面的法规。除了基本的《道路交通安全法》外，主要还有《道路交通安全法实施条例》《交通事故处理程序规定》。这两个法规包括了处理交通事故的原则、现场勘查的程序、责任认定的原则和标准、损害赔偿纠纷的调解、损害赔偿的幅度和标准、对交通肇事的处罚种类和幅度，以及对事故处理的诉讼等事项的规定。

此外，还有与之相关的交通事故现场勘查、伤情鉴定标准（如《道路交通事故受伤人员伤残评定》）等方面的技术标准等。

（二）《道路交通安全法》

《中华人民共和国道路交通安全法》2003 年 10 月 28 日由第十届全国人民代表大会常务委员会第五次会议通过并发布，从 2004 年 5 月 1 日开始实行，是我国第一部交通安全方面的专门法律。

《道路交通安全法》既规定了道路交通安全管理的指导思想、基本原则，也比较原则性地规定了人们的交通行为规范，在一定意义上讲，又是制定其他交通法规的重要依据。

《道路交通安全法》适用于中华人民共和国境内所有的车辆驾驶人、行人、乘车人以及与道路交通活动有关的单位或个人。

二、行人交通安全常识

（一）人行道

行人要在人行道上行走，多人同行时应注意避免三人以上并行而妨碍别人通行。没有设置人行道的路段，行人应在非机动车道右侧 1 米的范围内行走。（行人在上述活动空间内行走时，车辆不应侵犯其安全通行空间。）

（二）行人过街设施

行人横过机动道，要走人行横道、人行过街天桥或地下通道等行人过街设施。没有这些设施时就直行通过，不要斜穿或追逐猛跑，也不要在车辆临近时突然横穿。（要让司机有足够的时间发现行人后停车，保障行人安全。）

有交通信号控制的人行横道，须按信号规定通过；没有交通信号控制的人行道，须注意车辆，在保证安全的前提下通过。

（三）横过交通繁忙的道路

当路上交通繁忙、车辆密集且车速较快，以致不能安全通过时，除非该处有人行横道，否则不要横过道路。如果车辆时密时疏，则应把握时机，待车流较疏时再通过，而不能冒险在车流中行行停停或往来穿梭。

（四）不要翻越护栏

在交通繁忙的路段一般都设有人行道、车行道护栏，用以阻止行人横过道路。行人不能穿越或倚坐。行人如果强行穿越的话，会使驾驶员措手不及，难以及时采取有效措施，从而造成交通事故。

（五）恶劣天气横过道路

在天气恶劣时横过道路要格外小心，特别是倾盆大雨或大雾时更要留神。因为在这种情况下，驾驶人较难看见行人；而行人由于雨具遮挡了视线，也难看见附近车辆。为避免危险发生，行人应调整好雨具，看清路面情况，待没有车辆驶近时才可横过道路。

（六）夜间横过道路

夜间步行时，要尽量选择有路灯的地方横过道路。因为在夜间车流少，车速一般较快，同时驾驶人较难看见行人，而行人也难估计车辆的速度。

（七）横过道路禁忌

横过道路途中若遇到有车辆驶近时，应按照当时的环境停步；不要突然加速横穿或后退、折返，尽量要让驾驶人知道自己的去向。如果因车辆多而一时在横过道路途中受阻，可利用路中央的分界线作为紧急停留的地方；切忌不看身后而直接后退，因为身后很可能有已经驶近或正在驶近的车辆，导致发生交通事故。

横过有绿化带隔离的机动车和非机动车道，在没有行人过街设施的情况下，要选择没有绿篱笆遮挡、视线开阔、具有安全通行条件的路段穿越，不能从绿化带中突然穿出，这样极易发生被疾驶而过的汽车撞上的危险。因为有绿篱笆遮挡视线，司机难以准确判断是否有行人横穿；即使有时发现有人横穿，但也会由于车速快而来不及采取避让措施。

三、骑自行车人交通安全常识

（1）骑车出行应遵守交通法规，注意观察判断道路情况，主动做好预防措施，切忌麻痹大意、心存侥幸。

（2）饮酒后尽量不要骑车上路，必要时可徒步推行，切勿醉酒骑行。

（3）在道路上骑车时，不可随意进入机动车道，切勿与机动车争道抢行。当行进方向有障碍需暂借机动车道时，要注意观察身后的机动车，确认安全后方可借道通行。

（4）骑车时不可高速骑行、相互攀扶并行、相互追逐打闹、双手离把骑行或手中持物，不要在车辆和行人中蛇形穿插、曲折竞驶。注意车辆突然驶入前面停靠、开门或右转弯，挡住路线，躲避不及而造成事故。

（5）通过有灯光信号控制的路口时，要按灯光信号行驶，不可冲闯，并注意观察路口车辆动态，谨防违法行驶车辆。

（6）通过无灯光信号控制的路口时，要准确观察判断各方车辆的车速、距离和行驶动态，确认安全后迅速通过。切勿急躁侥幸，争道抢行，更不可突然调头折返。

（7）骑车转弯、调头、横过公路时，要减速或停车观察瞭望，判断过往车辆的车速、距离，伸手示意，并注意避让车辆，必要时推车前行。切勿突然猛拐、横穿。切记：每个驾驶人都有疏忽失察、判断失误和采取措施不当的时候，也并不是所有的车辆都能遵法行驶。

（8）雨、雪、雾等恶劣天气和冰雪、泥泞路面要更加警惕，加强自我防范意识，谨防路滑摔倒、车辆刮擦碰撞，必要时下车推行。衣着、雨具不要遮挡视线和影响听觉，不要为躲避路面泥水、道路障碍或车辆溅起的泥水、尘土而突然变道或横穿道路。

（9）夜间视线不良时骑车要注意路面井盖和道路障碍，防止跌入或摔倒，更要防范汽车驾驶员观察不清而遭遇车祸。

（10）骑车载人载物应遵守规定，不可违规载人和货物超长、超宽、超重。

四、乘坐机动车交通安全常识

（一）乘坐公共机动车交通安全常识

（1）乘坐公共汽车、电车和长途汽车须在站台或指定地点依次候车，待车停稳后，先下后上；在道路上搭乘机动车，应当从车身右侧上车；不得强行上下或者攀爬行驶中的车辆。

（2）不要在车行道上或交叉路口处招呼出租车，应当在非交叉路口处的行人道上招呼出租车。

（3）不要携带易燃、易爆等危险物品乘坐公共汽车、出租车、长途汽车和火车。

（4）机动车行驶中，不要将身体任何部位伸出车外，不准跳车。

（5）车辆行驶中，不要与驾驶员闲谈或者有妨害驾驶员安全操作的行为。

（6）车辆在高速行驶中，不要在车内站立，不向车外抛弃物品，坐在前排时应系好安全带。

（7）乘坐大型客车时，上车后一定要先察看安全门的位置和安全锤的存放地点。

（8）不要在道路中间上下车。

（9）下车后，不要从车前车后突然走出横穿马路。

（10）乘车时要坐稳扶好，没有座位时，要双脚自然分开，侧向站立，手应握紧扶手，以免车辆紧急刹车时摔倒受伤。

（二）安全乘坐出租车常识

为确保出行安全，在乘坐出租车时应该注意以下几点：

（1）拦乘出租车时，不能在十字路口处和有禁停标志的路段，所拦截的出租车应该有空车标志（在前挡风玻璃处），同时注意要同方向拦截出租车，在路边伸手示意即可，切不可站在行车道上拦截。

（2）待车辆停稳后，应该从车辆的右门上车，坐稳后关紧车门；如果喜欢坐副驾驶位置，一定要系好安全带。

（3）行驶途中，除和驾驶员有必要的交流外，请不要和其闲聊，以免分散驾驶员注意力；不要催促驾驶员超速行驶，不要要求驾驶员紧急停车和调头，特别是雨、雾、雪等恶劣天气下，以及低等级行驶路段和夜间。

（4）下车时，一定要等车辆停稳，观察车辆右侧无行人和其他车辆方可开右门下车，同时检查随身携带物品。

（5）如果醉酒乘车，必须要有人陪护；不能要求出租车超员；随身物品不能超载；更不能携带易燃、易爆、有毒等危险品乘车。

（6）选乘出租车时，一定要选乘标志标示齐全的、有合法经营资格的出租车乘坐；合法经营的出租车必须进行定期强制检测，以确保车辆安全性能稳定；出租车驾驶员必须要有三年以上的安全驾驶经历，经过交通主管部门安全行车知识培训和严格考试，取得出租车客运经营从业资格证，方准予经营，这样出租车驾驶员才能给乘客提供安全规范的服务。

（三）安全"拼车"常识

【案例】2013 年 8 月 28 日，即将开学的成都某高校大二学生杨川，背着装有笔记本电脑、5 700 元现金还有几张银行卡的背包，来到成都客运站外转车回郫县的学校。为图方便，他答应了陌生人的拼车请求，与另外三人共同拼了一辆红色小轿车。途中，拼车的另外几人以随身钱包被偷为由，将杨川骗下车，随后轿车猛轰油门，带着杨川的背包逃之夭夭。杨川下意识地紧追几步，但无奈只得看着轿车消失在车流中。他想记下车牌号，却发现那车根本没上牌。

近几年来，拼车大军规模越来越大，花样也越来越多。拼车类型可以分为无偿拼车（车主和乘客之间不产生任何金钱交易）和有偿拼车（车主和乘客之间产生金钱交易），而后者又可以分为营利性拼车（车主以营利为目的收取费用）和非营利性拼车（车主不以营利为目的只收取汽油费、过路费等）。在此，我们侧重关注和介绍有偿拼车。

通常情况下，拼车具有价格便宜、不用长时间排队、无需挤车等出行方便的优点，但拼车的风险也显而易见：司机不是专业客运司机，长途旅行中防范意外的能力弱；陌生人拼车，交通安全和人身安全都无保障。

（1）安全隐患。依据《中华人民共和国道路运输管理条例》的规定，机动车在道路上营运，必须取得营运许可证，无营运证的车辆载客产生金钱交易视为违法。然而大学生拼车过程中搭乘的车辆除了少数是符合相关规定并拥有营运证的出租车、客运车等，绝大多数是通过网络或路边小广告等一些方式联系的私家车，更有甚者是无证的"黑车"。很多大学生的法律意识还相对比较淡薄，不会验证车主的身份以及车辆的合法性，这样的车主驾驶着这样的车为大学生"服务"，还产生了超出成本费外的营利性费用，首先在法律上就不合法，在运营中也极易发生安全事故，是一个巨大的安全漏洞。

调查显示，大学生在乘坐这些无正规运营资格的车辆前，超过94.4%的人都不会和车主订立相关的书面协议，因此在这种情况下一旦发生安全事故，责任难以界定，与车主、保险公司处理赔偿等更成问题，大学生的生命财产安全丝毫得不到保障。

（2）路费纠纷。拼车本就是一种自发的行为，它不像正规的交通运营方式（铁路、汽车等）由国家计价部门根据市场需求订立收费价格，而是车主与拼车人之间，拼车人与拼车人之间，通过书面或口头协议，商讨出双方都能满意的价格。这个价格是会随时波动的，主要是由车主本人所制定，主观性相当大，到同一个地方，可能今天是一个价格、明天又是一个价格了，并且这种价格本身也不受任何法律约束，因此拼车人与车主之间，拼车人内部都容易因为拼车中的费用而产生纠纷。还有一种情况是在原本约定好的价格之外另行增加费用（如拼车过程中的过路费、修车费等），车主希望把这些费用再次转嫁到拼车人的身上，拼车人却不愿意接受这些额外的费用而产生的纠纷。调查显示，有约38%的人遇到过路费纠纷的问题。

（3）车友难寻。"找车难，找车友更难"已经成为很多大学生拼车人的共同心声，能够一起拼车的一个重要条件就是拼车人之间要有共同的目的地或者其要到达的目的地在同一个方向或相近的线路上，但是大学生凭借一己之力想找到满足这个条件的人却很少，即便是寒暑假也不例外。由此很多人就想到了通过一些中介或者拼车网站找寻车友，先不说能找到与否，即便是找到了，由于车友之间往往都不认识或者不熟悉，再加上与车主也难相互信任，也极有可能产生纠纷。调查中有超过51%的人表示在拼车中遇到了车友难寻的问题。

（4）耽误时间。有一部分大学生之所以假期出行选择拼车，是基于方便、节约时间的考虑。然而在实际生活中，由于相同路线的车友会不时乘车下车，中间逗留的时间过长，反而耽误了很多学生的出行时间。

作为拼车行为的发起者和实践者，学生自己对拼车的认知水平和具备的相关法律知识的多少是导致自身的合法权益是否得到保障的重要因素。大学生要提高自身的认知水平，明确正规拼车与"黑车"拼车之间的区别，远离"黑车"拼车。

（四）安全乘坐专车常识

专车是近五年出现的新生事物，其界定和合法性问题目前尚存在很多法律争议。借用百度百科的定义：专车是由打车平台、政府共同认证，用于运送乘客的，主要通过手机等移动设备完成订单预约及支付的具有合法运营牌照的营运车辆。

专车服务提升了社会闲置资源的利用率，解决了不少人的出行难题，但也出现了诸如专车司机骚扰乘客、乘客个人隐私遭泄露等一系列问题。有统计显示，有35%的乘客曾被专车司机索要电话，有26.4%的乘客表示曾经收到过专车司机的性骚扰类短信。专车服务的安全隐患还在于：

（1）发生纠纷后维权困难。一项专门针对专车安全问题的调查结果显示，受访者中有近60%的乘客在乘坐专车时曾遇到过发生纠纷后维权困难的问题；84.1%的受访者表示，不知道乘坐专车发生事故之后究竟该如何赔偿。

（2）乘客的人身安全存在风险。客观说来，乘客选择交通工具出行都有发生交通事故的风险，但出租车驾驶员一般驾龄较长，驾驶经验丰富，安全系数较高。政府相关部门对出租车及其驾驶员也有比较健全的监管系统，出租车公司对出租车及其驾驶员管理也比较严格。由于目前专车市场没有有效的制约制度，乘客在选择乘坐专车时，对驾驶员的驾驶技术、驾驶经验无从得知，其个人道德品质更是无从判断。

（3）乘客的财物存在风险。在乘坐专车的过程中，一旦发现财物丢失，就很难找回。尤其是在当前的情况下，相关叫车平台的投诉机制并不是非常完善。与之相对应的是，出租车在运营的过程中，如果出租车司机的服务不到位，我们可以对其进行投诉。

综上几点，专车合不合法姑且不论，目前专车市场鱼龙混杂、缺乏有效管理是不争事实。选择专车出行应谨慎，尤其是女性不要单独乘坐不明身份的专车，注意以上法律风险，平安出行。

（五）拒绝乘坐"黑车"

【案例】2014年8月9日，20岁的重庆女大学生高渝错上陌生人的车后，失踪多日。在失踪第11天后，案件告破。据犯罪嫌疑人（系车主）蒲某交代，当日驾车搭乘高渝，途中发生争执将高渝杀害后潜逃。

【案例】2014年8月21日，22岁女大学生金某独自一人乘火车到济南转车，遭52岁嫌疑人代某搭讪，并以30元价格搭乘代某的电动车。随后代某将其强奸后带回住处，在大约四天的时间里对金某实施了捆绑、堵嘴、殴打、恐吓、强奸，并利用性药品和性工具对金某实施多次性虐待。

"黑车"是指未经道路运输管理部门审批，没有在道路客运管理部门办理任何相关手续，没有领取营运牌证而从事有偿服务、实施非法经营的车辆。这些车辆都是以低价格的方式在站外私自组客或通过黄牛拉客，没有安全和服务质量的保证。

坐"黑车"风险多，从乘坐者的角度而言，存在的主要危害有：

（1）被抢劫，即驾驶"黑车"人员就是伺机干违法事情的不法分子；

（2）被抛客，即车主中途向乘客提出新的价格，协商不成就逼乘客下车；

（3）被强奸或杀害，即女性引起不法人员的歹意被强行奸污，有的还会被囚禁或杀害；

（4）难查找，主要是一些物品遗忘在"黑车"上时，很难再查找到这辆"黑车"。

辨别"黑车"是拒乘"黑车"的前提，那么，该如何区分和辨认"黑车"呢？

（1）查看车身。从事客运的车辆必须在车身上喷印企业名称、行业统一编号和线路号，否则不能载客。如果没有这些标志，说明你找的这辆车极可能是"黑车"，千万不要随意搭乘。

（2）查看车牌照。车辆上路必须有公安部门颁发的机动车牌照，车牌照模糊不清或没有车牌照的极有可能为"黑车"。

（3）查看线路标志牌。合法营运车辆必须有道路运输管理机构核发的线路标志牌，并且必须安放在车前挡风玻璃处。没有线路牌或自制线路牌的必定是"黑车"。

（4）查看服务质量监督卡。正规营运车副驾驶前的工作台设有服务质量监督卡，上有驾驶员照片、公司名称和监督举报电话。

（5）查看计价器。出租车安装有计程计价器，并按计价器收运费。"黑车"没有车票，或以假票、废票搪塞乘客。

（6）查看司机态度。"黑车"不按时发车，不按营运线路行驶；以极低价揽客且大量超载；不分时段，公然在交通枢纽、地铁、汽车站、商业中心等地方揽客。不少"黑车"司机在客户上车前态度差，上车后违章。

在特殊情况下，不得已选择乘坐"黑车"，建议做到以下几点：

（1）上车前把司机的车牌号码记下来，发给朋友或者亲戚。

（2）应该选择坐在后排座位，远离危险源。

（3）一定要时刻小心谨慎，不向"黑车"司机透露太多的个人信息，更不能在车上睡觉。

（4）在行驶过程中，一旦发现行车路线突然改变或者不对，应该立即提出异议，但是不要激怒"黑车"司机，应该机智地赶快逃离，比如借口"我想买点东西，你在旁边停一下，我去买"等，迅速逃离。

明知是"黑车"仍然选择乘坐，如果遭遇交通事故受到伤害，即使法院在对事故的发生原因及行为人的过错程度进行了一定的确认，乘坐者也需要为自己的过错承担一定的责任。

一件件血的教训证明，"黑车"的危害极大。严厉打击"黑车"，拒乘"黑车"，对于规范营运市场秩序、保障出行人的生命财产安全、维护社会稳定都具有重要意义。

五、航空安全常识

（一）乘客登机后必须完成的工作

（1）观察自己所处的位置和紧急出口的位置。

（2）认真阅读有关航空安全及面罩、救生衣的使用方法等资料，认真听取机务人员提示。

（3）起飞前系好安全带。

（4）注意观察飞机有否异常之处，一经发现，及时向机务人员报告。

（二）遇险时的应急措施

（1）开始迫降或紧急着陆时，乘客要采取如下措施：迅速取下身上尖锐物品（如假牙、眼镜、高跟鞋等），放在前排左侧背后的口袋中，以防身体受撞击时造成意外伤害；保持正确坐姿，后背紧贴椅背，两脚前背紧贴地板，背前弓，双手在膝下握住，头贴住膝盖；如有软垫物，应充分利用，如可将枕头垫在下腹部，将充气救生衣围在头四周，用毛毯包头，人盘坐在椅子内，以避免或减轻夹撞引起的伤害。

（2）迫降或紧急着陆后，乘客应采取如下措施：在机务人员的组织下，从紧急出口处用坐姿跳到充气逃生滑梯上，迅速离开；如果飞机迫降在海面上，应迅速穿上救生衣；飞机上其他软垫物，如充气逃生滑梯，可当作救生物急用；如果飞机迫降在地面时，没有起火、爆炸的危险，不要离开飞机。因为飞机比人的目标大，容易被营救人员发现，且飞机也是不错的藏身、栖身之地。

（3）当飞机出现异常情况时的应急措施：如果机舱内氧气不足或气压调节装置发生故障，应立即戴上氧气罩；如舱内出现烟雾，应立即用湿毛巾或湿手帕（可用饮料浇湿）捂住鼻子和嘴巴，并听从机务人员的统一指挥。

六、水运安全知识

（一）乘船应注意的安全事项

（1）不乘坐冒险航行的船舶。为了保证航运安全，凡符合安全要求的船只，有关管理部门都发有安全合格证书。外出旅行，不要乘坐无证船只。

（2）不乘坐客船、客渡船以外的船舶。

（3）不乘坐人货混装的船舶。

（4）乘船时要注意安全，不要把危险物品、禁运物品带上船。

（5）上船后要留心通往甲板的最近通道和摆放救生衣的位置。船上的许多设备，直接影响船舶的安全行驶，特别是一些救生消防措施，它们存放的位置有一定的规范，不能随意挪动。

（6）船舶浮于水面靠的是水的浮力，其受载有一定的限度，如果超过了限度，船行驶时就会有沉没的危险。所以，乘船时一定注意，不要坐超载船只。

（7）上下船要排队按次序进行，不得拥挤、争抢，以免造成挤伤、落水等事故。

（8）天气恶劣时，如遇大风、大浪、浓雾等，应尽量避免乘船。

（9）不在船头、甲板等地打闹、追逐，以防落水。不拥挤在船的一侧，以防船体倾斜，发生事故。

（10）船上的许多设备都与保证安全有关，不要乱动，以免影响正常航行。

（11）夜间航行，不要用手电筒向水面、岸边乱照，以免引起误会或使驾驶员产生错觉而发生危险。

（12）遇到紧急情况，要保持镇静，听从船上工作人员的指挥，不要自作主张跳船。

（13）集体乘船，要听从指挥。上下船时，要排队有序地进行，不要争先恐后，以免落水、挤伤、压伤或造成船舶倾斜，甚至引起翻船。要听从船上工作人员指挥，维护好船上秩序。

（二）翻船后的自救方法

（1）当遇到风浪袭击时，不要慌乱，要保持镇静，不要站起来或倾向船的一侧，要在船舱内分散坐好，使船保持平衡。若水进入船内，要全力以赴将水排出去。

（2）如果发生翻船事故，要懂得木制船只一般是不会下沉的。人被抛入水中，应该立即抓住船舷并设法爬到翻扣的船底上。在离岸边较远时，最好的办法是等待求助。

（3）玻璃纤维增强塑料制成的船翻了以后会下沉。但有时船翻后，因船舱中有大量空气，能使船漂浮在水面上，这时不要再将船正过来，要尽量使其保持平衡，避免空气跑掉，并设法抓住翻扣的船只，以等待救助。这也是一种自救的办法。

（4）海上遇到事故需弃船避难时，首先要对浮舟进行检查，清点好带到浮舟上去的备用品，将火柴、打火机、指南针、手表等装入塑料袋中，避免被海水打湿。根据一般原则，在最初24小时内应该避免喝水、吃饭，培养自己节食的耐力。长期在海上随风漂流时，容易生水疱、患皮炎和眼球炎症等。此刻，不要将水疱弄破，最好消毒后待其自然干燥。对于皮炎和眼球炎症，要避免阳光直射。坐在浮舟上时间过长，会感到不舒服，所以坐久时要活动活动手脚，使臂肘和肩膀的关节、腿部的肌肉得以放松。同时，应注意保暖，不要被海水打湿身体。

（三）救生衣的使用方法

（1）两手穿进去，将其披在肩上；

（2）将胸部的带子扎紧；

（3）将腰部的带子绕一圈后再扎紧；

（4）将领子上的带子系在脖子上。

（四）救生衣的自制

在水中漂浮时，如果没有现成的浮袋或救生衣，应该利用穿在身上的衣服做浮袋或救生衣。可以使用的有：大帽子、塑料包袱皮、雨衣、衬衣、化纤或棉麻的带筒袖的上衣等，甚至可以将高筒靴倒过来使用。但应注意不要将衣服全部脱掉，以保持正常的体温。具体方法为在踩水的状态下，进行如下活动，用皮带、领带或手帕将衣服的两个手腕部分或裤子的裤脚部分紧紧扎住，然后将衣服从后往前猛地一甩，使其充气。为了不让空气漏掉，用手抓住衣服下部，或者用腿夹住，然后将它连接在皮带上，使它朝上漂浮。如果用裤子做浮袋，将身子卧在浮袋上，采用蛙泳是比较省力的。如果穿着裙子，不要把它脱下来，要使裙子下摆漂到水面上，并尽力使其内侧充气。

（五）水上遇难时信号工具的作用

在江河或海上遇险后，有效地利用各种信号工具，发出求救信号，会加大得救的可能性。

（1）反射光。利用可闪光的金属物，将阳光反射到目标物上去。如果阳光强烈，反射光可达 15 公里左右，而且从高处更容易发现。

（2）信号筒。信号筒有白天用和晚上用两种。白天用的信号筒会发出红色烟雾，晚上用的会发出红色的光柱，燃烧时间为 1～1.5 分钟。夜间在 20 公里外都能看到，白天在 10 公里内才能看到。

（3）防水手电筒。这是一种小型的手电筒，可以在夜间发出信号，但最多只能照射 2 公里左右。

（4）自制信号旗。将布绕在长棒的顶端作为信号旗使用。

（5）海上救生灯。海上救生灯点着后靠海水来发光，将其浸入海水可连续发光 15 小时，在 2 公里远的地方就可以发现。该工具寿命为 3 年。

（6）铝制尼龙布。铝制尼龙布的反光性强，从远处就能发现，而且也容易被雷达发现。

（六）不会游泳者落水后的自救

遇到这种情况时，下沉前拼命吸一口气是极其重要的，也是能否生存的关键。往下沉时，要保持镇静，紧闭嘴唇，咬紧牙齿憋住气。不要在水中拼命挣扎，应仰起头，使身体倾斜，保持这种姿态，就可以慢慢浮上水面。浮上水面后，不要将手举出水面，要放在水面下划水，使头部保持在水面以上，以便呼吸空气。如有可能，应脱掉鞋子和重衣服，寻找漂浮物并牢牢抓住。这时，应向岸边的行人呼救，并自行有规律地划水，慢慢向岸边游动。

七、网上订票常识

【案例】大学生小蔡的家在南宁，想买张实惠的机票寒假回家。但大型机票预订网上，最便宜的机票也要八九百元。"我看见有论坛上的帖子说，一些小网站因为人气低，容易淘到超值的机票。"于是，他通过搜索引擎找到一个叫高铁网的网站，发现从杭州飞往南宁的机票只要 598 元，便下了单。同时，小蔡收到一条回馈短信，意思是：机票已预订，请尽快将现金汇至银行账户。第二天一大早，小蔡跑到宿舍楼下，通过 ATM 机把 598 元汇到对方提供的银行账户里。等小蔡刚回到寝室，就接到一个电话，对方自称是高铁网客服，说机票价格刚刚刷新过，小蔡要买的机票价格现在是 498 元，又便宜了 100 元。客服还告诉小蔡，小蔡要拿回 100 元，可以自己通过 ATM 机来激活机票订购系统，修改价格。"你在 ATM 机上进到账户里，按转账，输入账户，在'输入金额'栏里输入验证码，就能激活成功，然后再转 498 元过来，就可以了。刚才付的 598 元会稍后自动退到你的账户。"之后，小蔡收到短信验证码 2489。于是，他在 ATM 机上依次操作。又过了一天，客服打来电话："昨天那个验证码没成功，我再发一个验证码给你。"小蔡找到另一台 ATM 机，再次依对方所言进行操作。五天后，小蔡给客服打电话，对方已停机，才发现自己被骗。两次输"验证码"，输入的其实是转账金额，再加上所谓机票费，算下来小蔡被骗走了近五千元。

寒暑假回家、外出旅游，越来越多的大学生选择网上购票出行，但网上购票也要谨防诈骗。网上存在着一些高仿的虚假购票网站，用户通过搜索引擎中查找"购买火车票""机票预订"等关键词后，这些虚假购票网站就会出现在搜索结果中。为求高仿，许多钓鱼诈骗网站都会使用与中国铁路客户服务中心（http://www.12306.cn）类似的网址，页面布局也非常相似，甚至有 logo 和 ICP 注册号，企图以假乱真，混淆视线。当用户拨打了所谓的"订票热线"，"工作人员"就会使用各种手段骗用户转账，理由大都为"激活车票""索取代码""绑定银行账户"等，有时也会利用车票退改签来进行诈骗。中国铁路客户服务中心是唯一官方订票网站，而且不收任何附加费用。大家在通过互联网购买火车票时应多加注意，谨防诈骗，最安全的方法便是直接在地址栏输入 http://www.12306.cn。

骗子会在网上发布以 400 或 800 开头的号码，貌似很专业，让大家误以为是正规网站。其实，400、800 开头的号码也不可轻易信任。打电话前最好通过搜索引擎查一遍信息。如果让你一而再再而三地汇款，就请赶紧停手。

有些骗子网站抓住了许多人爱贪便宜的心理，挂出所谓的特价机票、特惠火车票，之后通过各种理由，让人一次次汇钱。为防止受骗，请大家到正规的有备案的官方网站买票，不要轻信搜索引擎搜出来的没听说过的网站。如果需要通过网银交易，要选择有第三方支付平台的网站。

八、乘坐电梯安全常识

（一）被困电梯时的自救

（1）保持镇定，并且安慰其他受困者，消除大家的慌乱心理。由于电梯槽有防坠安全装置，会牢牢夹住电梯两旁的钢轨，受困者不必惊慌。

（2）利用警铃或对讲机、手机等一切可能的求援方式求救，但切忌自行扳动电梯设备。

（3）如果不能立刻找到电梯技工，可请外面的人打电话通知消防员。

（4）如果外面没有受过训练的救援人员在场，不要自行爬出电梯。

（5）困在电梯里的人无法确认电梯所在的位置，因此不要强行扒门，这样可能会发生新的险情。

（6）电梯天花板即使有紧急出口，也不要爬出去。因为出口板一旦打开，安全开关就会使电梯刹住不动。但如果出口板意外关上，电梯会重新开动而使在电梯槽里的人失去平衡，容易被电梯缆索绊倒，或因踩到油垢滑倒而掉下电梯。

（7）如果在深夜或周末被困在电梯里，最安全的做法是保持镇定，伺机求援。注意倾听外面的动静，如有行人经过，设法引起他们的注意。

（8）如无人回应，需镇静等待，观察动静，不要不停呼喊，要保持体力，等待营救。

（二）电梯下坠时的自救方法

（1）不论有几层楼，赶快把每一层楼的按键都按下。这样做是为了当紧急电源启动时，电梯可以马上停止继续下坠。

（2）如果电梯内有把手，请一只手紧握把手。这样做是为了固定你所在的位置，避免因为重心不稳而摔伤。

（3）整个背部跟头部紧贴电梯内墙，呈一直线。这样做是为了运用电梯内壁作为脊椎的防护。

（4）膝盖呈弯曲姿势。这一点是最重要的，因为韧带是人体唯一富有弹性的组织，所以借用膝盖弯曲来承受重击压力，比骨头承受的压力大。

第六章 财物安全

【学习目标】
（1）了解校园盗窃的特点、类型及其防范和处理。
（2）了解抢劫的常见类型及防范方法。
（3）清楚传统诈骗的手段。
（4）了解网络诈骗和电信诈骗的手段及其防范方法。
（5）了解校园"高利贷"金融诈骗的常见形式和防范方法。

【案例】 2016 年 3 月 9 日，河南一名大二学生郑某因迷上赌球而债台高筑，但自身无力偿还而选择跳楼自杀。据了解，该学生利用几十名同学的身份信息，先后在诺诺镑客、名校贷、优分期、分期乐、雏鹰、趣分期等众多网络平台贷款近百万元用来赌球。不幸的是，贷款全部输光，他也因此欠下巨债，而其父亲一辈子的积蓄只有 7 万元。在受到借款平台的电话信息骚扰及背负愧对同学、父母巨大压力的情况下，他决绝地结束了生命。

大学校园本应是温馨、和谐的象牙塔。但是近年来在全国各大高校频繁发生的各种盗窃、诈骗、抢劫案件，使得这片净土不再宁静。据调查，校园盗窃、诈骗和抢劫案件呈现逐年上升趋势，这对广大高校学生的危害不言而喻。所以，加强校园安全管理的同时，也应对学生进行各种防盗防抢的安全教育，把对其人身财产安全的损害降到最低。

第一节 防盗

一、校园盗窃的特点

（一）作案流动性大，不容易侦破

校园盗窃案件大多发生在学生寝室或者教室没人的时候，作案人瞄准目标，下手准确，所以此类案件具有作案手法简单，现场遗留痕迹、物证少，作案时间短，隐蔽性强的特点，而且校园里人来人往，师生及后勤人员多，作案人员趁乱混入人群，方便转移。正是由于上述情况，校园盗窃案件的侦破受到了很多限制。

（二）内盗案件比较突出

近年来各大高校对于校园盗窃案的统计结果显示，近七成的盗窃案件属于内盗。所谓内盗就是作案者为同学、老乡或者在校内务工的人员。作案人往往利用自己熟悉盗窃目标的有关情况，寻找作案的最佳时机，因而易于得手。

【案例】某校学生胡某经常带一个外校的老乡来寝室玩，晚了就留宿在他寝室，也没有向学校登记。日子久了同寝室的同学也对他熟悉起来，还经常一起玩游戏，没有丝毫的防范。有段时间他们寝室的东西总是无故丢失，由于丢失的都是小东西，大家都没有放在心里。一个周末，大多数同学都回家或者出去玩了，回来后发现寝室两名同学的笔记本电脑无故失踪，而门窗都没有破损的情况。他们第一时间向学校保卫处报案。经过一系列的排查，最终目标锁定在那个被胡某带回来的老乡身上。最后，他交代，由于经常出入他们寝室，对他们寝室的环境和每个人的物品摆放位置已经摸得很清楚，顺手牵羊几次后发现他们也没有什么防范，就偷偷配了他们寝室的钥匙，在周末无人时下手偷了笔记本电脑。

（三）作案手法的多样性

作案者在作案过程当中会实施不同的作案手法，以谋取不同的利益。

（1）顺手牵羊。多数是趁人不备，看到什么偷什么。大多是因为被偷者没有防范意识，东西随便乱放，给作案者下手的机会。如人不在寝室的时候将手机、钱包等物品摆放在桌子上或者床上，使得作案者起了贪念。2008年5月的一天，某校某寝室被盗一部价值三千余元的手机。室内同学回忆寝室里一直有人，但隔壁的李某等数名同学来串过门。经调查李某承认了见财忘义，趁同学不备拿走手机的事实。

（2）溜门盗窃。此类案件发生得最多。如有的同学在室内洗澡、睡觉或上网时不关门，犯罪分子进入室内轻松盗走他们的贵重财物。如2015年2月的一天早晨，某校某女生宿舍内还有多名女生在睡觉，犯罪分子却盗走了笔记本电脑、手机等贵重物品，原因就是早晨出去的同学未关门。

（3）窗外"钓鱼"，即利用竹竿、棍子等工具从窗外破坏窗纱或者从开着的窗子外偷能钩到的东西。

（4）熟人盗窃。作案者多为自己身边常来往的朋友、老乡等熟人，利用熟悉的环境作案。如2004年某寝室曾发生一起蹊跷的盗窃案。门窗完好，室内其他物品都在，某同学放在柜内的1 800元现金被盗。通过调查了解，同寝室夏某的同学李某前几日曾多次到过寝室。通过公安机关侦查，李某承认了与夏某一起趁同学们都去上课了，用事先配好的钥匙开门盗窃的事实。

（5）撬锁入室。利用自带的工具破坏门锁入室盗窃。一般这样的盗窃案件属于有备而来，一旦入室便将能偷的东西都偷走，下手快速准确。

（6）先偷钥匙再入室盗窃（或偷配钥匙）。有些人钥匙随便乱放，被偷了以后也不在意，结果就被作案者趁机偷配钥匙或者摸清了底细，直接用偷到的或偷配的钥匙作案得手。

（四）选择时间的规律性

盗窃者想要顺利下手，必须选择无人的时候，所以在时间的选择上有规律可循。

（1）校园内被盗窃的目标多为学生和住在教师宿舍、家属楼的教师及家属。而一般学生和教师在正常上课期间，其宿舍多为无人的状态，极容易下手。所以，作案首选时间便是上课期间。

（2）作案者最容易得手的时候就是人们熟睡的时候。人进入深度睡眠后没有防御能力和警惕性。学生寝室习惯开门开窗睡觉的，教师家属楼没有安装防盗网的，极易成为作案的目标。如某校教师家属楼中几家连续被盗，损失惨重，笔记本电脑、数码相机等都尽数丢失。经查，作案分子趁午夜大家熟睡，而刚好这几家都没有安装防盗网，便下手偷窃。

（3）作案者有选择趁乱作案的习惯。因为人多的时候容易动手，得手后容易转移，万一被发现也好逃脱，所以在人多且乱的时候就极易发生盗窃案件。比如新生入学时出现很多新面孔，而且每个新生又都有家长和亲友陪同，一时间学校人员流动大，不易管理，就给作案者提供了机会。除了新生入学的机会外，作案者还选择毕业生离校办理手续的机会。此时，学生需办理各种手续，很烦乱，无心顾及很多。盗窃者趁大家收拾东西时顺手牵羊，又趁学生离校行李多、人员多迅速转移。

（五）作案动机的复杂性

（1）见利忘义，贪图虚荣。这类作案在大学生内盗案件中占较大比例。由于在校学生缺乏防范意识，作案分子有很多机会得手。一些人追求物质享受，比吃比穿，而家长给的生活费往往满足不了他们的物质追求，于是向身边的人下手来满足自己的物欲。

（2）经济透支无来源。有少数学生本来经济条件不好，看到别的同学花钱随意，自己也跟着不计后果地随意花钱。钱不够花了就向同学借。父母给的生活费不够提供生活所需和偿还债务，久而久之就动了邪念，开始了盗窃。

（3）心态不平衡，怀有报复心理。一些人心理存在着不平衡，看不惯别人大手大脚花钱或者是攀比不起产生了强烈的不满情绪，于是通过盗窃别人的物品和财产来泄愤，看到别人因为丢失物品而不开心，从而得到心理上变态的满足。还有一种情况是自己的财物丢失过，开始自认倒霉，后来心理就产生了扭曲，认为自己倒霉了也不能让别人好过，便开始偷别人的东西来挽回自己的损失。

（4）患有心理疾病——窃物癖。有一种人，由于某些心理压力，在不知不觉之间患了窃物癖。偷窃别人的东西不为换取金钱，只是为了得到心理上的满足，自己也不能控制自己。这种人所偷窃的目标不限，只要是别人的东西偷到手就可以获得满足。

【案例】学生刘某，平时与同学相处融洽，大家像一家人一样。可是寝室内部经常丢些小东西，比如不锈钢的调羹、水杯之类的。大家都很疑惑，但是又查不到什么。有一天，同寝室的王某发现自己刚洗好挂在阳台上的衣服不见了，于是发动大家一起寻找。寝室里都翻了一下没有发现，后来有人提议把每个人的床位翻开找一下。当翻到刘某的床位时，她拒绝被翻查，引起了大家的怀疑。后来在辅导员的协助下，大家翻开了她的床铺，结果发现王某的衣服就压在刘某的被子里，还滴着水。后来经过了解才知道刘某患有窃物癖，平时寝室丢失的东西都是她偷的，偷来的东西都藏在她自己的柜子里，平时也根本用不着，但她就是控制不了自己。

二、校园盗窃的类型

（一）内盗

内盗是指校内人员或身边的学生、朋友在校园内实施的盗窃行为。作案者由于是对身边熟悉的人作案，时间上容易把握，所以作案时间短，得手容易，作案后又具有隐蔽性，不易被怀疑发现。

【案例】某校保卫处有一日接到报案，称某寝室被盗，经过清点发现于某丢失一部数码相机，另一名同学金某丢失一部手机。而事件发生的时间仅仅为一二十分钟。寝室本来住六个人，有两个外出逛街未回，剩下四个人，约好一起下楼打开水。期间有两人先打好，没有回寝室，而是去超市买零食。另一个也借口离开了一会儿。等四人陆续回到寝室并未发现有任何异常，大概过了一个小时，金某要打电话却怎么都找不到手机，他明明记得是顺手放在了桌上。这时才引起了其他人的注意，大家一起检查自己的物品，于某才发现自己放在柜子里的一部数码相机不翼而飞。发现丢失物品后几人迅速报案。经过分析，保卫处人员认为是寝室内盗，而作案者就是四个人当中的一个，短时间内物品应该还没有被转移。但是该寝室同学都称自己寝室关系好，绝对不可能是内盗，不愿意接受这个事实。经过商议，大家都同意现场搜查。经过翻找，在大家共同放杂物的寝室角落里发现了于某的数码相机和金某的手机。此时同寝室同学都沉默了。后经调查终于确定作案者确实是寝室成员。

容易发生内盗的情况有以下几种：

（1）寝室卫生脏乱差，寝室秩序混乱。这类寝室平时物品都随意堆放，有时垃圾和有用的东西都分不开，堆成一堆；随意带外来人员住宿，又不到学校登记；不遵守学校的规章制度，以自己的意愿随意地更换寝室。这种脏乱差的环境刚好给作案者提供了作案的机会。

（2）爱显摆、炫富的同学容易被确立为目标。

（3）缺乏责任心的同学，被偷了就自认倒霉，既不报案也不处理。这同样有利于作案者作案。

（二）外盗

学校的开放性管理加大了门卫管理的难度。学校周围的人流复杂，店铺、网吧林立也增加了学校附近治安管理的难度。很多外来人员便混进学校趁机作案，或者是假装找人，看到机会便下手，或者是借推销出入学生宿舍，待摸清情况便伺机下手。

（三）内盗、外盗相结合

有些人在自己校内作案怕不好转移，便跟外边的人合伙，相互利用，互相提供作案机会，然后合作以提高成功率。这类盗窃案件多数目标明确，一旦确立目标就一定要得手。多数是经过了详细的排查和蹲点，摸清楚了情况的，但也有逮住机会就下手、随机作案的情况。

【案例】2008年12月中旬，圣诞节即将到来，大家都在为圣诞节如何庆祝做安排，都沉浸在喜悦中。但邓某却怎么也高兴不起来，因为他觉得上学增加了家里的负担，每次节日到来的时候他都想远远地躲起来。可是同寝室同学热情邀请他参加各种活动很多次了，而且也没有要他负担费用，他也总得回请一次吧。正好此时邓某的高中同学孙某来武汉找他。孙某高中没有读完就因厌学放弃了高考，这次来武汉是因为在家长期无事可干，又受不了父母的唠叨偷偷跑出来的。但他带出来的钱快用完了，于是就想到了高中同学邓某。邓某自己都顾不过来，更不可能接济孙某了。

邓某与寝室同学的关系都不错，一般都是一起上课。正巧有天随堂考试，要先交平时的作业才行。同寝室的刘某忘记带了，跑回寝室去拿，慌忙中把钥匙丢在寝室里了。邓某感觉到这是一个机会，就借口上厕所，把孙某叫来，将寝室钥匙给他，让他进去"大展手脚"，并把刘某遗忘的钥匙拿走。等到大家考试结束回寝室后，发现寝室门大开，两个在充电的手机不见了，放在屉子里的钱也不见了。于是大家都责怪刘某回来拿东西的时候把钥匙掉在外面，给贼下手的机会，给大家造成了这么大损失。刘某开始意志消沉，处于自责中。后来邓某觉得对不起自己的同窗，主动自首才真相大白。

三、校园盗窃易发生的时间和地点

（一）校园盗窃易发生的时间

违法犯罪分子实施校园盗窃一般都选择以下时间：

（1）上课时间。上课时间学生和老师一般都在教室或者办公室，特别是上午第一、二节课期间，宿舍一般很少有人，而此时没有课的同学一般也都在熟睡当中。这便给了盗窃分子有利的机会。常见的"溜门作案"便往往是这个时间发生的。

（2）夏秋季节。夏秋季节，由于天气炎热，很多学生开着门窗睡觉，这种情况下便极易发生"溜门作案"和"窗外钓鱼"。

（3）新生入学和毕业生离校之际。新生入学之时校内人员众多，而新生初到新奇环境易丧失警惕性，很容易被犯罪分子乘虚而入；毕业生离校之际，要办理的手续众多，东西杂乱，一时疏于防范，很容易造成财产失窃。

（4）新学期返校之际。开学之初，大多数学生往往带了一个学期或者几个月的生活费。经过一个假期的分别，很多同学迫不及待出去吃饭团聚。此时一方面容易露财，引起作案分子的注意，另一方面人多热闹，易忽视财产安全。

（二）校园盗窃易发生的地点

校园盗窃案件通常发生在以下场所：

（1）学生寝室、教职工家属楼。学生和教师往往将贵重物品放在自己的寝室或者家里。作案分子在这些地点下手，得手的概率大，可以偷到的值钱物品更多。

（2）校园内的公共场所，比如食堂、图书馆、自习室、英语角等处人群比较密集，有些学生防范意识差，比如用包占座位，将自己的手机、钱包等个人物品随手乱放，极易造成个人损失。

（3）运动场和晾衣场。为了方便运动，上体育课或者参加比赛的同学们将自己的个人物品放在体育场旁边或者篮球架下边，而往往上课或比赛过程中顾及不到自己的个人物品。运动场所通常人员流动大，大家的注意力也分散，所以给作案分子创造了机会。晾衣场属于公共场合，大家的衣物都晾晒在一起。即使有人去收取衣服，谁也不知道他是否在收取自己的衣服，即使作案分子大摇大摆地把衣服拿走也很难引起别人的怀疑。

四、校园盗窃的预防

（1）学校制定严格的行为规范条例。这一方面是为了规范管理及教育学生，另一方面就是为了通过管理制度来保障学生的人身财产安全。而很多同学往往不把学校的规章制度当回事，尤其是学生宿舍管理条例，有些人常常明知故犯。如学校的寝室管理条例中都会明文规定在校学生严禁带外人在寝室住宿；特殊情况下在寝室留宿外人时要到值班人员处登记，以便保障学生的正当权益。作为学生，自己首先要严格遵守宿舍楼管理制度，杜绝留宿外来人员而不登记的情况发生，以维护个人及其他人的权益。

（2）加强宿舍值班管理制度。除了学生个人遵守学校宿舍楼管理制度的基本要求外，宿舍值班人员的管理必须到位且严格。对外来人员进行详细排查，尽量阻止外来人员进入学生寝室。特殊情况下应该进行详细登记，限定离开时间，并最终确定外来人员是否离开及离开的时间。此外，不应该跟学生打"感情牌"，严禁学生随便跟管理人员讲一声便把外来人员带入寝室甚至长期居住。对于外来人员以推销、找人等借口要求进入寝室的应一律拒绝。

（3）对于个人来讲，避免损失财物最好最有效的办法就是加强自身的防范意识，妥善保管好个人财物，贵重物品要锁起来或者随身携带。柜子的钥匙也要注意妥善保管，不要随手到处乱放，免得被人盗取。自己保管好自己的物品，既保护了自己，也避免给别人作案的机会，从而也让一些偶尔见财起邪念的人不走歪路。

（4）室内无人或者睡觉期间一定要关好门窗。另外，把自己的随身物品放到安全的地方。比如睡觉时钱包和手机最好放在自己的枕头底下，不给作案者下手的机会。寝室人多的时候更要把自己的东西放好，免得被人顺手牵羊，因为通常这样的情况不好破案，造成的损失也不好追讨。

（5）手里只留少量生活费用，其余的尽量存进银行。存折和银行卡的密码不要使用生日，密码不要告诉其他人。在 ATM 机上取钱的时候如果有人在身边，要保证密码不被人看到。此外，卡和身份证应分开存放。很多同学把银行卡、身份证和其他所有学校证件都放在一个包里随身携带，一旦发生被盗窃的情况就导致所有的证件丢失，给学生本人造成麻烦。而如果恰巧银行卡使用生日作为密码，作案者利用身份证上的信息很容易盗取钱财。

（6）同学之间互相关心，互相关照。不要觉得别人损失财物跟自己无关。在学校公共场所或者宿舍内看到形迹可疑的人要多加留意，一旦发现异常要马上向学校保卫处汇报，尽量避免不必要的损失。

（7）到学校附近上网和就餐，应该妥善保管好自己的钱物，不要将手机、钱包等物品随便放。衣服如果脱下，应检查里面的贵重物品并搁置好。外出不要带太多的财物，对接近自己的陌生人保持警惕。

（8）爱护公共财物，保证自己寝室物品的安全。一些同学平时不爱护公共财物，寝室的桌子、柜子坏了也不管，物品随便放，忘记带钥匙，图方便破坏门锁进入又不及时修理，为犯罪分子提供了作案的条件和机会。

五、如何处理校园盗窃

一旦身边发生了盗窃案件，要冷静积极地处理：

（1）立即报告学校保卫部门，同时封锁和保护现场，不让任何人进入，自己也不要着急翻找自己损失的物品，免得破坏了现场，不利于公安人员分析案件，搜集罪证。

（2）发现可疑人物，应多加关注留意，一旦发现嫌疑人有不轨行动立即报告保卫处或者组织同学堵截。但要注意安全，免得犯罪分子狗急跳墙，威胁到同学们的生命安全。

（3）发现银行卡或者存折丢失，第一时间到银行挂失。如果丢失身份证要到派出所登记或者在报纸上刊登丢失声明，以免被犯罪分子利用，造成不必要的损失。

（4）公安部门和保卫人员来调查问题时应该据实回答，不隐瞒事实，主动提供线索，不要担心提供线索会被人报复。公安机关和保卫部门都有义务和责任为提供线索的同学保密。

第二节 防抢劫

【案例】2005 年 6 月 20 日晚 9 时许，一名蒙面青年男子翻阳台闯入某高校女生宿舍。此时，学生小琴（化名）独自一人在寝室看书。该男子撕破床单后，用布条将小琴双手捆住，用毛巾蒙住其双眼，对其实施了强奸，并抢走了其手机。

【案例】2006 年 1 月 12 日晚 7 点 30 分许，一名持刀的蒙面男子撬开阳台防盗窗，闯入某高校学生寝室，抢走学生小波手机 1 部、现金 200 元。

【案例】2005 年，重庆警方连续接到高校多起报案，称校内的租赁房和学生寝室相继发生入室抢劫、盗窃案，个别女大学生还遭到了犯罪嫌疑人的性侵犯。"高校幽灵"系列抢劫案在社会上造成了极坏的影响，女学生晚上不敢独自待在寝室，老师们也忧心忡忡。经广泛调查摸排和全面控赃，专案组最终锁定了犯罪嫌疑人廖黎军。最终廖黎军被捕获，其同伙张荣倪也同时落网。据廖交代，其表弟张荣倪曾在某高校成教学院读过书，对高校环境比较熟悉。平时他们开车在高校踩点，通常选择位置相对僻静的女生寝室和校内租赁房下手，共盗窃作案 11 起，赃物包括笔记本电脑、数码相机、数码摄像机等，涉案金额 12 万余元。

近年来很多高校发生抢劫案，对师生的人身和财产安全造成了危害。对于这种侵害高校师生权益、干扰校园治安的违法犯罪，除了需要公安部门进行严厉的打击和制裁外，也需要我们提高自身的防范意识、增加防抢劫知识，以此来保障自己的人身和财产安全。为了避免抢劫案件发生在我们身上，学习相关的预防抢劫知识势在必行。

（一）飞车抢劫

这类抢劫案件的下手对象多为女性。由于衣着等原因，女性外出时通常把所有的钱财物品都放在随身携带的包内，犯罪分子往往利用摩托车作案，趁其不备抢夺包或其佩戴的首饰。往往是作案者已跑远了，被抢的人还没回过神来，对于作案分子的相貌、体态根本来不及分辨记忆，所以很难提供有利线索，也很难破案。

针对这样的作案手法，同学们要做到以下几点来维护自己的人身及财产安全：首先，外出不要携带过多的值钱物品；其次，在路上要走人行道，不要走行车道；最后，出门不要戴太过显眼的贵重饰品。

（二）利用网友见面的机会实施抢劫

很多同学上网认识了网友，对其缺乏深刻了解便去见面，结果被抢劫，有的甚至遭到性侵犯。所以大家在交友的过程中一定要慎重，如果不能准确分辨对方的人品，就不要轻易相信对方讲的话，贸然去见面，这对自己的人身安全很不利。

（三）提款抢劫

有些同学取款的时候不留意周边的可疑人群，把刚刚取到的钱随意放置，或者还没来得及放好，或者在取款后当众点钱，使作案分子留意并伺机下手。

同学们取钱的时候最好有人帮忙在旁边观察身边的情况，发现可疑人物要提防。取好的钱在柜台前小心点数后放好再走出银行。

（四）麻痹抢劫

麻痹抢劫作案一般都是先选定目标，确定了目标后再想办法靠近，寻找下手的机会。一般这样的作案手法都是向被害人提供事先准备好的放有麻痹药品的饮料。现在又出现了另外一种麻痹抢劫作案，即以推销的手段拉路人试用新款香水，其实香水是迷幻药，吸入后人就开始变得迷糊。作案人便趁机下手作案。

预防麻痹抢劫的关键是加强自我防范的意识，提高识别和抵御能力。要做到不外露钱财，对试图与自己表示亲近的陌生人，在无法确认其真实意图的情况下，不能随意接受其提供的饮料、食物等。不要随便接受别人的推销。

（五）夜间抢劫

犯罪分子往往利用夜黑、道路冷清等环境条件实施抢劫。所以，为避免被抢劫，同学们应该早回校，不要到了深夜仍然在校外流连。尤其是谈恋爱的同学，不要在很冷清、黑暗的环境中待到很晚，那样极易被作案分子下手。

【案例】2003年的一天，某校的刘某和胡某（两人系情侣）约好晚上下课后一起出去走走。两人开始还在人比较多、有路灯的路面边走边谈，不知不觉之中走入了一个小区，而小区里环境安静，灯光昏暗。刘某觉得正适合两个人谈情说爱，于是提议到小区的一个亭子里坐一下。正当两个人浓情蜜意地谈得开心时，不知道从哪里闯出来四个男人，个个凶狠无比："把钱和手机都交出来！"两人早吓得魂飞魄散了，乖乖地把身上所有东西都交了出来。但是歹徒抢了东西后并不知足，开始对胡某动手动脚。刘某马上上前制止，被四人打翻在地，爬不起来。结果，眼睁睁看着胡某被四人实施了性暴力。

血淋淋的教训告诉同学们，要重视自己的安全，尤其是女同学，不要晚归，不要随便去校外租房住宿或者留宿在外，这些都是安全的隐患。财物损失还算小事，一旦生命受到威胁，会带来难以弥补的后果。

（六）校园内部抢劫

校园内部抢劫一般有两种情况。一种是在校园内无人的角落对学生实施抢劫。平时要注意不要一个人单独到无人的角落。若被抢劫要记住作案人的特征，第一时间报案，协助调查。另一种情况是晚上或者寝室人少的时候入室抢劫。同学们平时应加强防范意识，晚上睡觉时要关好门窗，如发现门窗被破坏、窗外有不安全人群流动或者有任何其他可能导致不安全问题发生的因素存在，应该第一时间向老师或者学校反映，将破损的设施及时报修。如遇抢劫不要惊慌失措，应冷静积极地想办法应对。

第三节 预防传统诈骗

一项调查表明，42.47% 的学生有过受骗的经历，其中在校大学生中 46.64% 的女生有过被骗的经历，35.71% 的男生有过被骗经历。在被骗经历中，网络诱骗占 32.88%、冒充学校工作人员诈骗占 24.66%、招聘诈骗占 23.29%、商品推销诈骗占 23.29%，培训机构诈骗占 17.81%、利用手机短信诈骗占 12.33%。男生网络诱骗比重最高，为 39.29%，女生被骗比重最高的是招聘诈骗（33.33%）和商品推销诈骗（28.89%）。

诈骗是危害公民财产安全的一种违法犯罪行为。它是指以非法占有为目的，用虚构事实或者隐瞒真相的方法，骗取公私财物的行为。其中骗取数额较大的（目前司法实践掌握在 2 000 元），以诈骗罪论处。骗取所得在 2 000 元以下的，属于一般违反治安管理条例的行为，酌情给予批评教育或者治安处罚。由于它一般不使用暴力，而是在一派平静甚至"愉快"的气氛下进行的，受害者往往容易上当。大学生应谨慎防范，认清诈骗分子的惯用伎俩，以防止上当受骗。

一、诈骗作案的主要手段

（一）伪装身份，直接骗钱

【案例】李某，西装革履，风度翩翩，持某电视台工作人员名片，手提一部摄像机，来到某高校学生宿舍，声称要招数名电视节目主持人，要求每人先交200 元报名费，经考试合格后录用。当即有二十多名学生交款。李某装模作样地为这二十多名学生录像，说是带回去审核时做参考，然后带着骗得的四千余元逃之夭夭。

此类案件在高校较为多见，且屡有发生。诈骗分子选择的作案对象一般是单独行走的女学生。诈骗分子往往冒充名牌大学的学生，以找网友、旅游或社会实践等为由，谎称银行卡被吞或钱包被窃，现身无分文，请求帮助。之后，诈骗分子又编造种种谎言，博取学生的同情，骗取学生的现金、手机等财物，少则几百元，多则几千元。

（二）假冒身份，流窜作案

【案例】某高校大四学生张某，因毕业找工作，在网上留下了自己的手机和家庭电话号码。一日，张某接到一个电话，对方称是重庆市公安局的，请张某配合调查一个案件，要求他关闭手机两小时。张某也没多想就关机了。与此同时，张某家长也接到电话，对方声称是张某的辅导员，说张某在学校出了车祸，正在医院抢救，急需 5 万元。学校已垫付了 3 万元，还缺 2 万元，需要家长急筹 2 万元打到他提供的账号上。由于张某关机，家长与他联系不上，便相信他已出事。家长救子心切，紧急筹款汇出，随后赶到学校，方知上当受骗。

此类诈骗案件时有发生，学校也多次进行防骗教育。多数学生会将学校保卫部门和学院的电话告知家长，多数家长在联系不到子女时，也能打电话到校询问，因而没有上当受骗。仅有个别学生家长遇事慌张，轻易就落入骗子的圈套，从而造成较大的经济损失。

此类向学生家长行骗的案件诈骗金额较大，少则几千元，多则数万元。诈骗分子惯用的作案手法是：冒充学生的老师或医院医护人员打电话给学生家长，谎称其子女出车祸、患重病或受重伤等，现正在医院抢救，急需汇款到指定账户。因此，广大学生应妥善保管通讯录，不在网上随意公布本人及家庭的有关信息，并提醒家长加强防范。家长在无法与学生取得联系时，可向学校保卫部门求助，或与辅导员、院系领导取得联系，切勿盲目汇款。

（三）故意找茬，勒索钱财

【案例】2007 年 8 月的一个晚上，某高校的三位学生在大街上散步，一名过路人莫明其妙地撞了过来。那人捡起落在地上的眼镜说："你眼睛瞎了，我这副眼镜是进口镜片、进口镜架，共值 800 元。"不知"行情"的同学正欲理论，想不到又走来一伙人，摆出一副公道的样子说："你们撞人不认账，还想打人，若不赔偿，我们要帮他摆平……"三位同学见势不妙，只得掏光身上的钱，还挨了一顿打。在回校的路上他们才想明白，今晚遇到的是合伙作案的骗子。

（四）骗取信任，寻机作案

【案例】梁某在火车上遇到一回家度假的学生林某。在聊天过程中，林某轻易道出了自己的家庭及学校情况，并说出自己同班的好友吴某假期留校的情况。梁某听后心起歹意，借故下车，返身乘车来到林某所在的高校找到吴某，声称自己是林某最好的中学同学，利用假期特意来拜访林某。吴某热情地接待梁某，安排好他的食宿。第二天梁某对吴某说，自己来之前打电话叫家里寄钱到林某处，现林某不在，只好向吴某借点钱用，待林某返校后取出汇款再还给吴某。吴某听后对梁某深信不疑，很大方地借给梁某 500 元钱。梁某随后不辞而别。

（五）以次充好，恶意行骗

一些骗子利用教师、学生"识货"经验少又苛求物美价廉的特点，上门推销各种产品而使师生上当受骗。

【案例】一日，一名校外推销人员混入某校女生宿舍楼推销产品。学生马某花 288 元购买了一些化妆品，因其缺少经验，买后方知是假货，但悔之晚矣。

（六）投其所好，引诱上钩

【案例】某学院学生胡某接到其舅舅张某从老家打来的电话。张某告诉胡某说，他收到一封信，里面有一张日本东芝香港有限公司泉州分公司寄来的中奖彩券，彩券是二等奖，奖金是 13.8 万元，要求胡某帮忙兑奖。胡某随即按张某提供的联系电话联系。对方告诉胡某一公证处的电话，具体联系兑奖事宜。胡某又拨打了"公证处"电话。接电话的男子声称，要领取 13.8 万元奖金支票，需先缴纳各种费用 14 750 元。于是，胡某先后分三次共汇款 14 750 元到对方指定账户。汇款后不久，对方来电称，兑奖还需缴纳 10% 的手续费。胡某感觉不对，怀疑这是诈骗，随即向公安机关报案。

当前，各种"中奖"的声音不绝于耳。天上难道真的会掉下馅饼吗？其实，诈骗分子的作案手段并不高明，有的甚至近乎荒唐，然而，上当受骗者却不在少数。上当受骗者难道仅仅是因为单纯吗？常言道，"贪"与"贫"仅一步之遥。

二、诈骗的防范

"害人之心不可有，防人之心不可无"，不要以为世界仅仅充满了爱，人人都是正人君子。对任何人，特别是陌生人，不可以轻信，也不可以盲目随从。

（一）提高防范意识，学会自我保护

社会环境千变万化，青年大学生必须尽快适应环境，学会自我保护。要积极参加学校组织的法制和安全防范教育活动，多了解、多掌握一些防范知识，这对自己有百利而无一害。在日常生活中，要做到不贪图便宜、不谋取私利；在提倡助人为乐、奉献爱心的同时，要提高警惕性，不能轻信花言巧语；不要把自己的家庭地址等情况随便告诉陌生人，以免上当受骗；不能用不正当的手段谋求职业或出国；发现可疑人员要及时报告，上当受骗后要及时报案、大胆揭发，使犯罪分子受到应有的法律制裁，挽回自己的损失。

（二）交友要谨慎，遇事要冷静思考

人的感情是主体与客体的交流，既是主观体验，也是对外界的反应，本身应该包含合理的理智成分。如果只凭感情用事，一味"跟着感觉走"，往往容易上当受骗。交友的基本原则有两条：一是择其善者而从之，真正的朋友应该建立在志同道合、高尚的道德情操基础之上，是真诚的感情交流而不是简单的利益关系，要学会了解、理解和谅解；二是严格做到"四戒"，即戒交低级下流之辈，戒交挥金如土之流，戒交吃喝嫖赌之徒，戒交游手好闲之人。与人交往要区别对待，保持应有的理智。不要轻易"掏心窝子"，更不能言听计从、任受摆布利用。

（三）同学之间要相互沟通、相互帮助

在大学里，无论哪个学院、哪个专业，班集体总是校园中一个最基本的组织形式。在这个集体中，大家拥有同一个学习目标，生活和学习是统一的、同步的。同学间、师生间的情谊比什么都珍贵，因此相互间应该加强沟通、互相帮助。有些同学习惯于把个人之间的交往看作是个人隐私，但要注意的是，既然是交往就不存在绝对保密。有些交往关系，在自己认为适合的范围内适当透露或公开，更适合安全需要。特别是在自己觉得可能会吃亏上当时，与同学有所沟通或许就会得到一些帮助并避免受害。

（四）服从校园管理，自觉遵守校纪校规

为了加强校园管理，学校制定了一系列管理制度和规定，用来约束人们的行为，在执行过程中可能会给同学们带来一些不便，却是不可缺少的。况且，绝大多数校园管理制度都是为避免闲杂人员和犯罪分子混入校园作案，以维护学生正当权益和校园秩序而制定的。因此，同学们一定要认真执行有关规定，自觉遵守校纪校规，积极支持有关部门履行管理职能，并努力发挥出自己应有的作用。

第四节　预防网络电信诈骗

2016年3月14日，天津市消费者协会43家消费维权单位共同发布《"打击网络欺诈确保消费安全"分析报告》，报告显示，网络欺诈正呈现诈骗手法多样化、诈骗对象精准化、连环诈骗普遍化、被骗对象年轻化的"四化"特点。

该报告指出，网络欺诈与消费热点、消费习惯同步，正在通过移动端诈骗迅速增长。2015年11月和12月，随着各电商针对"双十一""双十二"和"圣诞节"等促销活动如火如荼地开展，以电商之名的诈骗活动也随之增多，其中以电商退款诈骗居多。2016年1月和2月，"元旦""春节"假期，全国各地返乡、旅游热潮出现，各种退票改签诈骗增多。春节期间，阿里、腾讯等各大电商发动红包大战，进而形成"全民发红包、抢红包"的态势，随之而来的是各种虚假红包诈骗急剧增多。在这些举报的欺诈信息中，48 549条是通过PC端传播，占总量的57%；36 624条通过移动端传播，占总量的43%，其中移动端传播数量增长迅速。中奖欺诈、积分兑换、退款欺诈名列前三。在所有的举报中，中奖欺诈举报数量最多，共举报15 262例，占17.92%；其次是积分兑换10 831例，占12.72%；退款欺诈10 339例，占12.14%；虚假兼职8 862例，占10.4%。

从举报数据来源来看，短信作为传统的诈骗信息传播途径已经与网络诈骗相结合，总举报量为21093条，占24.76%。中奖欺诈、积分兑换、交通违规查询、学生成绩查询等诈骗信息往往通过短信来进行传播。社交软件作为一种新兴诈骗信息传播途径，在诈骗信息传播过程占据越来越重要的地位，总举报量为10 724条，占12.59%，成为虚假兼职、免费红包、低价抢购等简单、小额、高回报类诈骗形式的主要传播途径。电商网站则成为退款诈骗、网游交易等诈骗的主渠道，总举报量为12 736条，占14.95%。

从网络欺诈受害者分析，男性比例高于女性，80后、90后成主要受骗人群。男性和

女性在不同的网络诈骗中被骗概率有明显不同；在赌博博彩、视频交友中，被骗的 90% 是男性，特别是视频交友中，男性占比更是高达 98.6%；相比之下，女性被骗比例最高的类型为网络购物、虚假兼职和退款欺诈，这几类诈骗，女性受害者占比超过 60%。

一、网络诈骗

网络诈骗是指以非法占有为目的，利用互联网采用虚构事实或者隐瞒真相的方法，使受害人错误认识并"自愿"处分财产，从而骗取数额较大的公私财物的行为。2014 年 2 月 27 日，中央成立了网络安全和信息化领导小组，从国家战略层面加强了对网络安全的维护和信息化建设，但目前还没有针对网络犯罪的专门的法律法规。

近年来，大学生网络受骗事件在全国各地广大高校中屡屡发生，影响重大。

（一）大学生网络受骗类型

网络世界纷繁复杂，具有开放性、不确定性、交互性和超越时空性等特点，并且具有巨大的信息量和广泛的受众，这些特点为网络诈骗的迅速发展提供了温床。只需运用低端的技术和低成本的投入，行为人就能够向不特定的大学生布下陷阱，唯一需要不断翻新和改进的"技术"就在于"骗术"，尤其是针对大学生的特点和行为习惯设计骗局往往会让受骗者在不知不觉中上当。

（1）编造虚假身份诈骗。通过编造虚假身份实施网络诈骗在大学生网络受骗案例中屡见不鲜，涉及的身份包括亲朋好友、学校老师、政府机关、招聘单位、公司客服部门等。其前期往往制造一种虚构的事实前提，进而通过一系列的布局配合让受骗者确信其身份的真实性，通过采取利诱或恐吓等多种形式，诱使当事人汇款转账。比如行为人谎称自己是学院辅导员，正在评定助学金或奖学金人选，可以将名额给当事人，但前提是要求当事人先支付"答谢费"；还比如行为人谎称自己是招聘单位人事部门主管，公司有意向录取当事人，并承诺高薪等优厚的福利待遇，但在签约前需要交纳"手续费"等。

（2）冒充真实身份诈骗。此类诈骗技术手段较高，极具迷惑性，很容易诱使大学生上当。冒充真实身份，一方面是对相关人的冒充，建立在对当事人或与当事人有关系的其他人的信息有所了解的情况下，以特定行为人已经十分熟悉的"身份"进行冒充。常见的如冒充导师要求代缴论文版面费，冒充辅导员要求补缴书本费等。其关键在于行为人能够准确掌握当事人和相关老师的姓名、职位等基本信息。出于对老师的尊重，当事大学生很难质疑和拒绝。还比如通过技术手段用当事大学生熟识朋友的 QQ 等媒介发来信息，介绍自己最近的情况，进而提出汇款要求。当事大学生面对的确实是"朋友"的 QQ 号，听到的是朋友的真实情况，甚至还可以通过 QQ 视频看到朋友，这使得当事人即使被告知受骗了也很难相信跟自己谈话的不是朋友本人。冒充真实身份另一个典型手法就是"钓鱼网站"。当前网络支付已经成为网民购物的必然选择，行为人设计与真实的"支付宝"、银行网站等十分相似的冒牌网站，诱导当事人输入相关信息以偷偷转走钱款，并且可能会要求当事人反复输入动态口令等信息以达到多次转账目的。近期更是出现了冒充银行客服号码短信通知与冒充银行网络相结合的新型骗局。

（3）虚假获利诈骗。此类诈骗利用当事人图利省事的特点，编造虚构事实，诱使当事人上当受骗。传统的如宣称中奖、打折商品出售、走私或盗窃货物低价处理等，当事人基于"捡便宜"的心理购买所谓的"货物"。值得注意的是，当前，虚假获利诈骗呈现出更复杂的形态，包括内容上的多样化，比如提供代订代购商品、车票、机票、酒店等服务，以收定金的形式行骗；以学校或其他机构退返学费或发放助学金为由头，骗取账户信息行骗。还包括结合高科技手段，设计精密布局。如在网上虚假发布非法所得货物低价处理，要求当事人多人前来现场交易，进而引出一人到较远且偏僻位置"看货"；再利用拨号器等技术手段用显示为"看货的当事人"的手机号码的手机与原地等待的其他当事人联系，谎称已经看好货要求迅速汇款，或威胁不汇款就伤人等。

（4）以合法形式掩盖诈骗行为。之所以借鉴《合同法》中的"以合法形式掩盖非法目的"的形式来界定此种类型的诈骗，在于此类网络诈骗行为存在诸多争议，理论上有待进一步探讨。它是指行为人通过与当事人建立起一定的"关系"，形成基本的"信任"继而获取利益。表面上看该行为是借贷或赠予等合法行为，其本质属于以虚构事实的诈骗手段谋求非法利益。目前此类网络诈骗行为在大学生中时有发生，主要集中在网络游戏和网络恋爱中。如行为人通过网络平台结识游戏玩家，建立起初步的"志同道合"的"朋友"关系，以索取或转让游戏账号、游戏装备等虚拟财产的形式骗取利益；行为人通过网络与当事人达成"网恋"关系谋求财产性利益，而事实上当事人网恋的对象也许是同性甚至是行为人设置的一种"程序"。前述两种行为表面上看是一种"你情我愿"的行为，实际上行为人仍是以非法占有他人财物为目的，虚构事实赢得当事人信任骗取财物，属于网络诈骗的一种。

（5）通过木马病毒实施诈骗。随着科技进步，木马病毒也变了模样，以不太被人察觉的形式实施诈骗。目前通过木马病毒实施诈骗的主要有以下几种形式：

①利用二维码植入木马病毒。二维码"扫一扫"，优惠便利跟着来，但二维码有时也成为骗子们的"新花招"。诈骗分子在网上下载一款"二维码生成器"，再将病毒程序的网址粘贴到二维码生成器上，就可以生成一个"有毒"的二维码。利用这些二维码，诈骗分子会将手机木马病毒植入被害人手机并自动提取相关信息，短短几秒钟的时间，手机号、卡号、密码等私人信息可能已经传到他人手中。

②利用安装 App 手机软件植入木马病毒。犯罪分子通过群发信息设备假扮客服号码，群发诈骗短信，称可以兑换积分，其实短信中内置一个钓鱼网址。用户按照短信要求登录钓鱼网址输入个人信息后，会被要求安装一个手机 App 软件。这个 App 软件里也带有木马病毒，用户手机内所有的短信均会被拦截到诈骗分子设置的短信接收手机号码上。然后诈骗分子通过电商和支付平台发起购物申请时，快捷支付向用户手机号发送的短信验证码，会被手机木马病毒读取并发送，通过短信验证码，诈骗分子可完成银行卡盗刷，使用户财产遭受损失。

③通过虚假购物链接植入木马病毒。犯罪分子冒充淘宝客服，以升级支付权限为由，将新型木马病毒发给淘宝商家安装；商家一旦听信安装，病毒就会植入支付链接页面，造成支付成功的假象，骗子继而蒙骗淘宝商家并套现。

④通过"抢红包软件"植入木马病毒。手机一般情况下是不会自动下载木马软件的，但是许多用户轻信网络上的抢红包软件，自己点击下载，把木马"请"到自己的手机里。

还有些用户随意扫描假红包网页提供的二维码，轻易让木马软件突破了防线。这些木马软件通过盗取用户信息，截取用户短信获取验证码等方式，悄悄转移用户财产。当抢红包要求下载软件或是扫描二维码时，同学们就要多留一份心，不要轻易上当。

（二）大学生网络受骗的特点及原因

（1）大学生信息容易泄露与网络诈骗行为的密集覆盖。当今时代是一个信息时代，也是一个信息不保的时代，个人信息很容易泄露给他人。大学生频繁参与现实和网络社会活动，很容易在不经意间将个人信息泄露，相关部门和组织亦不注重对大学生信息的保护甚至有意出卖个人信息，这就留给犯罪分子很大的利用空间。网络诈骗具有低成本和技术性的特点，骗子能够轻易地将个人信息广泛运用，对大学校园这样一个人口高度集中的空间实行骗局的密集覆盖，尤其是当骗子将大学生个人信息拼凑得更加齐备的时候，容易设下前述的冒充真实身份和连续性的骗局以保证"成功率"。本着"广撒网"的心态，面对动辄上万的校园群体，诈骗行为人变得更加肆无忌惮。

（2）大学生涉世不深与网络诈骗手法多样且周密。大学生虽然在生理上逐渐成熟，但是没有真正身处到社会中，处世经验欠缺，容易轻信他人，对诈骗行为的警惕和防范不足。诈骗行为的基本要素就是要使受害人错误认识并"自愿"处分财产。诈骗行为人将全部精力投入设计圈套诱使大学生相信所谓的事实中，围绕这一出发点，针对大学生的心理状态衍生出五花八门的骗局，结合网络的虚拟性和网络技术的运用，使得网络骗局一环接一环层层推进，或威胁恐吓再转接其他权威部门假意帮助，或出售"低价商品"再谎称系统故障要求重新打款，或乔装打扮冒充朋友再激发大学生仗义疏财的心理等等。诈骗行为人将大学生的心理状态摸得非常透彻，其设计的骗局能够"牵着大学生的鼻子走"。

（3）大学生多种需求与网络诈骗投其所好。大学生对科技的运用始终处于前沿，对网络的使用遍及生活的各个方面。对大学生来说离开了网络生活将是无法想象的。大学生活丰富多彩，大学生需求多种多样，购物、兼职、运动、游戏、旅游、交友等，在满足大学生方方面面的需求中，网络提供了不可或缺的平台，信息的取得十分便捷。网络诈骗行为人针对大学生的各种需求，投其所好设计不同内容的陷阱，使得骗局非常具有针对性，直接切中大学生的需求。大学生很难拒绝对自己兴趣的关注，并且会缺少对风险的评估，降低戒备心理。

（4）大学生的大多数沉默与网络诈骗的难以根除。大学生对于网络诈骗行为大多数处于沉默状态。一方面，受骗学生选择沉默。出于顾及面子或是认为金额不大无所谓的原因，受骗大学生大多不愿对受骗事件再次提及，更不用说向老师或警方求助了。大学生缺少对自己受骗事实正确看待的勇气，自认倒霉而选择回避；缺少对诈骗事件的分析，既不会给警方破案提供帮助，也不能对其他同学起到警示作用。另一方面，没有受骗的学生也容易选择沉默。面对他人受骗的经历和学校反反复复的警示教育，大学生缺少足够的重视，对骗局缺少足够的了解，对发生在他人身上的诈骗事件，或报以同情或以局外人的身份品头论足，而当骗局"换了一身马甲"朝向自己的时候，却毫无防范意识。网络诈骗存在于虚拟空间，本就难以追踪，因线索有限打击难度很大，加上大多数大学生的沉默，让警方破案和学校防范变得十分困难，反过来使得大学生容易暴露在网络诈骗密集陷阱的危险中。

（三）防范网络诈骗

网络购物已成为大学生重要的购物方式，诈骗分子利用网购渠道，针对一些大学生贪小便宜的心理，以多种手段逃避网监部门和第三方交易平台的制约和监控，进行诈骗活动。因而学生在网购物品过程中，要使用安全的支付方式，需提交关于自身的敏感信息或私人信息时，一定要确认数据加密，尤其不能轻易向陌生人透露自己的银行账号、密码、支付验证码等，保证所用电脑安全，确保电脑防火墙、防毒软件等处于最新更新状态，以防各类病毒或木马侵入。

另外，大学生在网购时应尽量选择知名度、信誉度高的网站，不购买过分便宜的商品；遇到对方主动联系自己称购物失败，要求做退款、重新付款等操作时，要提高警惕且在官网上找客服进行确认；以涉及洗钱、贩毒、信息泄露为由建立的所谓"安全账户"都是诈骗陷阱。大学生遇到上述情况要及时向辅导员、学校保卫处、公安机关咨询。

需要强调的是，学生一旦遇到诈骗情况，应迅速向公安机关和学校保卫部门报案，同时保留证据，协助调查，尽可能将损失减少到最低程度。

二、电信诈骗

电信诈骗是指犯罪分子通过电话、网络和短信方式，编造虚假信息，设置骗局，对受害人实施远程、非接触式诈骗，诱使受害人给犯罪分子打款或转账的犯罪行为。

【案例】2014年3月，某学院一学生的手机收到短信通知中奖了，被浙江卫视"中国好声音"栏目组抽中二等奖12万元及苹果电脑1台。于是该学生进入对方提供的网站，按照要求填写个人信息。当天接到自称是法院工作人员的电话，说因其未及时付款而违约，要支付保证金5 000元方能兑奖。该学生遂按对方要求于银行ATM机上转账5 000元。后对方继续要求缴纳税款和保险金，否则不能兑奖，此时该学生才发现被骗。

【案例】小晴是广州大学大二女生，利用寒假到一国有大型企业实习。面试通过后的次日，有一陌生男子自称面试官，以给高层领导送礼为由，向小晴借了人民币2000元。小晴说，该男子能够叫出自己的姓名，"而且声音跟当天面试我的面试官差不多"，于是没有怀疑就转了钱。等小晴正式上岗的那天，跟真正的面试官谈起这事时，才发现自己被骗了。

【案例】"你好，我是政府工作人员，当年你申请了助学贷款，现在国家有了新的优惠政策，可以退回你当年的部分学费。" 江西某大学毕业生李倩突然接到了一个自称政府工作人员的电话，说她曾在学校申请过助学贷款，现在国家有了新政策，要将她当年交纳的部分学费共计 6 000 多元退还给她。李倩确因家庭贫困，在校期间曾申请过助学贷款，但毕竟过去好几年了。李倩开始也不相信，但对方竟然能准确地说出她的名字、学校、家庭住址、电话及哪年申请的贷款、毕业时间，甚至她当年在校期间的学号都一清二楚。她立即打电话给当年的一名同学问是否有此事，结果有 4 名同学都接到了这样一个电话。"我的信息知道得这么清楚，可能是真的。"李倩便按照对方的指示，来到某银行 ATM 机进行操作。"把你的卡插进去，我们把 6 000 元直接打进你卡里。"李倩全部照做之后，查询余额一看，自己非但一分钱没收到，卡里原有的 4 000 多元也不翼而飞。

【案例】2014 年 9 月，某学院一学生接到一个自称是郑州市公安局公安人员的电话，称该学生在郑州办理了几张银行卡，怀疑其参与郑州招商银行洗钱案，现要核实身份信息和调查其资金来源。该学生就将个人的信息告诉对方，并通过对方提供的账号在支付宝上将卡中的 8 500 元转给对方。第二天，对方继续来电称还怀疑其参与贩毒案，让其再转账 6 000 元的保证金。此时该学生才发现被骗。

（一）常见电信诈骗犯罪手段

（1）电话诈骗犯罪手段。不法分子往往利用网络虚拟电话伪造电话号码，拨打事主手机或固定电话，以某地公安局 110 查案、法院下达传票、电话欠费、亲朋好友出事等为由进行诈骗，诱骗受害人向其指定账户汇款。

（2）手机短信诈骗犯罪手段。不法分子通过手机发送银行卡消费短信提示、信用卡欠费、汽车退税等为主要内容的诈骗短信，并留有咨询电话。事主一旦拨打咨询电话，对方便自称是银行客户服务中心，要求事主报案，然后提供一个伪造的公安机关报案电话。再拨打过去的时候，对方又以公安民警的身份，告知事主银行卡安全级别过低，可能被人盗用，建议进行升级或加密。当受害人再次拨打咨询电话时，不法分子便以保护银行卡安全进行升级、设置防火墙保护、加密等借口，骗事主在 ATM 机上进行操作，实际是进行转账。

（二）预防电信诈骗

（1）不贪利，多了解。"天下没有免费的午餐"，要坚决抵制住诱惑，不要贪图便宜，克服"贪利"思想。

（2）不轻信，多调查。不要轻易相信电话、短信以及网络上的内容，骗子可以通过软件任意设置来电，电话上所显示的号码、地址不一定都是可信的；遇到亲戚朋友出事、房主或客户更改账户等情况，要通过其他渠道调查核实后，再做决定，不能轻易相信，更不能轻易汇款。

（3）不怕事，多求证。"不做亏心事，不怕鬼敲门"，自己没有做过，就不要害怕司法机关调查涉嫌犯罪事宜。同时，公检法等国家机关办理案件时，会按照规定出示证件、根据相关法律手续办理案件，不会以电话、短信等方式要求转账，更不会提供什么安全账户。

（4）不泄密，多问询。自己的个人信息以及银行账户信息、密码等不要轻易向他人泄露，遇到不熟悉的银行业务，可当面咨询银行网点工作人员。

（三）遭遇电信诈骗怎么办

（1）遇见诈骗类电话或者信息，及时记下诈骗犯罪分子的电话号码、电子邮件、QQ号、微信号等及银行卡账号，并记住犯罪分子的口音、语言特征和诈骗的手段经过，及时到公安机关报案，积极配合公安机关开展侦查破案和追缴被骗款等工作。

（2）如被骗钱款后能准确记住诈骗的银行卡账号，则可以通过拨打"95516"银联中心客服电话的人工服务台，查清该诈骗账号的开户银行和开户地点（可精确至地市级）。

（3）通过电话银行冻结止付：拨打该诈骗账号归属银行的客服电话，根据语音提示输入该诈骗账号，然后重复输错五次密码就能使该诈骗账号冻结止付，时限为24小时。若被骗大额资金的话，在接报案件后的次日凌晨00:00时后再重复上述操作，则可以继续冻结止付24小时。但谨记：该操作仅限嫌疑人账号的电话银行转账功能。例如：涉嫌诈骗的账号归属工商银行，则可以拨打"95588"工商银行客服电话进行操作。

（4）通过网上银行冻结止付：登录该诈骗账号归属银行的网址，进入"网上银行"界面输入该诈骗账号，然后重复输错五次密码就能使该诈骗账号冻结止付，时限也为24小时。如需继续冻结止付，则可以在次日凌晨00:00时后重复上述操作。但谨记：该操作仅限制嫌疑人账号的网上银行转账功能。例如：涉嫌诈骗的账号归属农业银行，则可以登录农业银行的网址进行操作。

第五节　谨防"网络高利贷"金融诈骗

【案例】2016年3月9日，河南牧业经济学院在校学生郑某从青岛一家宾馆的8楼跳下，结束了自己21岁的生命。郑某生前是班里的班长，平时人缘很好。但郑某从2015年2月接触赌球，之后越陷越深，直到无法自拔。越输越多时，郑某一心想"捞本儿"。他开始借高利贷，先后借用、冒用28名同学（其中本班26名）的身份证、学生证、家庭住址等信息，分别在诺诺磅客、人人分期、趣分期、爱学贷、优分期、闪银等14家网络分期、小额贷款平台，分期购买高档手机用于变现、申请小额贷款，总金额高达58.95万元。12月中旬，越来越多的同学都收到了催款短信。还不上款，这些借贷平台频繁给同学们发短信、打电话，甚至称会派出"外访组"到学校来找麻烦，再不还款，就会报警，告到家长处，汇报给学校。郑某的家境很贫寒，无力偿还这笔贷款。郑某曾努力兼职打工挣钱，但挣到的钱相对于每个月利滚利的利息而言都是杯水车薪。万般无奈之下，郑某选择了跳楼。他在班级微信群里留下了最后的遗言："兄弟们，我就要跳了，在这最后的时候，真的很对不起大家，听说跳楼摔下去会很疼，但是我真的太累了。"他语音里充满了愧疚。

【案例】2014年10月，湖北大学某学院大二学生柳某，看到有同学通过网络贷款购买了苹果6手机，也动了心，但家里每月给的1 500元生活费基本没有结余，又不好向父母开口，所以他想到了"分期付款"。经人介绍，他登录深圳一家网络贷款平台申请贷款。该机构称，不贷现金，只"贷"手机。于是，他提供了自己的身份证、学生证、手机号码等，以及父母、老师的相关信息，用一张借条换回一部苹果6手机。几天后，他用同样的办法，再次"贷"到一部苹果6手机。他卖掉第二部手机还了4 000元贷款，之后再也无力偿还欠款，便按对方要求，连本带息打了一张约1万元的总借条。到了还款日期，对方不断催讨。对方还曾打电话给柳某的辅导员，多次到学校讨债，到过他的寝室，在他教室外面盯过梢。曾有催款人员威胁他，如果他不还款，就会送花圈到他家里。为应付贷款本息利滚利，面对催讨，他只得在网上搜索一些小额贷款公司的信息，一家一家地打电话申请贷款，拆东墙补西墙，以求得暂时的安宁。他先后向深圳、上海、北京及武汉本地的十多家小额贷款公司贷款。最后他连本带息打了一张5万元的欠条，欠条约定"逾期缴纳的违约金按本金的10%/天计算"。最终，柳某为了一部苹果6手机，欠下了70万元的"高利贷"，只得退学回老家躲债。

一、"校园贷"盛行高校校园

进入大学对很多大学生而言，都是第一次开始独立管理个人财务。由于涉世未深，消费观念不够成熟，加上这个年龄段的学生喜欢追求个性、喜欢时尚、喜欢攀比、贪慕虚荣，更容易产生超前消费行为。为了支撑自己的超前消费，很多人想到了刷信用卡、贷款或购物分期付款。但由于大学生的资金来源主要是父母给予的生活费，缺乏稳定的收入来源，加上受社会环境影响，很多大学生缺乏责任感和诚信意识。为了防止形成信用卡坏账，银监会于2009年下发通知，明确要求不得向未满18周岁的学生发放信用卡；给已满18岁的学生发卡，要经由父母等第二还款来源方的书面同意。

随着银行退出校园信贷市场，很多民间小贷公司和P2P平台便趁势介入，截至目前，已发展出40多家专门为大学生群体提供服务的P2P平台。他们打着"花明天的钱，圆今天的梦""互联网＋金融"的口号，以"分期付款""大学生创业助学""大学生现金借款"为幌子，出现在高校校园宣传栏、墙壁、电线杆甚至公共QQ群、微信朋友圈上："每月只需还款549.90元，12期还款就能轻松拥有一部售价5 499元的苹果6S（64G）手机"；"无需抵押和担保，只要提供身份证和学生证，当日便能放款"。在这样的诱惑下，"囊中羞涩"也阻止不了大学生非理性消费的脚步，众多高校学子纷纷加入其中，殊不知其中潜藏的风险，甚至很有可能进入别人精心布下的圈套。

（一）大学生缺乏成熟的借贷消费观念

腾讯公司 2015 年一份来自全国各地 7 932 份大学生调查数据显示，21% 的在校大学生使用过网络分期贷款，其中 62.2% 的大学生网络分期贷款是为了购买数码设备，只有 8.5% 的学生会使用贷款缴纳学费。

2015 年 4 月初，致诚征信研究部基于大数据技术，收集和整理了 22 415 个借款逾期大学生的 25 187 条逾期信息，对大学生网络贷款市场进行了不同维度的统计。调查显示：资金短缺的情况在大学生中比较普遍，有 22% 的学生是经常性资金短缺，56% 的学生偶尔资金短缺，只有 22% 的学生认为自己从来没有过资金短缺的情况。在期望的贷款额度方面，34.5% 的学生选择 1 万 ~ 10 万元（占 34.5%）。就大学生的主要资金来源于家人提供这一现实而言，期望的贷款额度远超过个人的负债能力，从而体现了目前大学生在网络贷款方面还缺乏审慎的考虑和对财务规划方面的正确认知。大学生拖欠还款现象严重，逾期罚息占欠款总额的 32.2%。在已发生逾期的人中，30 天以上还款率为 15.24%。从具体金额看，逾期还款大学生的人均欠款总额为 2 992.46 元，人均总罚息为 963.73 元，罚息占欠款总额的 32.2%，并且逾期还款大学生的人均逾期笔数是 3.91 笔。显然，很多大学生缺乏还款意识，拖欠还款情况严重。

（二）分期购物网站借贷"高利贷"的形式愈加隐蔽

采取分期付款模式的购物网站的原理如出一辙：购物网站在接到学生订单之后，首先从借贷公司借钱，然后再去品牌供应商或者线上的零售商处拿到学生订购的货品，再以分期付款（包含有服务费）的方式销售给学生。购物网站从中既赚取进货的价差，又赚取放贷的利率差。以学生分期付款购买电子产品为例，商家向学生收取的费用不叫利息，而称作"服务费"，这其实是一种变相的高利息。例如，一部原价 4 000 元的手机，学生使用分期付款方式购买，实际需要支付的总金额达 4 800 元。但是，"利息"被忽悠成"服务费"之后，很多大学生不知道这实际上就是成本非常高的贷款。

和分期付款一年的银行信用卡 7% 以下的年利率相比，校园贷的一年息一般高达 30% 以上，相当于同期银行贷款利率的 5 倍。所以，大学生分期贷款等于"高利贷"。

（三）"高利贷"公司一般皆涉嫌违规违法操作

有些校园"高利贷"周息达 10%，月息高达 45%，甚至更高。这些校园"高利贷"在借款时，手续十分简便，学生通常不需要签订合同只写借条即可。贷款公司对于贷款到期不能及时还款的学生通常使用威胁、恐吓等暴力手段来进行讨债。按照相关法律规定，民间借贷的利率不得高于银行利率的 4 倍。显然，以上所说的利率就是"高利贷"，是不受法律保护的，是违法的。此外，如果在追债过程中威胁、恐吓、骚扰当事人，公安机关完全可以追究其违法违规经营罪。

二、"互联网金融服务"外衣下的"高利贷"

目前进入校园提供贷款产品的平台主要有三类：第一类为学生分期购物平台，满足大学生购物需求，主要有趣分期、任分期等；第二类为单纯的 P2P 贷款平台，用于大学生助学和创业，包括投投贷、名校贷等平台；第三类是阿里、京东、苏宁等传统电商平台。这些平台提供的都是合法合规的金融产品，大学生在有所需时可根据自身实际，选择适合自己的金融产品。

但部分大学生缺乏辨别能力，很多时候只看宣传词，冲动选择，未能看穿披着"互联网金融服务"外衣下的"高利贷"的真实嘴脸。受经济社会发展过程中不良观念的影响，大学生随机消费、冲动消费现象时有发生。一项统计数据显示，从 2012 年 1 月至 2013 年 2 月底，武汉大学共计 2 万多名购买苹果手机的学生在某公司办理了担保服务，一年服务利息为 40%，这是典型的"高利贷"。如果武汉市在校大学生按照 100 万人计算，相当于 50 人中有 1 个人办理过该项"高利贷"业务。

骗子是如何利用金融机构的大学生消费贷款政策，或私设所谓"融资、贷款公司"实施诈骗的呢？

（一）消费贷款诈骗

大学生小额消费贷款满足了学生临时应急和提前消费需要，有一定积极作用。学生善用个人信用参与金融理财，也有利于学生诚信品质的培养。但是，目前金融市场很不规范，违法违规现象较多，社会诚信意识不强，大学生个人信息保护意识和甄别能力极度欠缺，因而易被不法分子所利用。

假借购买手机、电脑等电子商品名义，让学生通过贷款担保公司（贷款中介）向银行贷款，在银行放款之后立即套现，而学生背负分期还款责任。此种诈骗形式需要贷款中介公司的无良业务员与无良商家合谋。

第一步，骗贷。贷款中介公司业务员以"勤工俭学"的名义向高校发布广告，或招聘学生代理人（学生代理人有小额提成），组织学生搞真贷款、假购物。学生提供个人真实身份证、学生证、家庭信息，在贷款合同上签字，可以领到几百元酬金。同时，诈骗分子会告知学生："商品交由他们处理，首付货款和后期还款都不用学生负责。"学生信以为真。于是，贷款中介公司业务员便拿着学生个人信息和贷款协议随后向银行骗贷。

第二步，套现。当购物消费贷款积聚到一定数额后，贷款中介公司业务员便和商家合谋套现，或将贷款所购商品降价倾销，或低价转手倒卖给他人牟利。套现分赃之后，一些贷款中介公司业务员开始玩"辞职、失踪"，而有的小商家则选择了"跑路"。

第三步，追债。没过多久，银行开始找学生贷款人催还贷款。贷款担保（中介）公司会每天派人或电话追到学校催债，有的甚至找到学生家里向其父母讨债，对学生和家长进行威胁。为逃避责任，贷款中介公司和商家均以"业务员个人行为"拒绝担责。

【案例】2012 年 4 月，某校土木工程学院六十多名学生因为个人贷款消费而被银行催还贷款，并且已经产生不良征信记录，于是求助于学生保卫处。经调查了解，深圳某贷款担保公司长沙分公司业务员张某与国储电脑城一商家合谋，以"帮助增加销量"为由组织高校学生贷款消费，承诺每单给予 1 000 元酬金，贷款所购买的电脑交由他们处理，贷款也由他们偿还。该学院一名李姓学生牵头，以"兼职"名义哄骗本学院六十多名同学与贷款担保公司签订了消费贷款协议，同学提供身份证、学生证和个人、家庭信息，签订消费贷款协议。得到 200 元酬金（另外 800 元归李姓学生所有）。两个月后，所有同学收到银行和担保公司催款通知，同时接到法院传票。学生最后只得向保卫处报案。而此时，担保公司业务员张某和经营商已携带转卖电脑的巨款潜逃。

（二）传销式"高利贷"诈骗

"高利贷"属于民间非法借贷，不法分子利用学生辨识能力弱、警惕性低、急于用钱的机会，设下陷阱，诱使大学生一步步深陷其中，最终不仅钱财被骗，甚至不得不辍学打工还钱。

第一步：设陷阱。设下游戏或赌局，蛊惑大学生"同学邀同学，朋友邀朋友"，参与赌博或游戏，在不法分子精心设计和操控下，受邀者很快输光本钱——有的是自己的生活费，有的甚至是向同学朋友借来的钱。在输钱者焦急、蒙昧、无助的情况下，不法分子便十分"大方"地借钱让其"翻本"，谁知越输越多、越陷越深，而此时借款期限（三五天）已到，如果学生还不上借款将背负极高利息。学生也不敢向家里要钱，只得听任不法分子摆布。不法分子的第一步已经得手。

第二步：诱骗贷款。不法分子非常"关心"地帮助学生想办法弄钱还债，第二步开始实施。诈骗分子很容易就给学生联系到愿意贷款的"金融公司"，而且手续极其简单，放款速度极快，只需学生提交个人和家庭完整信息，基本随到随贷，签几个名字就可以拿钱走人。可是，费用和利息极高。一般情况是，假如签订协议贷款 5 000 元，贷期一般只有一个月，学生实际拿到手的现金只有 2 000 元，已扣除了一个月利息 1 500 元和贷款手续费、贷后管理费 1 500 元。诈骗分子非常狡猾，在"贷款协议"上，现场被扣取的 3 000 元是不会体现出来的，以致事后即便受到追查，也抓不到他们"非法高息借贷问题"的把柄。

另一种情况是，没有走第一步，直接实施贷款诈骗。不法分子在各高校校园张贴贷款小广告——"手续简单，无需抵押，放贷迅速"，从而诱骗超前消费和急需用钱的学生上钩。而有些所谓的"金融公司""贷款公司"则潜伏在网上。

一般这些"高利贷"贷期一个月，贷款利率高达 120% ~ 170%，到期还不上，将开始利滚利。此时，不法分子将开始诱骗学生"借新债还旧债"，向不同公司借贷。有的学生连续向近 20 家私人非法金融机构贷款，自己都记不清究竟有多少债主和贷款了。

第三步：威逼利诱，发展下线。此种"高利贷"诈骗还是很容易被识破的，一般情况下学生不会上当受骗，因此，这种所谓"融资公司"或"贷款公司"的"客源"就成了问题。于是，骗子的第三步开始实施：传销式贷款诈骗。

骗子用"高利贷"牢牢抓住了上当受骗学生，威逼学生介绍同学或朋友向其贷款，每介绍一名贷款学生，便以"勤工助学"的名义发给介绍者 2 000 ~ 5 000 元不等的业务费。学生为了尽快筹钱还贷，结果让自己的同学也跌入"高利贷"诈骗者的陷阱。于是，下线再发展下线，由此形成了传销式"高利贷"诈骗层级结构，只是各层级之间是没有利益关联的。

第四步：逼债收网，一网打尽。每家非法"融资或贷款公司"若有一定规模的欠款了，便组织社会闲散人员组成非法讨债队伍，甚至使用暴力手段，开始收贷逼债。为躲避追债，不少学生选择了休学或退学，但公司很快利用所掌握的学生家庭信息找到学生家里。报警也毫无用处，因为贷款诈骗分子早有准备，所谓贷款协议等一切证据对学生极为不利，警察对此也没有办法。

【案例】2014年4月，某校某系学生钱某因参与校外赌博，欠下二十余万元的"高利贷"。为了尽快还贷，钱某将多名同学带入赌博场所，诱使其输钱借贷。其中一名学生从2014年10月到2015年10月，累计向十多家"高利贷"公司贷款17.5万元。经询问了解，其实际到手的现金不到10万元，其余7万多元都是利息欠款。这名学生最终被迫休学，由家长领回。而钱某也因多宗违纪问题被开除学籍，受钱某影响而被钱某拉入贷款骗局的多名学生也选择了休学或退学。

三、"高利贷"金融诈骗的危害

有人形容"高利贷"就是饮鸩止渴，事实确实如此。大学生借了"高利贷"后，虽然暂时解决了用钱的燃眉之急，但随后产生的问题，却不容忽视。

（1）"高利贷"催生了超前消费，花明天的钱，圆今天的梦，给学生个体造成极大的负面影响。"高利贷"虽然在心理上暂时满足了学生超前购物的需求，但在实际生活中却增加了他们的负担。比如，有的同学为了分期付款，有时一天只吃一顿饭。同时会导致他们养成不良的理财习惯，更加助长其攀比心理。并且，那些借款的大学生一旦还款能力出现问题，便极容易陷入"利滚利"的陷阱。不法分子采取恐吓威胁，甚至暴力手段追债，被讨债学生无心学业，少数人被迫辍学。"高利贷"使大学生在心理上背负沉重的还贷负担，有的学生会发生注意力转移、精力不足的状况，必然会在一定程度上耽误其学业的完成。同时，消费文化的自利性拉低了大学生的责任感与道德感，消费文化的多元异质性导致了大学生的道德与价值共识难以成形。

（2）"高利贷"给家庭带来沉重的经济负担。有人说大学生是"花爸妈的钱不心疼"，善于"预支未来的钱"，因此，有很多在校生欠下大量债务。大学生的消费观念和消费欲望更加强烈，但是他们的经济来源根本不稳定。那些贷款公司或者分期购物网站无疑是把本应该由学生本人承担的风险转嫁到了学生的家长身上。对于经济水平一般的家庭来说，如果有一个经常借贷"高利贷"的大学生，无疑会背上沉重的经济负担，而对于那些因赌博等恶习而借了"高利贷"的学生家庭更是如此，他们往往要一次性偿还"高利贷"几万元甚至十几万元。这样的特殊学生给家庭所带来的隐忧就可想而知。

（3）"高利贷"给校园安全及社会治安埋下较大隐患。"利滚利"是"高利贷"残酷剥夺借贷者私人财产的最为常见的方法和手段，因为正规银行贷款手续繁杂，还有很多限制条件，而"高利贷"手续简便，既快捷又方便，所以，才让那些急需用钱的大学生一时糊涂，铤而走险，忍痛借贷。事实上，借"高利贷"的学生中有很多人贷款到期不能如约归还，他们作为弱势群体，在贷款到期后便会经常遭遇不法分子恐吓、暴力威胁，不法分子甚至通过强行控制人身自由等违法手段逼债。而公安机关通常不会参与到经济金融纠纷中，一般只是制止和打击因"高利贷"而引起的暴力违法犯罪行为，而法院往往难于认定和判断"高利贷"的事实和疑点。这样，借贷者便不胜其扰，给校园安全和社会治安带来很大压力。

四、"高利贷"金融诈骗的防范

（一）增强防范意识，提高鉴别能力

大多数大学生都已年满 18 周岁，是拥有完全民事责任能力的公民，他们当然有获得信用贷款这种金融服务的权利。合理合法的金融贷款能够缓解学生和家庭的经济负担，理应受到鼓励和欢迎。学生因缺乏社会经验和防范意识而容易身处实施金融诈骗、敲诈勒索的校园"高利贷"陷阱中，必须从社会、家庭、学校和学生四方面坚决抵制。大学生一定要增强对金融诈骗的防范意识，多学习，多思考，提高鉴别能力。

（二）培养和提高自身的理财能力

理财能力是一个人在经济社会不可或缺的重要的生存能力，它是保证大学生将来在竞争激烈的社会中独立生存而必备的一种素质。大学生要熟悉和了解一些金融常识、ATM 机和信用卡的基本服务功能；利用业余时间开展勤工俭学，理解金钱积累的辛苦；学会打理和规划自己的钱财，尝试节省那些可花可不花的支出，学会节流。

（三）摈弃不良消费习惯

当代大学生应该养成积极、健康、进步的生活态度，消除攀比心理，养成健康消费、合理消费的习惯，积极参加健康有益的校园文化活动，远离赌博、游戏等不良嗜好，从而从源头遏制借"高利贷"现象的发生。

（四）选择正当稳妥的贷款渠道

党和政府为家境贫寒的大学生提供了多种多样的扶持政策。当大学生完成学业遇到经济困难时，可以采用以下四种贷款形式：国家助学贷款、生源地信用助学贷款、高校利用国家财政资金为学生办理的无息借款和一般性商业助学贷款。其中，国家助学贷款资助力度和规模最大。

如果确系临时用钱需要贷款，需要注意：

（1）选择正规平台。可以通过网络检索找到正规的平台。看平台的成立年限、口碑好坏、背景资历找到正规、靠谱的大平台。通过比较研究才能够避免陷入黑中介、不良平台设下的陷阱。

（2）仔细阅读贷款细则和详情。找到几个目标平台之后，浏览平台网页查看信息也是至关重要的一步。每个平台的细则有些许差别，利率也不同。大学生可以通过浏览平台官网、手机 App 等查看其提供的分期、贷款服务是否有详细的说明，从额度、利率、期限、申请所需资料、申请条件、时间、放款时间、还款方式等几个角度来判断。一般而言，透明、公开地披露信息是一个正规、靠谱的平台必备的特质。

（五）遇到非法催债，一定要报警处理

互联网金融被纳入了民间借贷范畴，根据最高法有关规定，年利率超过 24% 的民间借贷不受法律保护。如果碰到"高利贷"非法催债，危害到人身安全的一定要报警处理。用通俗的话来说，你不用怕它，"高利贷"是不受法律保护的。

第七章 食品卫生安全、身体健康

【学习目标】
（1）了解食物中毒的原因、症状和识别、防范与处理的相关知识。
（2）了解预防传染病的相关规定、具体要求及常见传染病的预防知识。
（3）了解艾滋病的传播途径和预防方法。
（4）认识酗酒和抽烟的危害。
（5）掌握急性酒精中毒的急救方法。
（6）掌握骨折、出血、颅脑外伤、电损伤的急救方法。

第一节 饮食安全

【案例】2014 年 6 月 10 日晚，南京农业大学某班毕业生 17 名同学因为即将离校聚餐联欢。当晚，他们在学校西门外一小吃摊购买了 240 多元的烧烤、炒饭等，又买了两箱啤酒，然后在学校教室中聚餐。吃着吃着，几个同学陆续倒下，还有人则脸色发紫，开始呕吐。有学生当即判断是食物中毒，赶紧背起中毒同学往医院赶。民警赶到医院询问医生后获悉，14 名学生都是亚硝酸盐中毒，其中 4 人中毒较深，进了重症加强护理病房，另外 10 人中毒较轻。经救治，中毒较深的 4 人已经脱离了生命危险，而另外 10 人也已无大碍。在调查学生病情的同时，警方也在第一时间将学生购买烧烤的小吃摊查封，并控制了摊主夫妇。

食品安全问题一直困扰着社会大众，尤其是高等院校的学生。他们缺乏一定的社会经验，没有足够的辨别能力，如果接触到不洁、有毒的食物，会出现肠胃发炎、食物中毒情况，给健康带来极大危害。

一、食物中毒的预防

（一）自己动手做饭该如何预防食物中毒

很多在校外租房的学生偶尔会自己动手做饭，由于缺乏生活经验和烹饪常识，出现食物中毒的风险比较高。预防食物中毒，要注意以下几个方面：

（1）选购食物原材料、熟食或方便食品时，要选择符合绿色环保要求，新鲜、无变质，生产厂家信誉好的。

（2）水产品最好选择鲜活的。

（3）生食的蔬菜、水果在食用前应充分浸泡和清洗消毒；凉拌菜肴最好当餐食用，不要下顿继续食用。

（4）食品加工要达到卫生标准。用于储存和加工原料、半成品、成品的食品容器和工具要分开使用。为防止熟食被细菌污染，切生食品和熟食品所用的刀、砧板要分开。原辅料生熟要分开，避免交叉污染。

（5）熟制食品须煮熟煮透，制作完成至食用一般不超过2小时。食物烹调要一洗、二浸、三烫、四炒，扁豆要煮熟焖透。不使用发芽马铃薯、发霉变质粮食等含有毒有害物质的原材料制作食品。

（6）饮用安全卫生的水，不喝生水或隔夜茶；瓶装、罐装饮料开瓶后，最好一次喝完，尽量少饮用碳酸饮料。

（7）冰箱里存放的食物应尽快吃完，冷冻食品进食前要加热，因为不少细菌在冷藏、冷冻条件下不会死亡，千万不要以为冰箱是食品保鲜杀菌箱。

（8）对剩饭、剩菜应科学存放和食用。剩饭、剩菜最好存放在低温、干燥条件下，常温下保存时间不要过长。

（9）接触直接入口的食品前双手应清洗干净，不要面对食品打喷嚏、咳嗽；餐具应做到一刮、二洗、三冲、四消毒、五保洁；使用卫生条件不好的餐具前，应再多清洗一下。

（10）注意食物搭配禁忌。食用搭配不当的食物会对人体造成损害，在安排饮食及饭后水果时应特别予以注意。

（11）防止老鼠、蟑螂、苍蝇等病菌传播媒介污染食物。

（12）露天野餐时应注意食品防尘，防止食品被动物羽毛、粪便或有毒植物污染。在野外切忌随意饮用山泉、溪流水。捕食野生昆虫、动物时要十分慎重，不要盲目采食野生植物。

（13）不吃霉变甘蔗、野生蘑菇、假沸豆浆、海产变质鱼类等食物，防止中毒。

（二）在外就餐如何预防食品中毒

（1）大学生为保证自身食品的安全，最好在学校餐厅就餐，以免发生食物中毒及其引起的纠纷。

（2）若在外就餐，要选择卫生条件良好的餐厅。

（3）尽量不在路边摊点上购买小食品。

（4）不要图便宜购买无证流动摊点出售的食品。

（5）若在外就餐，发现头昏、恶心时要立即告诉老师和同学，并速到医院就诊，以免耽误诊治。

（三）通过外卖网站订餐如何预防食品中毒

随着网络技术的日益进步以及手机应用软件的日益推广，很多大学生通过网上订餐平台购买方便快捷、美味廉价的外卖食品。某些在线外卖网站为了抢占高校市场，推出限量1元秒杀区，抢到的学生只需花1元就能吃到一餐，多出的花费由网站补贴。于是，各大高校掀起了网上订餐的热潮。每天一到就餐时间，奔走于校园各处的装有外卖的电动车成了一道特别的"风景线"。这些点餐平台的发展，使不少大学生解决了就餐问题，再加上平台不定时推出的优惠活动让不少用户觉得捡了个大便宜。那么问题来了：通过一个看不见的软件点到的食品，虽然味道可口、包装精美，但是它的食品安全健康真的能让人放得下心吗？不少的信息反馈显示，因为点餐平台的便利以及监管漏洞，不少线下无证经营的餐馆纷纷转战至网上平台。而很多餐馆因为用餐环境较差，所以实际到店用餐的顾客很少，但是在线点餐的业务却很繁忙。

中国消费者协会建议，网络订餐应注意以下四点原则：

（1）选择合法正规的供餐单位订餐。消费者在订餐前要认真查看网络交易第三方平台上的入网餐饮服务单位是否有营业执照、食品经营许可证（或餐饮服务许可证），同时查看其证照的相关信息，如经营范围、经营地址及联系电话等。应选择证照齐全、信誉好的入网餐饮服务单位订餐。

（2）选择距离较近并可短时送达的供餐单位订餐。消费者应选择食品加工完成后2小时安全时限内能够送达并食用的入网餐饮服务单位订餐。

（3）避免订购高风险食品。应避免选择冷菜、生食（如生鱼片、拌黄瓜、预拌色拉等）、冷加工糕点（如含奶油糕点、提拉米苏等）、四季豆等高风险食品及法律法规禁止经营的食品。

（4）保留相关消费凭证，发现问题及时举报。如发生消费纠纷，可以拨打消费者保护维权热线12315。

二、食堂就餐发生食物中毒怎么办

高校学生食堂是为高校学生提供饮食消费和服务的场所，具有就餐人数多而固定、就餐时间集中的特点，加上人群高度集中，他们的饮食安全极容易受到威胁。高校食堂的食品安全事故具有一次性中毒人数多，社会影响大，预防和治疗难度大的特点。国家卫生部于1996年8月颁布了《学生集体用餐卫生监督办法》，对提供或组织大学生膳食的生产经营者和高校提出了相应的卫生要求，把学生集体用餐纳入管理轨道，让大学生放心消费，保证学生吃得卫生、吃得安全，保证学生正常的生长发育，从而确保高校正常的教学和校园秩序。各高校也将对学校食堂的食品卫生安全监管当作重点工作来对待。

但随着高校扩招，学校食堂就餐人数剧增，监管工作难度加大；另一方面，高校后勤社会化改革，加之食品安全涉及食品生产、供应、流通等诸多环节，易受其他社会环境因素的影响，所以纵然严加监管，仍有可能百密一疏。近年来，大学生在学校食堂就餐引起食物中毒的事件也时有发生。万一发生食堂就餐引起的食物中毒事件，首先应确认确系食堂食物中毒，然后按照以下程序处理：

（一）报告程序

事件当事人所在部门领导—后勤部门领导及有关人员—综合治理部门负责人—卫生部门负责人—地方防疫部门—学工部领导（当事人为学生时）—分管领导—上级主管部门。

（二）处置程序

（1）发生意外后立即向有关部门和校领导汇报。

（2）以最快速度将中毒人员送往校卫生所或就近医院，无交通工具时拨打"120"请求救助。

（3）由饮食服务中心管理人员封存现有食物，无关人员不允许到操作间。

（4）分别向上级主管部门和卫生防疫部门报告。

（三）注意事项

（1）稳定师生情绪，要求各类人员不以个人名义向外扩散消息，以免引起不必要的混乱。

（2）如有个别家长来校探视，做好家长的思想工作和接待工作。

（3）维护正常的学习秩序和工作秩序，辅导员和学生党员骨干要做好食物中毒人员的思想工作。

三、食物中毒的救治

（一）一般食物中毒的处理、救治

对一般食物中毒者，如果离医疗机构很远，短时间内无法到医院救治，可自行用催吐、洗胃等方法排除体内毒物。

（1）催吐法，即用手指、筷子或勺把刺激咽喉部引起呕吐。但对腐蚀性毒物中毒者则不宜催吐，因为容易引起消化道出血或穿孔；对处于休克昏迷状态或患有心脏病、肝硬化等疾病的中毒者也不宜催吐。

（2）洗胃法。神志清醒者，可将大量清水分数次喝下后，用催吐法逐次吐出，初次进水量不超过500毫升，反复进行，直至吐出的洗胃水无色无味为止。注意，对腐蚀性毒物中毒者不要擅自进行洗胃，对昏迷病人也不要进行洗胃。

（二）农药中毒的处理和救治

此类中毒多为有机磷类农药中毒，主要抑制人体中枢神经，其初始症状与夏季中暑的某些反应类似。但此类中毒是急性症状，且中毒者都有不久前食用蔬菜或水果的记录，中毒症状出现的时间及严重程度和毒物侵入人体的量、毒性大小与侵入方式有关。在接触后半小时至8小时内出现的症状有头晕、头疼、恶心、呕吐、四肢发麻无力、视力模糊；中毒较严重者，并发腹痛、腹泻、精神忧伤、言语障碍、瞳孔缩小等症状；更严重者将出现昏迷痉挛、大小便失禁、体温升高、呼吸麻痹等症状。

专家建议，中毒者及其周围人员首先应镇定，及时请求校医院大夫医疗急救或就近送入医院，在医生未到时，要采取必要的急救措施，迅速将患者移至通风处，松解衣领、裤带；毒物进入肠胃的，可催吐、洗胃；污染眼睛的可用生理盐水冲洗；有毒物接触皮肤的可用肥皂水冲洗。

去医院时，可携带一些中毒者食用剩余的蔬菜、水果或菜肴，以便医生迅速分析了解毒物的毒性成分，对症施治。

第二节 预防传染病

【案例】2016 年 3 月，湖南某高校大三学生周某在逛街时被狗咬伤小腿。周某没有与狗主人大吵大闹，只是叫狗主人先带他到边上用水冲洗伤口，再用肥皂水清洗伤口，时间达 15 分钟，之后迅速打出租车到长沙市疾病控制中心就诊。

在这个案例中周同学的处理非常得当。从某种程度上说，及时正确地处理伤口甚至比打疫苗还要重要，当然疫苗也是一定要打的。周同学用肥皂水清洗的办法是有效的，因为肥皂水是碱性的，可以破坏狂犬病病毒。狂犬病一旦发作死亡率几乎是 100%，目前还没有找到治疗的办法，只能靠防。最近几年我国因狂犬病致死的每年都在千人以上，在卫生部公布的传染病死亡人数中，狂犬病死亡人数常常列在首位。据卫生部统计，2006 年有 460 多万上报传染病病例，其中有 10 726 人死于传染病，而死亡人数排在前面的有狂犬病、肺结核、艾滋病、乙肝和脑膜炎。

特别提醒：对传染病要无病先防，治疗原则是早期治疗、防治结合，彻底治愈。

一、预防传染病的相关规定

《中华人民共和国传染病防治法》规定了我国境内的 37 种甲、乙、丙类的传染病，应当引起特别关注的有传染性非典型肺炎、H1N1 甲型流感、艾滋病、病毒性肝炎、禽流感、狂犬病、流行性乙肝、脑膜炎、细菌性和阿米巴性痢疾、肺结核病、淋病、梅毒、血吸虫病、流行性感冒等。这些疾病的传染途径概括起来有 5 种：粪口途径、空气飞沫与密切接触途径、血液途径（注射、手术用血）、蚊虫叮咬途径、性生活途径等。

二、预防传染病的具体要求

（1）搞好环境卫生，消灭蚊蝇蟑鼠，清除环境中的粪便。

（2）不到发生流行性传染病的疫区或有关场所去，不接触传染病人，使被传染的可能性降到最低。

（3）生病要及时去医院治疗，而且要去卫生部门批准的正规医疗单位诊治，不要去街边小诊所、江湖游医处诊治。

（4）平时加强体育锻炼，增强体质，提高自身对疾病的免疫力。

（5）养成良好的个人卫生习惯，不与他人共用餐具、水杯等。

（6）与异性交往时，要自爱并养成清洁的习惯。

三、常见传染病的预防

（一）流行感冒的预防

（1）注意个人卫生，不随地吐痰，在咳嗽和打喷嚏时用手绢或纸巾捂住口鼻。

（2）注意消毒。许多病毒可以在患者接触过的地方存活较长时间。

（3）经常开窗通风，保持室内空气流通。

（4）大量喝水，可以使病毒从体内排出。

（5）多运动，每天进行 30 ~ 40 分钟的有氧锻炼，以增强机体抵抗力。

（6）保证充足的睡眠。

（7）多吃富含维生素 E 和维生素 C 的食物。维生素 E 在人体免疫系统中占有重要地位；维生素 C 可产生病毒抑制因子，有减轻感冒症状的作用。

（8）注射流感疫苗。

（二）禽流感的预防

禽流感是由禽流感病毒引起的一种禽类传染病。高致病性禽流感是其中较为严重的一种，发病率和死亡率都很高，危害极大。它的传播途径主要有呼吸道传播、消化道感染、接触感染。

（1）经呼吸道传播。病禽咳嗽和鸣叫时喷射出带有病毒的飞沫在空气中飘浮，人吸入呼吸道后就会引起感染。

（2）经消化道感染。进食病禽的肉、蛋及其制品，或进食病禽污染的水、食物，或使用病禽污染的食具、饮具，或用被病毒污染的手拿东西吃都可能被传染。

（3）接触感染。直接接触受感染的禽类及其排泄物，或经损伤的皮肤和眼结膜感染。

预防禽流感除了要做到加强体育锻炼、不到疫区、有疫情发生时不接触禽类、勤洗手等之外，关键是吃鸡肉、鸡蛋等禽产品一定要煮熟。禽流感病毒对乙醚、丙酮等有机溶剂，高温以及紫外线都很敏感。在 60℃下加热 10 分钟，在 70℃下加热数分钟，阳光直接照射40 到 48 小时以及使用家用常见的消毒药品，均可杀死禽流感病毒。

（三）非典型性肺炎的预防

非典型性肺炎是由变异的冠状病毒引起的急性呼吸道传染病，毒性很强，可引起严重的急性呼吸系统障碍，甚至引起死亡。该综合征的英文缩写为 SARS，故该病毒也称 SARS 病毒。

（1）保持生活、学习环境的空气流通。

（2）尽量少去空气不流通的公共场所活动。

（3）经常用肥皂和流动的水洗手，不共用毛巾。

（4）防寒保暖，注意个人营养和休息，多参加户外锻炼，增强自身免疫力。

（5）经常通风换气，保持室内空气流通，桌椅要定期清洗和消毒。

（四）病毒性肝炎的预防

病毒性肝炎是由肝炎病毒引起的消化道传染病。目前，从病原学上分为甲、乙、丙、丁、戊、己、庚七种类型，从临床和病理学方面可按病程进展速度分为急性、慢性、暴发性三种类型。病毒性肝炎一年四季都可能发生，任何年龄的人都可能患病，具有传染性强、传播途径复杂、涉及面广泛、发病率高等特点。传播途径包括经血液制品传播、经消化道传播、医源性传播、经蚊虫传播、经母婴传播。

（1）把好"病从口入"关。注意饮食卫生，不喝生水，做好餐具消毒工作；用流动的水洗手；不随地大小便和倾倒污水；不共用或互用餐具、茶杯、毛巾、脸盆和牙刷，提倡淋浴。

（2）谨慎使用血液和血液制品，防止病毒通过血液和体液传播。

（3）阻断母婴传播、医源性传播等传播途径。

（4）主动接种肝炎疫苗。

（5）平时加强体育锻炼，增强体质，提高自身对疾病的免疫力。

第三节　预防艾滋病

一、认识艾滋病

（一）什么是艾滋病

艾滋病 1981 年在美国首次被确认，分为两型，即 HIV-1 型和 HIV-2 型，是人体感染了"人类免疫缺陷病毒"（又称艾滋病病毒）所导致的传染病。

艾滋病病毒 HIV 是一种能攻击人体内脏系统的病毒。它把人体免疫系统中最重要的 T4 淋巴组织作为攻击目标，大量破坏 T4 淋巴组织，产生高致命性的内衰竭。HIV 本身并不会引发任何疾病，只是当免疫系统被 HIV 破坏后，人体由于丧失复制免疫细胞的功能，易感染其他的疾病，导致各种复合感染而死亡。在发展成艾滋病病人以前，艾滋病病毒携带者外表看上去正常，他们可以没有任何症状地生活和工作很多年。

（二）艾滋病的四期症状

（1）急性感染期。HIV 侵袭人体后引起如下反应：病人发热、出现皮疹、淋巴结肿大，还会发生乏力、出汗、恶心、呕吐、腹泻、咽炎等。有的还出现急性无菌性脑膜炎，表现为头痛、神经性症状和脑膜刺激征。末梢血检查发现，白细胞总数正常，或淋巴细胞减少，单核细胞增加。急性感染期时，症状常较轻微，容易被忽略。当这种发热等周身不适症状出现后 5 周左右，血清 HIV 抗体可呈现阳性反应。此后，临床上出现一个长短不等的、相对健康的、无症状的潜伏期。

（2）潜伏期。感染者可能没有任何临床症状。但潜伏期不是静止期，更不是安静期，病毒在持续繁殖，具有强烈的破坏作用。潜伏期指的是从感染 HIV 开始，到出现艾滋病临床症状和体征的时间。艾滋病的平均潜伏期，现在认为是 2 ～ 10 年。这给早期发现病人及预防都造成很大困难。

（3）艾滋病前期。这是指潜伏期后开始出现与艾滋病有关的症状和体征，直至发展成典型的艾滋病的一段时间。这时，病人已具备了艾滋病的最基本特点，即细胞免疫缺陷，只是症状较轻而已。主要的临床表现有：

第一，淋巴结肿大。这是此阶段最主要的临床表现之一，主要是浅表淋巴结肿大。发生的部位多见于头颈部、腋窝、腹股沟、颈后、耳前、耳后、股淋巴结、颌下淋巴结等。

第二，全身症状。病人常有病毒性疾病的全身不适、肌肉疼痛等症状。约50%的病人有疲倦无力及周期性低热，常持续数月。

第三，各种感染。患者经常出现各种特殊性或复发性的非致命性感染。反复感染会加速病情的发展，使疾病进入典型的艾滋病期。此外，口腔会出现毛状白斑，毛状白斑的存在是早期诊断艾滋病的重要依据。

（4）典型的艾滋病期。这是艾滋病病毒感染的最终阶段。此阶段具有三个基本特点：严重的细胞免疫缺陷；发生各种致命性感染；产生各种恶性肿瘤。

艾滋病的终期，免疫功能全面崩溃，病人出现各种严重的综合病症，直至死亡。确诊艾滋病不能光靠临床表现，最重要的根据是检查者的血液检测是否为 HIV 阳性结果，所以怀疑自身感染 HIV 后应当及时到当地的卫生检疫部门做检查，千万不要自己乱下诊断。

二、艾滋病的传播途径

艾滋病主要是通过性行为、体液而传播。这些体液主要有精液、血液、阴道分泌物、乳汁、脑脊液等。

（一）性交传播

艾滋病病毒可通过性交传播。生殖器患有性病（如梅毒、淋病、尖锐湿疣）或溃疡时，会增加感染病毒的危险。艾滋病病毒感染者的精液或阴道分泌物中有大量的病毒，通过肛门性交、阴道性交，就会传播病毒。一般来说，接受肛交的人被感染的可能非常大。因为肛门的内部结构比较薄弱，直肠的肠壁较阴道壁更容易破损，精液里面的病毒就可能通过这些小伤口，进入未感染者体内繁殖。这就是男同性恋比女同性恋者更加容易得艾滋病的原因。这也是艾滋病最初被有些人误认为是同性恋特有的疾病的原因。

（二）血液传播

如果血液里有艾滋病病毒，接受输血者将会被感染。有些病人（例如血友病）需要注射由血液中提取的某些成分制成的生物制品，如果该制品含有艾滋病病毒，该病人就可能被感染。但这并不是说使用血液制品就有可能感染上 HIV。随着全世界对艾滋病的认识逐渐加深，基本上所有的血液制品都必须经过艾滋病病毒的检验，特别是发达国家的血液制品中含有艾滋病病毒的可能性几乎是零。

（三）共用针具传播

使用不洁针具可以使艾滋病病毒从一个人身上传给另一个人。例如，静脉注射吸毒者共用针具，医院里重复使用针具、输液管等。不光是艾滋病病毒，其他疾病也可能通过针具传播。另外，使用被血液污染而又未经严格消毒的注射器、针灸针、拔牙工具，都是十分危险的。所以在有些西方国家，政府还有专门给吸毒者发放免费针具的部门，就是为了防止艾滋病的传播。

（四）母婴传播

如果母亲是艾滋病感染者，那么她很有可能会在怀孕、分娩过程中或是通过母乳喂养使孩子受到感染。但是，如果母亲在怀孕期间，服用抗艾滋病的药品，婴儿感染艾滋病病毒的可能性就会降低很多，甚至完全健康。有艾滋病病毒的母亲绝对不可以用自己的乳汁喂养孩子。

唾液传播艾滋病病毒的可能性非常小，所以一般接吻是不会传播的。但是如果健康的一方口腔内有伤口或者破裂的地方，同时艾滋病病人口内也有破裂的地方，双方接吻，艾滋病病毒就有可能通过血液而传染。汗液是不会传播艾滋病病毒的。艾滋病病人接触过的物体也不能传播艾滋病病毒。但是艾滋病病人用过的剃刀、牙刷等，可能有少量艾滋病病人的血液；毛巾上可能有精液。如果和病人共用个人卫生用品，就可能被传染。因为性乱交而得艾滋病的病人往往还有其他性病，如果和他们共用个人卫生用品，即使不感染艾滋病，也可能感染其他疾病。所以不应该和别人共用个人卫生用品。

一般的接触并不能传染艾滋病，所以艾滋病患者在生活当中不应受到歧视，如共同进餐、握手等都不会传染艾滋病。艾滋病病人吃过的菜、喝过的汤是不会传染艾滋病病毒的。艾滋病病毒非常脆弱，如果离开人体，暴露在空气中，没有几分钟就会死亡。艾滋病虽然很可怕，但该病毒的传播力并不是很强，它不会通过人们日常的活动来传播。也就是说，人们不会经接吻，握手，拥抱，共餐，共用办公用品、厕所、游泳池、电话和打喷嚏等而被感染，甚至照料艾滋病病毒感染者或艾滋病患者都没有关系。

蚊虫的叮咬可能传播其他疾病（如黄热病、疟疾等），但是不会传播艾滋病病毒。蚊子传播疟疾是因为疟原虫进入蚊子体内并大量繁殖，带有疟原虫的蚊子再叮咬其他人时，便会把疟原虫注入另一个人的身体中，令被叮者感染。蚊虫叮咬一个人的时候，并不会将自己或者前面那个被吸过血的人的血液注入人身上。它们只会将自己的唾液注入，这样可以防止此人的血液发生自然凝固。蚊子的唾液中并没有艾滋病病毒。除器上仅沾有极少量的血，病毒的数量极少，不足以令下一个被叮者受到感染。另外，艾滋病病毒在昆虫体内只会生存很短的时间，不会在昆虫体内不断繁殖。昆虫本身也不会得艾滋病。

三、远离艾滋病

大学生要做到以下几点，让自己远离艾滋病：

（1）树立健康积极的恋爱、婚姻、家庭及性观念是预防和控制艾滋病、性病传播的治本之路。性自由的生活方式、婚前和婚外性行为是艾滋病、性病得以迅速传播的温床。卖淫、嫖娼等活动是艾滋病、性病传播的重要渠道。年轻人要学会克制性冲动，过早的性关系不仅会伤害爱情，也会对身心健康产生不良影响。

（2）正确使用质量合格的避孕套不仅可以避孕，还可以有效减少感染艾滋病、性病的危险。除了正确使用避孕套，其他避孕措施都不能预防艾滋病、性病。男性感染者将艾滋病传给女性的危险明显高于女性感染者传给男性的危险。女方有权主动要求男性在性交时使用避孕套。

（3）共用注射器吸毒是艾滋病传播的重要途径，因此要拒绝毒品，珍爱生命。吸毒是一种违法行为，不仅严重危害吸毒者自己的健康和生命，也危害家庭和社会。远离毒品可以最大限度地避免因吸毒感染艾滋病。与他人共用注射器吸毒的人感染艾滋病的概率特别大。

第四节　戒除酗酒、抽烟

一、酗酒

大学生酗酒和吸烟已成为全球性问题，全世界对此高度重视。在我国，由于中学阶段受到家长的严格监督和学校的纪律约束，还面临升学的巨大压力，中学生酗酒和吸烟的比例相对较低。一旦进入大学，随着交往范围的扩大，社会活动自由度的增加，大学生酗酒和吸烟的比例也随之迅速提高。

（一）酗酒的危害

酗酒是以牺牲健康为重大代价的。酒精可以刺激垂体分泌激素，加快细胞分裂的速度，增加癌症发生的易感性。长期大量饮用烈性酒可以诱发气管癌、肝癌、口腔癌、乳腺癌、胃癌、肠癌等。女性饮酒者乳腺癌发病率比不饮酒的女性高一两倍。长期饮酒会造成酒精性肝硬化，而肝硬化是肝癌的发病基础。如果既大量吸烟又大量饮酒，患癌症的危险性则增加四十余倍。酗酒还会造成维生素 B_1、维生素 B_6 和叶酸的缺乏，而维生素 B_6 和叶酸对人体是至关重要的。

调查发现，高校有1/4以上的学生喝酒，不少大学生以在不同的聚会上喝酒来表现自己。虽然国家教育行政管理部门明文禁止大学生在校园喝酒，但是在一些高校中，大学生喝酒之风却很盛行。除了节假日外，一些学生有事无事便找借口聚餐喝酒，同学生日要请客，拿了奖学金要请客，当了学生干部要请客，找到好工作更要请客，等等。在这些高校，烟不离手、酒不离口的"烟鬼""酒神"，与深入社会实践的大学生志愿者和校园中孜孜不倦、埋头苦读的学子，形成了鲜明的对照。

【案例】国庆佳节，刚刚考上某高校医学院的刘某，兴冲冲地赶到中学同学李某处参加聚会。晚上，两人把酒忆及中学时光，不禁豪情与酒量俱增，一直喝到深夜。一来二去，刘某大醉，突然瘫坐在地，神志不清。李某慌忙找来同学将刘某送进医院救治。此时，刘某已出现深度酒精中毒典型症状，情况十分危急。值班医生不得已用血透方法进行抢救。第二天下午，被救治过来的刘某才被老师领回了学校。

酗酒会给大学生带来哪些危害呢？

（1）酗酒伤害身体。过量饮酒，酒精会不同程度地造成心率加快、神志不清、控制力减弱、动作不协调，或出现疲劳、恶心、头痛、呕吐现象，严重的还会发生酒精中毒而危及生命。因此，我们应该远离酒精，尽量减少它对健康的危害。

由于大学生属于低消费群体，他们常挑选低价位的酒，有的甚至喝劣质酒和假酒，这对于身体的伤害更是可想而知。据一些医院急诊室反映，在接待大学生急诊求治中，因酗酒被送进急诊室的已占相当大的比重。

【案例】1999 年 12 月份，某高校一研究生在宿舍死亡。其家属要求公安机关查明原因。公安机关侦察后排除了他杀和自杀的可能，后经病理解剖查明，该生因乙醇中毒而死。因喝酒丧命，实在不值得。

（2）酗酒影响大学生的良好社会形象，并会带来不必要的经济开支。酗酒后的学生，常常在学校外骂街、在校园内撒野。人们很难把大学生的形象与醉汉联系在一起，也很难想象一个醉汉还能潜心钻研什么学问。研究表明，醉酒的程度同智力恢复所需的时间大体成正比。在如今这个信息时代，一个经常醉酒的人在工作和学习上的损失相当大。同时，作为纯消费群体，大学生经常喝酒势必会给家庭造成额外的经济负担。

（3）酗酒容易引发校园暴力事件。酗酒后，一种原始冲动使不少人变得野蛮、愚昧、粗暴、异常兴奋。人在这种失去理智的状态下很容易与周围的人发生冲突，如打架斗殴、寻衅滋事、伤害他人或者酿成一些莫名其妙的破坏行动。目前，酗酒已成为大学生恶性斗殴事件的主要原因之一，甚至个别高校学生的斗殴事件有 50% 以上为酗酒所致。一些辅导员反映，有的学生平时彬彬有礼，一旦酒杯在手就难以自控，醉酒后变得蛮横无理，打打砸砸，酒醒后又后悔不已。我国有关法律规定，醉酒的人违法犯罪应负相应的法律责任。

【案例】2004 年 3 月的一天，马某等 4 名学生到校外餐馆喝酒。马某醉酒后，无故侮辱个体餐馆女老板，导致双方发生争吵。马某在醉酒情况下，殴打女老板致使其受到人身伤害，被公安机关追究法律责任。

正因为饮酒有上述危害，为了保证同学们的健康成长，维护正常校园秩序，国家教委明文规定校园里不准经营烈性酒，学生守则也有严禁酗酒的条文。

（二）急性酒精中毒的急救

急性酒精中毒可分为三个阶段。

第一阶段：兴奋期，表现为眼部充血、颜色潮红、头晕、人有欢快感、言语增多、自控力减低。

第二阶段：共济失调期，表现为动作不协调、步态不稳、身体失去平衡。

第三阶段：昏睡期，表现为沉睡不醒、颜色苍白、皮肤湿冷、口唇微紫、甚至陷入深度昏迷，以至呼吸麻痹而死亡。

中轻度酒精中毒比较常见，很多人习以为常，并没有特别去关注，然而因饮酒过量而导致死亡的情况也时有发生。所以无论是轻度还是重度酒精中毒都应引起重视，及时进行急救，以免影响健康。

中、轻度醉酒者：首先要制止他再继续饮酒，可让其静卧，最好是侧卧，以防吸入性肺炎；注意保暖；可适当吃些水果解救，如葡萄、西瓜、橘子等；治疗可用柑橘皮适量，焙干，研成细末，加入食盐少许，温开水送服，或绿豆 50 ～ 100 克，熬汤饮服。

重度酒精中毒者：催吐是最常用也是最有效的办法，可以用刺激咽喉的办法（如用筷子等）引起呕吐反射，将酒等胃内容物尽快呕吐出来，再用 1% 碳酸氢钠（小苏打）溶液洗胃。然后要安排其卧床休息，注意保暖，注意避免呕吐物阻塞呼吸道；观察呼吸和脉搏的情况，如无特殊情况，一觉醒来即可自行康复。

二、抽烟

（一）大学生抽烟的成因和现状

为了解大学生吸烟状况及其危害程度，某报刊对山东省部分高校进行了调查、分析，结果发现大学毕业生与大学新生的吸烟率分别为 42.57% 和 19.65%，表明在大学阶段开始吸烟的人数呈上升趋势。大学生吸烟的原因有他人递烟难以拒绝、熬夜、失眠、好奇等。吸烟与不良行为、心理障碍、学习成绩有很明显的关系。大部分学生是先发生吸烟行为，后出现学习成绩下降、违纪及旷课，这可能与吸烟后出现脑血管痉挛、血氧含量下降、影响脑细胞代谢，久之使记忆力及逻辑思维能力下降有关。同时，吸烟可能在某种程度上改变人的社交范围，使其兴趣转移而出现学习成绩下降。少部分人则先是由于心理不健康等原因导致学习成绩下降，产生焦虑、烦躁情绪，而后以吸烟排解焦虑、烦恼。在部分学生中，吸烟、有各种不良行为、出现心理障碍、学习成绩下降等几方面呈恶性循环状态。

（1）好奇模仿的心理。刚刚进入大学的学生，往往在心理上产生已经成人的感觉，觉得自己已经不再是小孩子了，同时对各种新鲜事物充满好奇心，凡事都想试一试。不少吸烟的家长从未重视自身的行为给孩子们带来的影响，无意中轻率地流露出"成年才可以吸烟"的思想，导致不少大学生把吸烟当作成熟的标志，开始模仿成年人吸烟。还有不少大学生是在同学的影响下开始吸烟的。

（2）交往心理。在当前社会风气影响下，大学生有了交往心理，有时为了办事顺利，联络感情，以烟引路。如某大学调查表明，男生间相互递烟已成为习惯，无论路遇，还是同学串门互访，总离不开香烟来沟通。甚至有的学生在竞聘竞选、评优评先等方面都离不开"香烟开路"。不少同学认为："烟可以使人产生亲近感，减少陌生感，提高办事效率。"

可见，烟已成为部分大学生人际交往的黏合剂。

（3）爱慕虚荣的心理。一些大学生崇拜影视作品中明星的吸烟镜头，认为吸烟时髦、潇洒，盲目追求、模仿。有的女生说："男生抽烟的姿势好看，给人一种成熟洒脱的感觉。"不少男生在这种心理暗示、鼓励下，为赢得女生好感，便顾不得"抽坏身体抽臭嘴"了。

（4）消愁解闷的心理。大学生往往涉世不深，社会经验不足，但对社会往往又有着较高的期望值。面对纷繁复杂的世界，难免遭受各种心理挫折，出现心理失衡。而烟可暂时麻醉他们的神经，使他们暂时忘却不平衡的心理，获得短暂的快乐，即所谓"一抽解千愁"。正因为抽烟满足了他们消愁解闷的心理需要，所以不少大学生在心理受挫时特别钟爱抽烟。

（二）抽烟的危害

烟草中含有大量的有害物质。烟草燃烧时产生的烟气中，大约有一千多种对人体有害的成分，其中尼古丁的危害最大，它可以使心跳加速，血压升高。吸烟容易使人患肺癌、胃癌、食道癌等。吸烟可使活化的免疫细胞和淋巴细胞明显减少，使免疫力下降。烟草烟雾中的焦油沉积在肺部绒毛，使吸烟者的支气管发生慢性病变，易患上气管炎、肺气肿、肺心病等。香烟中的一氧化碳使血液中的氧气含量减少，造成高血压等疾病。吸烟使冠状动脉血管收缩，使供血量减少或阻塞，造成心肌梗死。吸烟可使肾上腺素增加，引起心跳加快，心跳负荷超重，影响血液循环，易导致高血压、心脏病、中风等。吸烟还会使人的注意力受到影响。世界上每年约有 250 万人死于和吸烟有关的疾病。每 13 秒就有一个人被烟草夺去宝贵的生命。而且吸烟使周围的人被烟气感染不得不"被动吸烟"，严重损害他人健康。

在加强对大学生吸烟的正确引导和教育的同时，教师和家长们也要以身作则，首先自己要戒烟，因为吸烟会影响到个人的形象（牙齿变黄、变黑，手指甲变黄等），然后再告诫身边的人不要吸烟。只有这样，才能为大学生们创造一个有利于身心健康的清新环境。

俗话说：不以规矩，不成方圆。同学们应见贤思齐，认真学习和实践日常行为规范，明辨是非美丑，"勿以善小而不为，勿以恶小而为之"，遵守校规校纪，养成良好的习惯，加强自身修养，为班级添彩，为学校增光，成为文明的大学生。

第五节　生活中的急救

急救是自我保健和互救的应急措施，特别是在无医疗条件的环境中很实用，故特作要点介绍。

一、重要生命体征

（一）体温

腋窝下测量 3 ~ 5 分钟，37℃为平均正常体温，口温比腋温高 0.5℃，肛温比腋温高 0.5℃。

因每个人体温差异很大，有的人虽没到 37℃，但一天中温度波动 1℃ 以上可称为发热。体温为 37.3℃ ~ 38℃ 称低热；38.1℃ ~ 39℃ 称中度发热；39.1℃ ~ 41℃ 称高热；41℃ 以上称超高热。体温在 35℃ 以下不再上升称体温不升，是病情危重的体征。

（二）脉搏

正常人安静状态下脉搏次数为 60 次 / 分 ~ 100 次 / 分。体温升高 1℃，脉搏每分钟可增加 10 次左右。正常脉率和心率相同。脉节律不齐者要听心率及心跳的节律，这些在诊断心血管疾病时是重要体征。脉搏测不到时不一定是心跳停止，应立即测颈部或者腹股沟部大动脉，或心脏听诊。准确的检测须使用心电图仪。

（三）呼吸

正常人平静状态下呼吸为 16 次 / 分 ~ 20 次 / 分，呼吸与脉搏之比为 1 ∶ 4，呼吸过频或过缓、呼吸过深或过浅、呼吸困难等都提示病理体征，特别是出现呼吸节律不齐并呈周期性呼吸暂停现象，是生命垂危的表现。

（四）血压

我国正常人安静状态时的血压是 90/60 mmHg ~ 130/85 mmHg。随着年龄增高，血压逐渐升高。如果血压高于 140/90 mmHg 或舒张压达到或者大于 90 mmHg，则称高血压。血压过低可引起组织供血灌注不足。因此，血压过高或过低是观察疾病状况的重要依据之一。

（五）瞳孔

在眼睛的角膜后中央处有一圆形小孔称瞳孔。正常瞳孔的大小随外界光线的强弱而改变，而且双侧瞳孔等大等圆，亮光照一侧瞳孔时双侧瞳孔同时缩小，停照后同时恢复原状，此现象称瞳孔对光反应正常。双侧瞳孔不等大不等圆，边缘不整或散大都是病变现象。人在死亡后瞳孔散大或缩小，对光反应消失，角膜混浊。因此，急救时务必随时观察瞳孔。

二、骨折急救措施

（一）骨折的局部症状和体征

（1）疼痛。骨折疼痛随部位及程度而异，活动部位骨折或骨折错位明显者疼痛剧烈，严重者可出现休克。一般常根据疼痛点判断骨折部位。

（2）肿胀、畸形。骨折后局部很快就可发生组织肿胀，骨折端错位后可产生明显畸形。

（3）骨擦音。骨折端在移动时相互摩擦所发出的声音称为骨擦音，它是诊断骨折的可靠依据之一。但切忌自行测试骨擦音，以免加重组织损害。

（4）技能障碍。由于骨折失去原有的支撑、旋转的功能，有时还可形成假关节，出现异常活动。疼痛可以使机体呈保护性姿态，肢体活动功能受到限制，关节部位骨折更为严重。

骨折的局部症状和体征是诊断骨折的重要依据。开放性骨折和畸形明显者，诊断不困难，但对不完全骨折或小骨折，常需借助 X 射线摄片协助诊断。但只要怀疑有骨折，就要按骨折来急救处理。

（二）骨折的急救处理

（1）一般处理。首先将病人救离受伤现场，创伤严重及多发性骨折的病人，要注意防止休克。单纯闭合性骨折，不必脱去衣服、鞋袜等进行检查，以免增加病人的痛苦。对于移位显著、畸形明显、骨折端有可能穿破皮肤、损伤血管神经者，应将其受伤肢体牵直并予以适当的固定。

（2）止血和包扎伤口。一般伤口通过局部加压包扎即可达到止血目的。若大血管损伤应使用止血带止血。

（3）临时固定。固定的目的是减轻骨折端活动所引起的疼痛，避免其对周围重要组织的损伤，便于输送。固定最好用特质的夹板，但在现场则应就地取材，如木板、竹棍、树枝、硬纸板等均可用做临时固定物；也可将受伤的上肢绑在胸部，或将受伤的下肢与健康下肢捆绑在一起，达到固定患肢的作用。

（4）迅速转送。经上述处理后应立即将病人转送至附近医院，以便作进一步处置。

三、出血急救及止血措施

出血有内外之分。内出血只能送往医院救治，外出血常一望即知，诊断容易，在日常生活中经常遇到。一般出血量在 500 毫升以内对人体影响不大，若几分钟内失血达 1000 毫升就可危及生命。因此，现场急救止血对生命至关重要。常用的止血方法有三种。

（一）直接压迫止血法

直接压迫止血法是最常用的一种止血方法，绝大多数外出血都可用此方法达到止血目的。现场急救可用清洁的毛巾、手帕或衣服代替敷料，直接按压在出血部位。较小的出血数分钟以后便能止住，较大的出血可起到减少出血量的作用，为使用其他止血方法创造条件。

（二）指压止血法

指压止血法是一种简单易行而有效的临时止血法，多用于头颈部及四肢的出血。方法是在出血端用手指将血管压在骨骼上达到止血目的，它要求熟悉一些压迫点。针对不同部位出血，常用的压迫点有：

（1）头部出血压迫：在耳前对准下颌关节上方，压迫颞浅动脉。

（2）颜面部出血压迫：在下颌角外，将面动脉压在下颅骨上。

（3）手指出血压迫：在手指根部，将指动脉压在指骨上。

（4）前臂出血压迫：在上臂内侧中点，将肱动脉压在肱骨上。

（5）肩部、腋窝、侧胸、上臂出血压迫：在锁骨上凹，将锁骨下动脉向下压于第一肋骨上。

（6）下肢出血压迫：在腹股沟中点稍下方，将股动脉用力压在股骨上。

（7）足背部出血压迫：用两手拇指分别压于足背动脉和内踝后的胫后动脉上。

（三）止血带止血法

止血带止血法适用于四肢大出血，但在应用时必须掌握下列原则：

（1）利用胶皮管、胶皮带或缠绕毛巾作为止血带。与皮肤接触，可用衣服、毛巾等作为衬垫。

（2）缚扎部位要尽可能靠近伤口。

（3）缚扎止血带的伤员，须在明显部位注明止血带缚扎的时间。

（4）上止血带的时间越短越好。上肢每隔半小时，下肢每隔一小时放松一次。若出血已停，则解下止血带。若出血未止，可局部压迫3～5分钟后再扎上，以免因局部出血过久导致神经损伤和肢体坏死。

四、颅脑外伤的急救措施

颅脑外伤的急救应在现场立即开始进行，同时迅速将伤员送到医院。

（1）保持呼吸道通畅。重症颅脑损伤的病人常处于深度昏迷状态，一切反应消失，呼吸道内分泌物、呕吐物、异常物等均不能自行排出，易引起窒息。呼吸道不通畅也可因缺氧加重脑损伤。急救时应立即清除口腔异物，牵出舌头，头偏向一侧，以利于呼吸道通畅，条件允许可行气管切开术。

（2）止血。头皮出血多来源于额动脉、颞浅动脉和枕动脉，可应用指压法或临时加压包扎止血。如果是颅内出血流于头颅外，只可暂时加压包扎，并将病人头置于高处，以便减少出血。特别要注意由于颅底骨折而出现的耳、鼻道出血或脑脊液外漏，不可轻易堵塞止血，以防引起颅内感染。

（3）伤口处理。一般颅脑损伤病人伤口局部不作更多的处理，仅用清洁敷料包扎即可。需远途转送的病人应剃除头发，以生理盐水冲洗伤口，除去异物并消毒周围皮肤，再用清洁敷料包扎。

（4）迅速转送。颅脑外伤病员伤情严重，并发症多，应尽快转送到有条件的医院治疗。

五、电损伤的急救措施

电损伤俗称触电，是指一定量电流通过人体后引起的损害或功能障碍，严重者可造成死亡。

（一）表现症状

局部表现有不同程度的烧伤、出血、焦黑等现象，或出现全身机能障碍，如休克、呼吸心跳停止。致死原因是由于电流引起脑（延髓的呼吸中枢）的高度抑制及心肌的抑制，心室纤维性颤动。触电后的损伤与电压、电流以及导体接触体表的情况有关。电压高、电流强、电阻小而体表潮湿，易致死。如果电流仅从一侧肢体或体表传导入地，或肢体干燥、电阻大，可能引起烧伤而未必死亡。

（二）现场急救方法

（1）立即切断电源。若电源开关不在身边时，可用不导电物体（如干燥木棒、竹竿等）挑开电线或戴绝缘橡皮手套拉开伤员，切不可直接拖拉伤员或用非绝缘物品触及电线，以防救护者自己触电。

（2）就地抢救。迅速将伤员移至通风处，松解衣扣。若呼吸停止或呼吸微弱不规则，立即进行人工呼吸。心跳停止时，立即进行胸外心脏按压、输氧，并急送医院救治，转送伤员途中急救也不可停止。

（三）预防措施

（1）熟悉电器常识，时刻注意用电安全。

（2）严格遵守操作规程，不能乱拉乱接电线，不可带电作业。

（3）未了解其性能的电器设备，不随便启用，定期检查维修电器设备。

（4）切忌用手触摸裸露的供电导线，不能在通电的电线上晒衣物，不能接触断落的电线。

（5）雷雨天不要站在高墙上、树木下、电杆旁或天线附近。

第八章 网络安全

【学习目标】

（1）了解网络交友存在的各种风险。

（2）了解预防购物陷阱的方法。

（3）了解网络陷阱的种类，并掌握应对措施。

（4）掌握网络成瘾的预防和纠正方法。

（5）了解加强网络素质教育的具体内容。

【案例】一高校女生暑期在网络上认识了一位男青年，几次聊天后对方要求视频聊天。该女生没考虑太多就答应了。随后对方为了寻求刺激，要求女生以内衣秀视频聊天。女生在不知道对方实际背景的情况下不假思索地照办了。该男青年利用视频拍照并保存了所有图片。近日，该男青年再次和女生取得联系，要求女生将更暴露的照片传给他，否则，要将以前拍摄的内衣秀照片上传到网上。该女生这时才意识到事情的严重性，于是向公安机关报了案。

这是一个网络的时代，网络已经成为我们生活中不可或缺的一部分。我们可以利用MOOC、微课进行在线学习，可以利用 E-mail、QQ、微信等网络通信工具与世界各地的亲人、朋友进行沟通交流，可以绑定银行卡、支付宝轻松在线购物。与此同时，大学生对互联网的热衷度和依赖性日趋加强。如何使大学生正确地认识和使用网络，防范网络可能带来的危害，已成为当务之急。

第一节　网络交友

一项调查表明，大学生上网主要用于聊天者占 34%，大部分学生沉迷于聊天室，利用各类聊天工具与网友聊天。网上谈情说爱已成为大学生热衷的时尚，但网络爱情的成功率低得可怜。相反，正是网络的虚拟性，使其成为滋生犯罪的温床，一些不法分子利用网络进行"骗财""骗色"的事件屡见不鲜。

【案例】某高校一女生在网络上认识了一名男青年，双方谈得很是投机，于是约定见面。随后女生将该男青年带至家中。但不久后该女生不想再和该男青年继续交往，但该男青年不愿断绝往来，经常打电话或发短信给该女生，多次到该女生家中、学校找她，甚至威胁、恐吓她。该女生在精神上承受着很大的压力。

大学生上网交友一定要谨慎，保持一定的警觉心和敏锐的观察力，预防网络交友里任何可能存在的陷阱与危机。有的网站打着交友的幌子，却从事着黄色交易，如果觉得不对劲马上离开为妙，切莫好奇心重，登录那些收费离谱的色情交友网站。在自己的个人资料、微博或微信里，或是给他人的留言里，不要随意公布自己的真实姓名、电子邮件、家庭地址、电话号码、学校名称和其他任何跟个人身份有关的隐私资料。否则，如果碰到一些存心不良和别有用心的网友，个人的日常学习、生活将受到很大的影响。

网友见面，安全是第一位的。如果网友要求见面的话，在互相不太了解的情况之下最好是拒绝，毕竟虚拟世界与现实世界差距较大。如果在网络上大家已经建立了深厚的友谊，认为可以在现实生活中见面的话，一定要在一个安全的公共场所见面，最好能带好友一同前往。同时谨防一些网友利用见面的机会骗你加入传销组织。会见网友时，不要以可能让对方误解的方式表现自己，比如交换照片时采取欺骗手段或虚构自己的故事，这样只会给以后的交往带来麻烦。

【案例】现年 25 岁的路某去年刚刚大学毕业，一直未找到心仪的工作。今年，他在网络聊天中与刘某相识，刘某声称工作好找，而且收入颇高。路某立即与刘某碰面。为断绝其与外界的联系，刘某将路某的手机"借走"，随后带其到一间隐秘的屋子里听课。经过一番"洗脑"后，路某深信不疑地走上了传销道路。当晚 10 点左右，路某与自己刚刚发展的"下线"听完课后往住处赶，被正在巡逻的民警逮了个正着，经过盘查，路某最终坦白了一切。

要特别强调的是，在校的女大学生不要一个人盲目到外地见从未谋面的网友。假如你一定要去外地见网友，切记：

（1）第一次见面不要超过 30 分钟；

（2）如果住旅馆不要让对方在自己的住处以任何借口逗留；

（3）不要去对方家里或者对方推荐的私人场所居住；

（4）随时与父母、家人、老师或同学保持电话或者短信联系，特殊情况要及时报告，保护好自己的人身和财产安全。

【案例】"那一晚实在太可怕了！"某大三女生小李自称，那晚她跟网友见面时，险些被对方强奸。小李是某大学大三的学生。一个认识已3年的网友赵某与她在QQ上聊天，称可以为她找工作提供建议。小李听说对方可以帮自己找工作，便与其约定见个面。某晚9点多，赵某给小李打电话要求见面。小李觉得天太晚，建议改天再见面。但赵某说自己打车来的，就在学校门口，小李便没好意思拒绝。见面后，赵某建议两人到他的住所。考虑到其住所就在不远处，小李就答应了。接下来的一段经历简直就是小李的噩梦。赵某随即将她拖进卧室，强脱她的衣服。小李拼命挣扎，扭打中挣脱出一只手抓起一个啤酒瓶。但赵某伸手和她抢酒瓶。争抢中小李左手手指划破，血瞬间就染红了手。赵某看到血后懵了几秒，小李趁机夺门而出，一边下楼一边报警。

此外，在聊天室聊天时，不要轻易点击来历不明的网址链接或来历不明的文件，这些链接或文件一般会携带聊天室炸弹、逻辑炸弹，或带有攻击性质的黑客软件，造成强行关闭聊天室、系统崩溃或被植入木马程序。

第二节　网络购物

网上购物正在快速发展。网民和商家以互联网为平台，各取所需，共同获益。对于消费者来说，网上购物有其自身的优势，比如，可以在家"逛商店"，订货不受时间的限制；获得较大量的商品信息，可以买到当地没有的商品；网上支付一般较传统的现金支付更加安全，可避免现金丢失或遭到抢劫；从订货、买货到货物上门无须亲临现场，既省时又省力；由于网上商品省去了租店面、招雇员及储存保管等一系列费用，总的来说其价格较一般商场的同类商品更便宜。

中国互联网信息中心的报告显示，目前网络购物用户人数快速增长，且学历越高者，网上购物比例越高，大学生已经成为网上购物的主要群体。

一、网络购物常见的安全问题

（1）低价诱惑。在网站上，如果产品以市场价的半价甚至更低的价格出现，这时大家就要提高警惕性，想想为什么它会这么便宜，特别是名牌产品，因为知名品牌产品除了二手货或次品货，正规渠道进货价是不可能和市场价相差那么大的。

（2）高额奖品。有些不法网站，往往利用巨额奖金或奖品诱惑吸引消费者浏览网站，并购买其名不副实的产品。

（3）虚假广告。有些网站提供的产品说明夸大其词甚至虚假宣传，消费者点击进入之后，购买到的实物与网上看到的样品不一致。在许多投诉案例中，消费者都反映货到后与样品不相符。有的网上商店把钱骗到手后把服务器关掉，然后再开一个新的网店故技重施。

（4）设置格式条款。买货容易退货难，一些网站的购买合同采取格式化条款，对网上售出的商品不承担"三包"责任、没有退换货说明。等消费者购买了质量不好的产品，想换货或者维修时，就无计可施了。

二、如何预防购物陷阱

【案例】某校女生小郑准备在淘宝网上购买移动充值卡，看到一家店铺标有"100元充值卡卖90元"的信息后，她立即通过淘宝旺旺联系上店主。随后，店主给了她一个网页的链接。店主告诉她，这个网页是卡盟销售商城的网页，他们都是从这里提货，需要小郑在上面花一角钱注册，就能买到便宜的充值卡了。小郑点开网页，页面显示为淘宝支付宝，她输入银行卡号和淘宝旺旺号，点击确定后，网页却提醒她：系统错误、口令错误。小郑询问店主，店主说目前系统正在维护，可能出现问题，让她再多试几遍。随后，小郑又试了4次，依然"出错"。她感觉不对劲，查询卡内余额，发现少了5 000元。

网上购物与现实中的购物存在着许多不同的地方，因此选择店铺、挑选商品、选择支付方式等都是十分关键的。网络购物消费者必须注意以下几点：

（1）网上购物时，交易前要尽可能多地了解对方的真实身份、信用状况、履约能力等交易信息，可以要求对方告知或向交易服务提供者询问，必要时也可以向有关管理、服务机构查询。

（2）如果有可能要及时索取卖方的营业执照和特殊业务许可证照的有关信息、实体经营地址和真实有效的联系方式。如果对方拒绝提供基本身份信息，买方要谨慎对待，慎重交易，警惕和防范利用网上交易进行欺诈的行为。

（3）签订网络购物合同要严谨，消费者要仔细阅读合同条款，谨慎操作。

（4）交款时，选择网上支付方式的，要通过安全可靠的支付平台进行，及时保存支付信息，增强网上支付的安全意识；进行网下支付的，要充分考虑货到付款、预付货款等方式的特点，注意资金的使用安全。

（5）消费者要尽量保存网上交易记录，以作为纠纷处理、投诉举报时的证据。大宗商品、贵重商品与重要服务的交易，可以生成必要的书面文件或采取其他合理措施留存交易记录。

（6）为保障消费者合法权益，应要求卖方提供发票作后续质量服务的凭证。

第三节　网络信息安全

随着社会经济和科学技术的发展，网络已成为大众化的工具，其普及的同时也让很多人录入了很多个人的隐私。因此，网络的安全性问题已不再是对网络运行的保护，更重要的是对网络信息安全的保护。

网络安全的基本定义为网络上的信息安全，涉及的领域很广。网络安全是指网络系统的硬件、软件及其系统中的数据受到保护，不因为偶然的或者恶意的原因而遭到破坏、更改、泄露，系统连续可靠正常地运行，网络服务不中断。

网络安全的内容包括网络实体的安全、软件安全、数据安全、安全管理、数据保密性、数据完整性、可用性、可审查性等八个方面。作为大学生，网络与我们息息相关。我们几乎每天都在接触网络，然而很大程度上虽然我们在用网络，但我们却没有很好地了解它，这在某种程度上导致了很多问题，例如对自己的隐私信息不注意保护、网络诈骗，等等。我们应加强对网络安全的学习，以便更加安全地使用它，而不仅仅只是按着提示操作。

一、网络陷阱的种类及应对措施

不可否认，互联网确实开阔了我们的视野、丰富了我们的生活，但是互联网上也存在着大量的陷阱。如果不能认识到这些陷阱的危害并预防它们，那么，互联网带给我们的恐怕不再是鲜花和美酒，而是财物的浪费、秘密的泄露，更有甚者会危及人身安全。

（一）病毒陷阱

病毒陷阱是网上最常见的一种陷阱。电脑病毒是一种经过恶意设计，能隐蔽运行和自我复制、具有破坏力和不良表现欲的计算机软件。它们在用户不注意的时候侵入计算机系统，破坏用户文件，窃取用户隐私，强迫用户浏览不良站点。互联网的广泛应用，使得病毒的制造和传播空前活跃，病毒和嵌入网页的恶意代码大量涌现。由于个人计算机系统的天生脆弱性与互联网的开放性，我们将不得不与病毒长久共存。

应对措施：对付病毒陷阱的最有效方法就是选择一个合适的在线杀毒软件，并随时升级它的病毒库；对可能带有恶意代码的不良网站保持警惕，在没有通过病毒检测前不要轻易打开来路不明的文件。

（二）色情陷阱

色情陷阱是互联网的一大毒害。目前出现了一种依托色情网站的恶意拨号软件，用户在浏览该网页时会受到诱惑而下载运行它，此时，配有"猫"（调制解调器）的电脑会自动拨打国际长途，给用户造成巨额话费损失。

应对措施：对付这类陷阱的最根本方法就是不去浏览色情网页，转移自己的注意力，如听听音乐、打打球等，使自己的兴趣逐渐转移到健康的活动上去。

（三）感情陷阱

感情陷阱是上过网的青年男女的困惑。不少人热衷于去聊天室找异性聊天，沉迷于精神恋爱之中。这不仅耗时劳神，而且还有一定的风险性。有人想把网上恋情向现实生活中扩展，然而现实大多不能如意。有心理变态者专门扮作异性去与同性谈情说爱，还有人通过网络搞爱情骗局，险象环生。

应对措施：对付这种陷阱，关键是要有定力，端正自己的上网观，不做有悖于道德和为人准则的事情。

（四）金钱陷阱

金钱陷阱是目前新产生的一种危害极大的网络陷阱，陷阱设计者的最终目的就是骗到钱，主要有这么几种方式：

（1）网络传销。交钱入会，靠发展下线赚钱，上线赚下线、下下线的钱。与传统传销相比，网络扩散范围更广、速度更快，而且传销的产品也不仅限于化妆品、药品等实物，还包括计算机软件、各种信息等。

（2）网上竞拍。此种骗术主要是找"托儿"或者自己哄抬拍品价格，以诱人上当，高价将拍品买走。国内目前还没有相应的法规对此种行为进行有效约束。如果你要参加商品或藏品竞拍的话，一定要了解拍品的价值及市场定位，千万不要在轮番叫价中上了拍主"托儿"的当。

（3）邮件行骗。网上"幸运邮件陷阱"的制造者常常转换地点，在网上发出无数的电子邮件，信中说："阁下收到的是幸运邮件，只要你按照信中的地址寄出小额幸运款，幸运则会降临，你将收到数以万计的汇款。如果你失去这次机会，噩运将会长久地追随……"如果你真信了这套胡诌，把钱寄了出去，那么你等到的只能是自己后悔莫及。

应对措施：对付这类陷阱就是不能贪图小便宜，不要轻易向个人或不知名的小型网站寄钱或者透露你的信用卡信息。

二、防止"黑客"攻击的十种办法

（1）要使用正版防病毒软件并且定期将其升级更新，这样可以防"黑客"程序侵入你的电脑系统。

（2）如果你使用数字用户专线或是电缆调制解调器连接互联网，就要安装防火墙软件，监视数据流动。要尽量选用最先进的防火墙软件。

（3）别按常规思维设置网络密码，要使用由数字、字母和汉字混排而成，令"黑客"难以破译的口令密码。另外，要经常性地变换自己的口令密码。

（4）对不同的网站和程序，要使用不同的口令密码，不要图省事使用统一的密码，以防止被"黑客"破译后产生"多米诺骨牌"效应。

（5）对来路不明的电子邮件或亲友电子邮件的附件或邮件列表要保持警惕，不要一收到就马上打开。要首先用杀病毒软件查杀，确定无病毒和"黑客"程序后再打开。

（6）要尽量使用最新版本的互联网浏览器软件、电子邮件软件和其他相关软件。

（7）下载软件要去声誉好的专业网站，既安全又能保证较快速度，不要去自己不了解其资质的网站。

（8）不要轻易给别人的网站留下你的电子身份资料，不要允许电子商务企业随意储存你的信用卡资料。

（9）只向有安全保证的网站发送个人信用卡资料，注意看浏览器底部是否显示的挂锁图标或钥匙形图标。

（10）要注意确认你要去的网站地址，注意输入的字母和标点符号的绝对正确，防止误入网上歧途，落入网络陷阱。

第四节　网络成瘾

一、网络成瘾的危害

随着信息技术的发展和完善，网络时代已经来临。作为互联网主要使用者的大学生不可避免地会受到网络信息的影响。由于自身缺少社会实践经验，在这个信息多元化的网络世界里，面对形形色色的新鲜事物，大学生们很容易失去自我，沉迷于网络之中，造成一系列危害。

（一）过分依赖网络，会造成身心的伤害

现在许多大学生的业余时间都用在操作电脑和到网上去"走走看看"，甚至有一部分学生完全沉溺在网络游戏中。他们在心理上对电脑和互联网产生了很强的依赖性，如同其他类型的成瘾症一样，他们沉陷于网络之中难以自拔，一旦离开，则会感到怅然若失、百无聊赖。特别是网络游戏和聊天具有很强的诱惑力，一旦沾上了很难自拔，有的学生甚至走上歧途。

【案例】成都某高校的一个大学生，有这样一张作息时间表：13:00，起床，吃中饭；14:00，去网吧玩网络游戏；17:00，在网吧叫外卖；通宵练级，第三天早上9:00回宿舍休息……这位大学生几乎把所有的空余时间都用来打游戏，并开始拒绝参加同学聚会和活动。大约两个月之后，他发现自己的思维跟不上同学的节奏，脑子里想的都是游戏里发生的事，遇到事情会首先用游戏中的规则来考虑。他开始感到不适应现实生活，陷入了深深的焦虑之中。

长时间上网，甚至占用必要的运动时间，会降低我们的健康水准。更可怕的是，科学研究表明：沉迷于网络游戏与沉迷于物质毒品对人的神经系统的损害极其相似。"包夜"（通宵上网）现在成了不少大学生每周必做的一件事情，每天早上都有大批学生从网吧走出来直接去学校上课。据医学调查表明，缺乏睡眠会导致食欲下降，身体免疫力下降，情感冷漠，心理活动异常，感知、记忆、思维、言语等各种反应能力显著下降的问题，甚至会威胁到生命。

【案例】2003年2月27日，武汉某大学大一学生唐某在上午的课程结束后，顾不上吃午饭，便和同学直奔校门外的一家网吧打游戏。连续上网5小时后，突感头疼，口吐白沫，继而昏迷，最终导致"脑死亡"而离开人世。

（二）自我约束能力和自控能力丧失，浪费宝贵的青春

沉迷于网络的人，很难约束和控制自己，他们被网络里的各类信息"牵引着"往前走，而至于究竟要走向何处、走下去有什么意义，却很难有心思去考虑。诺贝尔文学奖获得者多丽丝·莱辛说："网络给人们的思考能力带来极大影响，用其虚无引诱了整整一代人。

即使理性的人们认识到已经上钩，也难以自拔。"她的话发人深省。倘若一个人整天泡在网上，必然胸无大志、不思进取，只能是消磨人生宝贵的光阴，浪费自己的青春。

上网的同学们都会有这样的感受，刚开始上网的时候自己可以控制上网的时间，仍然可以正常地安排自己的生活，可是随着上网时间的增加，特别是有网络游戏的吸引和QQ网友的"招呼"，"下网"和"关闭电脑"的决定会让自己感到"力不从心"，上网的时间再也不能由自己来控制了。生活的重心也从日常的生活、学习、人际交往转移到网络的虚拟世界中去了。经常"泡网"的学生，大多性格内向、敏感、抑郁和缺乏社会交往，他们平时往往因缺乏自信而采取逃离现实的回避行为，网游、网聊给他们带来了一个"能够找到自我"的虚拟环境。然而网络毕竟有它的局限性，尤其是对外部客观世界的了解只是片面的，它只是一个虚拟的世界，谁也不可能只沉溺于其中而不食人间烟火，因为人终究是生活在真实的现实社会里。如果长期脱离现实，就没有了人与人之间那种真实的互动感觉，一旦进入现实社会就无法适应了。

2000年华东理工大学237名退学和留级生中，有80多人是因为无节制地沉迷于电脑游戏和看碟片造成的。2004年上海大学一次性退学的81名学生，都是因为网络游戏成瘾导致学业成绩大幅度下滑而退学的。另据《中国青年报》报道，在2005～2006学年，浙江大学有90名学生退学，其中60多人是因为网络成瘾所致，约占退学人数的70%。许多学生把网络作为逃避现实生活或消极情绪的工具，这样不仅荒废了自己的学业，同时也妨碍心理健康发展，导致人格不健全，阻碍自己在逐渐成长中走向独立与成熟。

（三）沉迷网络，会扰乱正常的学习生活

网络技术的迅猛发展，势必对社会生活的影响越来越大，这是一种不可逆转的趋势。但是我们大家是生活在一个现实的社会里，要进行正常的社会交往，学习科学知识，不断地充实自我。倘若一个人整天都想着网络上的事，在虚拟的世界里游荡，他的正常生活能不受影响吗？一个人的精力是有限的，每天将大量的时间和精力都耗费在网络上，就不可能有充沛的精力去上课学习，甚至个人的正常生活都难以维持。

（四）沉迷网络，可能会使人走上犯罪道路

有关机构公布的一项调查显示，上网的大学生中80%以上访问过色情网站，经常光顾者占12%。网络色情是导致大学生性犯罪的重要原因之一。

【案例】胡某曾是湖北某专科学校的一名优秀学生，来自农村。偶然一次趁同学不在寝室偷偷打开了电脑，突然弹出了一个色情网站，对"性"几乎一无所知的胡某当即感到面红耳赤，连忙拔掉电源。但他事后又禁不住好奇再次打开那个黄色网站。此后胡某经常趁同学不在偷上黄色网站，最终导致犯强奸罪而被判刑。

许多迷恋网络游戏的学生将家长给的生活费全部用来支付上网的费用和购买游戏中所需要的装备等，一旦没有钱以后就想尽一切办法向父母骗钱、找同学借钱，甚至去偷、去抢，走上犯罪道路，有的还会招来杀身之祸。洛阳一个网吧的老板，就因为三个学生连续玩了三天三夜，付不起费用，将他们全部杀害，手段残忍，骇人听闻。

二、网络成瘾的预防和纠正

如果你觉得网瘾太大，自己抵抗力太小，那么以下的三条具体建议，可以帮助你根治网络成瘾症：

（1）不要把上网作为逃避现实生活问题或者消除消极情绪的工具。实际上，上网逃脱不了现实，逃得过初一，逃不过十五。更重要的是，因为你的上网行为在不知不觉中已经得到了强化，网瘾加重。

（2）上网之前先定目标。每次花两分钟时间想一想你要上网干什么，把具体要完成的任务列在纸上。不要认为这个两分钟是多余的，它可以为你省 10 个两分钟，甚至 100 个两分钟。

（3）上网之前先限定时间。看一看你列在纸上的任务，用 1 分钟估计一下大概需要多长时间。假设你估计要用 40 分钟，那么把小闹钟定到 20 分钟，到时候看看你进展到哪里了。

总之，我们在享受高科技带来的便利时，不能忘记很重要的一个原则：网络的精彩绝伦、快速便捷以及其他的种种优点都不能完完全全地替代现实生活，网络生活只能作为现实生活的一部分。

第五节　加强网络素质教育

网络时代所构筑起的新的社会生活方式，对大学生的思想和行为产生了强烈的影响。但是，由于互联网的"虚拟"特性，现实世界中的法律、道德规范在这一全新社会空间中几乎无法发挥作用，而适应网络空间的新规则尚未有效建立，导致部分网民在思想上形成了网络是个"无规则、无道德的空间"的错觉，他们的网络行为规范意识淡薄、网络是非观念混乱，引发了大量网络失范行为。大学生的文化素质虽然总体上高于其他网民群体，但其人生观、世界观尚未定型，自律能力还不强，因此其网络失范行为不仅不比其他群体少，而且失范行为的智能化程度更高，手段方法的技术性更强，违法犯罪的后果也更严重。

所谓大学生网络失范行为是指大学生在使用网络的过程中表现出来的一切违反道德和违法犯罪的非理性行为，行为程度和性质从网络失德到网络违法直至犯罪。如滥用信息技术制造传播信息垃圾和计算机病毒；编造虚假信息对他人进行诽谤或制造社会混乱；利用网络进行欺诈、诈骗；浏览、下载、传播黄、赌、邪信息；窃取他人商业秘密或公开兜售、抄袭他人论文等智力成果，侵犯别人的知识产权；非法侵入、攻击或破坏他人的信息系统等。

更为严重的是，许多学生对上述行为缺乏最基本的是非认知和价值判断。比如在制造电脑病毒破坏他人电脑系统后还到处宣扬，以之为荣；有的学生破译他人密码，侵入他人网络后还要留下"到此一游"的标记以炫耀自己的"才华"；有相当数量的大学生对电脑"黑客"充满崇拜并渴望自己能成为"黑客"。正是在这种思想支配下，不少大学生走上了违法犯罪的道路。所以，大学生网民既可能是网络健康文化的主要创造力量，也可能是网络不良文化的制造者和受害者。

一、网络法制教育

我国自1987年以来先后制定了一批信息网络方面的法律、法规、规章,如《电子签名法》《计算机软件保护条例》《计算机信息安全保护条例》《出版管理条例》《计算机信息网络国际联网管理暂行规定》等。1997年修订的新《刑法》第285条至第287条还分别就侵入计算机系统,故意制作、传播计算机病毒等破坏程序和利用计算机实施金融诈骗、盗窃、贪污、挪用公款、窃取国家秘密或其他犯罪行为规定了相应的刑事责任。

2001年新修订的《著作权法》也对网络侵权问题做了相应的规定。相应的计算机犯罪、网上知识产权保护等法律法规进一步完善了网络行为规范。另外,公安部、信息产业部、新闻出版署等部委也分别就自己管辖范围内的有关事项制定了相应规定,如《计算机信息网络国际联网管理暂行规定实施办法》《计算机信息网络国际联网安全保护管理办法》《计算机信息系统保密管理暂行规定》等。

调查显示:有53.7%的大学生对我国网络管理方面的法规不了解,另有37.6%的大学生听说过但不清楚细节。许多大学生对网络违法犯罪的危害性认识不足,他们并不把通过计算机网络实施的犯罪看作是一种犯罪,而仅认为是一种智力"游戏"或者技术上的挑战。一旦实施成功,犯罪者会得到自我满足,把自己看作"网络英雄"而以此为荣。有些同学也将他们视为"人才",投以崇拜的目光。

【案例】2006年年底,一只憨态可掬、顿首敬香的"熊猫"引发了一波波电脑病毒蔓延狂潮。在两个多月时间里,数百万电脑用户被卷了进去,这只"熊猫"迅速出现数百变种,不断入侵个人电脑,感染门户网站,击溃局域网数据系统……《瑞星2006安全报告》将其列为十大病毒之首,《2006年度中国大陆地区电脑病毒疫情和互联网安全报告》称其为"毒王"。2007年2月12日警方将此案破获。"熊猫烧香"案是我国破获的首例利用网络病毒盗号牟利的案件,病毒制造者李俊不到一个月就获利十余万元。一名涉案人员说,该"产业"的利润率高于房地产。"熊猫烧香"病毒的制作者李俊当时25岁,武汉市新洲区人。他中专毕业后参加过网络技术职业培训班,曾在武昌某电脑城工作。他被抓获后,在警方监督下曾花了几天时间编写出了该病毒专杀工具。专家认为李俊编写的"熊猫烧香"病毒专杀工具意义重大,因为李俊能够提供"熊猫烧香"病毒的源代码。

大学生应该认识到,人类社会的任何科技(包括网络技术)成果的运用都是有限制、有底线的,这个底线就是法律。网络空间是社会的重要领域,对网络世界的破坏就是对社会正常秩序的破坏,必将受到法律的制裁。

二、网络道德培养

道德作为启发人们内心觉悟的无形力量,是国家强制力无法代替的。网络空间中道德的规范作用也是十分重要的。道德不但是网络立法的基础,也是网络法律规范实施的思想保障。

良法推行于世,首先要依靠社会成员普遍自觉遵守,如果广大的网民和网络工作者都不遵守，再好的法律也只是徒增法治成本而已。如果在网络文化中有成熟的道德体系，在一致认同的规范和标准衡量下，一个群体或个人的网络行为会自觉地服从社会的整体利益，则网络失范行为的数量和程度都会大大地降低。大量事实表明，法律虽然在预防和惩治网络违法犯罪方面能发挥强有力的作用，但一方面立法的速度赶不上网络发展的变化，许多领域无法及时得到法律调整，总有不少网络失范行为是游离于法律之外的；另一方面，网络虚拟性的特点也使法律在惩治网络违法犯罪方面力度有限，存在着侦破难、取证难等客观困难。即使在号称"网络王国"的美国，计算机犯罪的破案率也不到10%，能定罪的则不到3%。故从道德层面上维护网络秩序十分必要。

三、网络素质教育

大学生的网络素质有待提高已经是不争的事实。造成大学生网络素质不高的原因有三：一是高校在网络素质教育方面的不足；二是高校网络环境的普遍匮乏；三是学生自身对网络认识的偏差。当然，在主观上，大学生自身对网络素质不重视也是一个很大的原因。不少学生认为网络就是发邮件、玩游戏、聊天的地方，根本没有将网络应用到学习、拓展知识面以及提高自身综合素质这个层面上来。

从根本上说，大学生是一个国家中接受过良好教育并将对国家未来走向产生巨大影响的群体，他们的网络素质如果跟不上时代的发展，那么整个国家也很难在未来的数字经济时代成为强国。

高校和教师在注意传授网络应用知识的同时，还应加强网络素质教育，注意网络使用的道德规范，使学生上网时能够进行自我管理。

高校应组织开展网络创意大赛等活动，比赛的内容侧重于大学生的网络素质与网络技能，着眼于参赛者实际运用网络的综合能力。这类活动可以加深大学生对网络的理解，使他们真切感受充满挑战和机遇的网络世界，体会数字时代以知识论英雄的创业精神，充分激发同学们的上进心和创造性，走积极、健康的网络之路，从而促进校园文化与网络文化融合。

作为信息时代的大学生，要规范自己的网络行为，自觉加强自身的网络法制教育和网络道德培养，将工具理性与价值理性、网络技术的发展与人文精神的培养、物质文明的发展与精神文明的发展有机结合起来，提高网络素质，有效预防网络违法犯罪。

四、增强法律意识，预防网络犯罪

网络在为人们带来巨大便利的同时，一些不法分子也看准了这一点，利用网络频频作案。近些年来，网上犯罪不断增长。一位精通网络的社会学家说："互联网是一个自由且身份隐蔽的地方，网络犯罪的隐秘性非一般犯罪可比，而人类一旦冲破了某种束缚，其行为可能近乎疯狂，潜伏于人心深处的邪恶念头便会无拘无束地发泄。"一些大学生朋友学习一些计算机的知识后，急于寻找显示自己才华的场所，会在互联网上显一显身手，寻找一些网站的安全漏洞进行攻击，肆意浏览网站内部资料、删改网页内容，在有意无意之间触犯了法律，追悔莫及。也有的同学依仗自己技术水平高人一等，利用高科技的互联网技术从事违法活动，最终走上一条不归路。

（1）讲究社会公德和 IT 职业道德，用掌握的计算机知识技术服务社会、造福社会，自觉维护国家安全和社会公共利益，保护个人、法人和其他组织的合法权益，不以任何方式、目的危害计算机信息系统安全。

（2）珍惜网络匿名权，做文明的"网民"。

（3）尊重公民的隐私权，不进行任何电子骚扰。

（4）尊重他人的知识产权，不侵占他人的网络资源。

（5）尊重他人的知识产权、通信自由和秘密，不进行侵权活动。

（6）诚实守信，不制作、传播虚假信息。

（7）远离罪恶、色情信息，不查阅、复制、制作或传播有害信息。

（8）遵守《全国青少年网络文明公约》：要善于网上学习，不浏览不良信息；要诚实友好交流，不侮辱欺诈他人；要增强自护意识，不随意约会网友；要维护网络安全，不破坏网络秩序；要有益身心健康，不沉溺虚拟时空。

第九章 教学安全

【案例】赵某是某高校大学生，暑假提前回校后四处寻找家教工作。他在BBS（电子公告牌系统）上和一些免费报纸上登记信息。2006年7月底的一天上午，赵某接到一自称是某小学生家长的电话，约其中午到某商场门口见面。赵某如约前来，对方是一名约30岁的男青年，身材不高，满身名牌、金货。"我叫王开，是本市某公司部门经理，受人之托帮朋友的孩子找个家教老师。"一番交谈，王经理称赵某条件很好，用手机与其朋友联系后，称朋友现有应酬，等会才能面谈待遇等。说完，王经理礼貌地请赵某吃顿便饭，饭后再一同前去。赵某不好拒绝。王经理将赵某的皮包放进自己车后的后备厢，带着赵某到一家饭馆就餐。席间王经理幽默不断，赵某逐渐放松了警觉。饭后二人驱车来到电子商城。下车后，王经理说先进去找个朋友，让赵某在门外等他。一小时后，赵某见王某还不出来，便走进商城寻找。等他再出来时却发现王经理的汽车已不知去向，而自己的皮包还在他的后备厢里，里面有手机、钱包和各种证件。

第一节 军训、体育锻炼安全

一、军训安全

军训是大学生入校的第一课，可以使大学生的意志品质、身体素质等得到锻炼和提高。但是，在学生军训中也存在着许多安全问题，包括参加军训的所有人员的人身安全、心理安全、财产安全，还包括政治宣传、军事装备、军民关系等方面的安全问题。

【案例】据南方网报道，2003年9月，广东高校进行军训，每天都有新生发生病伤事故，个别学校医院一天就接诊两百多名因军训倒下的病号。华南师范大学每天的军训病号有近百人。华南农业大学军训第一天有近七十名学生晕倒。

（一）常见的军训安全问题

从大学生安全教育的角度看，军训安全问题主要集中在以下方面：

（1）天气炎热、过度劳累、自我调节不当等引起的身体健康问题。

（2）失火、触电、雷击、交通事故等公共安全隐患。

（3）军训中发生争执和纠纷等治安问题。

（4）打闹、嬉戏造成人身和财产损害。

（二）军训安全的注意事项

教育部曾经于 2004 年下发《教育部办公厅关于加强学生军训安全工作的通知》，强调要防止学生军训工作中各类事故的发生，确保学生军训期间的安全。

（1）备好合适的装束。军训宜穿球鞋、军鞋或旅游鞋等运动鞋，忌穿新鞋和高跟鞋。鞋号宜稍大一点，以免夹伤脚。为防备雨天鞋湿，应备用一双，鞋子里面再垫一块软鞋垫。袜子要柔软，应多准备几双。

（2）准备饮水容器。最好容量大、瓶口大，以免接水时烫伤；最好有提手以便携带；还要不容易破碎，以免带来意外伤害。

（3）准备常用药品。如军训时需要不断喊口号，在天气炎热的情况下容易喊得口干舌燥，所以可以带点润喉片，保护嗓子。

（4）不贪吃。军训前，参训新生不要在家里吃大鱼大肉，鱼生痰、肉生火，内热遇外感，军训时容易感冒发烧。

（5）不要偷带食品到军训场地。学生往往怕老师、教官发现，将食品偷偷藏着，在暴晒或者热捂下，食品容易变质，食用后会引起腹泻。

（6）修剪指甲。为防止军训时发生甲沟炎和意外划伤，军训前学生要正确修剪指甲。

（7）注意营养和体能的补充，不要挑食。军训体力消耗大，多吃一些肉类、蛋类，同时注意补充各种维生素。

（8）注意保持良好的睡眠，抓紧午休，按时作息。保证睡眠，养精蓄锐，可确保有充沛的体力，为军训打下良好基础。

（9）忌抽烟、喝酒或咖啡。咖啡中含有咖啡因，有使神经兴奋的作用，饮后一般入睡困难。睡眠不好，会影响第二天的军训。

（10）注意防病、防晒。大汗淋漓后不要急于喝水，稍微休息片刻再补充水分，不要饮用生水，以免引起肠胃疾病。军训中会经历暴晒，要注意涂抹防晒霜。

（11）出门前认真检查军训服装，如军帽、帽徽、臂章、腰带等。

（12）保持警惕。如果军训中体力无法支持，不要硬撑，防止出意外，特别是体质较差的同学。比如，感觉头晕、眼花时，切忌硬撑，正确的做法是立即报告，向教官说明情况，到阴凉地休息一会儿。

（13）及时求助。军训场地一般都有校医值班，如果出现意外，应及时寻求军训场地校医帮助。如脚踝崴伤，切忌按摩和热敷，应立即用凉水冲洗 15 分钟，之后找校医处理。如遇烫伤，也应该及时用凉水冲洗，然后找校医处理。

（14）注意沟通。军训生活中要学会与同学沟通，有困难要学会虚心向同学和老师请教，寻求援助。

（15）严格遵守请假制度，不得随意离队、离校；经批准外出的学生，必须服从指定负责人的领导，并按时归队、销假。

（16）一切行动听指挥。特别是在进行团体活动时要听口令，有秩序地参与活动。

（三）军训常见医学常识

大学生军训中出现的安全问题较多，主要是身体安全、财产安全等方面的问题。根据实践反馈，中暑和意外伤害是这时候最容易出现的问题。大学生军训一般都安排在八九月份，是一年中天气最炎热的时候，而军训又大多在室外进行，高强度训练对体能和体质都是巨大的挑战。因此，了解有关中暑的医学知识和意外伤害的简单处理方法，对于军训安全是非常有意义的。

中暑是在高温环境下人体体温调节功能紊乱而引起中枢神经系统出现循环系统障碍的急性疾病。除了高温、烈日暴晒外，工作强度大、工作时间过长、睡眠不足和过度劳累等均为其常见的诱因。根据临床表现的轻重，中暑可分为先兆中暑、轻症中暑和重症中暑三种。

先兆中暑症状如下：

（1）高温环境下，出现头疼、头晕、口渴、多汗、四肢无力、注意力不集中、动作不协调等症状。

（2）体温正常或略有升高，往往在38℃以上。

出现先兆中暑症状，可及时转移到阴凉通风处，休息调理并补充水分和盐分，短时间内即可恢复。

轻症中暑症状除头晕、口渴外，往往有面色潮红、大量出汗、皮肤灼热等表现，或出现四肢湿冷、面色苍白、血压下降、脉搏增快等症状。

轻症中暑如及时处理，往往可于数小时内恢复。

重症中暑症状如下：

（1）热痉挛。肌肉会突然出现阵发性的痉挛性疼痛，多发生于大量出汗及口渴，饮水多而盐分补充不足致血中氯化钠浓度明显降低时。

（2）热衰竭。主要症状为头晕、头痛、心慌、口渴、恶心、呕吐、皮肤湿冷、血压下降、晕厥或神志模糊，此时体温正常或稍微偏高。

（3）日射病。因为直接在烈日下暴晒，强烈的日光穿透头部皮肤及颅骨引起脑细胞受损，进而造成脑组织充血、水肿。由于受到伤害的主要是头部，所以最开始出现的不适就是剧烈头痛、恶心呕吐、烦躁不安，继而可出现昏迷及抽搐。

（4）热射病。在高温环境中从事体力劳动的时间较长，身体产热过多而散热不足，导致体温急剧升高。发病早期有大量冷汗，继而无汗、呼吸浅快、躁动不安、神志模糊、血压降低，逐渐向昏迷和四肢抽搐发展；严重者可产生脑水肿、肺水肿，心力衰竭等。

军训中预防中暑要注意以下方面：

（1）以饮用茶水、淡盐水最佳，不要拼命喝白开水或矿泉水。

（2）避免以盐锭剂补充盐分。

（3）戴帽子可减缓头部吸热的速度。

（4）选择浅色的衣服，棉花及聚酯合成的衣物最为透气。勿打赤膊，以免吸收更多的辐射热，透气的汗衫反而有消暑的作用。

（5）注意休息，确保有充沛的体力和良好的身体状态。

如果在军训场地遇到中暑等疾病时，应采取以下做法：

（1）发现自己和其他人有先兆中暑和轻症中暑的表现时，首先要做的就是迅速撤离引起中暑的高温环境，选择阴凉通风的地方休息。

（2）多饮用些含盐的清凉饮料。

（3）在额部涂抹清凉油、风油精等，或服用人丹、藿香正气水等中药。

（4）如果出现血压降低、虚脱，应及时平卧，在现场校医的指导下，及时上医院静脉滴注盐水。

（5）对于重症中暑者，除立即把中暑者从高温环境中转移至通风阴凉处外，还应该迅速将其送至医院，同时采取综合措施进行救治。

（6）中暑者可能在连续几天内逐渐虚脱，如有体重在数天内逐渐下降的情况，应加以留意。

二、体育锻炼的安全

大学生体育运动可增强身体素质、丰富校园生活。各高校都制定了严格详细的规章制度来保障大学生体育运动的安全。严格遵守学校规定，根据自己身体状况进行体育运动是体育运动安全的前提。

（一）常见的体育锻炼安全问题

运动安全问题主要集中在以下方面：

（1）运动过程中意外受伤。

（2）不熟悉运动规则带来运动伤害。

（3）身体状况不佳引起安全问题。

（4）违反学校安全规定和管理引起安全事故等。

（二）运动注意事项

（1）运动前应通过身体活动提高中枢神经系统的兴奋性，使大脑反应速度加快，增强关节的活动性和肌肉的柔韧性，防止肌肉和韧带损伤。

常做的准备活动一般有快走、慢跑及原地连续性徒手体操等全身性活动。这些活动能使四肢关节活动度加强，有助于一般性运动能力的提高。

在准备活动之后，最好再做一些与主项运动有关的模仿练习运动，这样可促使大脑皮质中枢兴奋性达到适宜水平，身体做好充分的准备，从而提高运动效果。当然，准备活动的时间应该根据现场具体情况而定，做完准备活动后也不宜休息时间过长而使准备活动失去作用，一般休息 1~3 分钟为宜。

（2）运动不要过急，剧烈运动会使肌肉超出负荷，容易受伤。

（3）运动的持续时间和强度应逐步提高。

（4）运动中不宜吃喝，任何不超过两小时的运动，都不需要补充食物，只要在运动前一小时内适当补充能量就可以了。

（5）运动后不要马上停下来，要有一段时间缓冲，让身体慢慢适应之后，再做其他事情。因为运动后人的心脏和肌肉都处于紧张状态，马上做其他事情，心脏和肌肉没有充分调整好，会增加心脏和肌肉的负担，对人体有害。这时可以做一些缓和运动，例如慢慢散步回去，或再慢跑三五分钟，同时做一些放松活动，以避免运动伤害。如果运动后有明显的疲劳感，则表明运动量过大，应适当减量。

（6）一般认为，以下时间段比较适宜进行体育运动：晨起至早餐前、早餐后两小时至午餐前、午餐后两小时至晚餐前、晚餐后两小时至睡前。

（7）出现以下情况时不适合进行剧烈运动或强度过大的运动：休息不足，没有充足的睡眠和充沛的体力；有过度疲劳感；醉酒后；受到较大的精神刺激后；患感冒、痢疾或有其他疾病；使用药物后（神经镇静剂、降压剂、心脏病类药物等）。

（8）在过热或过冷的环境下进行运动，对锻炼年轻人的意志力与耐力会有积极的作用，但也存在一定的危险，因此，运动时应注意时间段的选择。夏季应选择相对凉快的时间段进行运动，冬季应在相对暖和的时间段参加运动。

（三）运动创伤预防

运动中的创伤，特别是年轻人的意外受伤，大多数是因为肌肉或关节活动过度或活动不当造成的，而一些非常简单的方法可避免受伤。下面介绍在运动中出现的一些较为普遍的伤痛及避免的方法。

（1）背部和颈部扭伤。可伸展颈部、背部和腰部的肌肉来避免背部受伤和头痛，用转动头部和肩部的方法来避免颈部扭伤。

（2）脚扭伤。轻柔地把脚向后拉10秒钟来伸展跟随，重复做10次。另外，选择有鞋带的鞋子也可避免受伤。

（3）肌肉拉伤。注意加强易伤部位肌肉的力量和进行柔韧性练习。运动前热身，运动后做拉伸锻炼。

（4）膝盖疼痛。膝盖伸直时交替收缩和放松肱四头肌可增强膝盖的承受力。

（5）股骨疼痛。带有鞋垫及足弓保护的鞋子可避免肌肉过分不协调。尽可能在木地板或草地上运动，避免在公路或水泥地等硬地上运动。运动前做缓慢的热身运动，激烈运动后一定要做好放松与伸展运动。

（6）肩部疼痛。直立，肩部向后做划圈运动。也可一手抓住椅子，腰部弯曲，使背部和地面平行，另一手划圈25次来拉伸肩膀。

（7）应力性骨折。做完整的热身及放松运动，对全身皆有益。不要过量运动身体的某一部分，或向其施加过多的力。

（8）网球肘。反方向且轻微负重的弯曲可增强上臂的力量，捏橡皮球也可达到同样的效果。

（四）运动常见病症

运动时可能会受伤也可能引发疾病，引发疾病多数是因为身体内部存在问题，而自己不知道，或者没有注意，所以在运动中如果发现不适千万要引起注意。

（1）运动时心率不增加。如果运动时心率不增加或者增加不明显，可能是心脏病的早期信号，所以，大学生在运动中要注意自己的脉搏次数。

（2）运动时头痛。运动时头痛，多数人会以为是自己没有休息好或得了感冒，但这也是心脏病患者最常见的症状。如果在运动中出现头痛等症状，应尽早去医院进行检查。

（3）运动性腹痛。多发生在中长跑、竞走、自行车等项目中，导致腹痛的原因可能是空腹锻炼、饭后过早运动或运动前进食过多引起胃肠痉挛而致腹痛，或大运动量及准备活动不足，加上运动开始时速度太快，引起内脏器官机能紊乱，还可能是由于腹部的内科疾患。参加运动应避免上述情况，并做好运动前的准备。如果多次出现此类症状，应认真对待，及时到医院鉴别诊断，防止意外。

（4）运动型腹肌痉挛。易发生在夏季，多因运动时大量出汗，缺少水分和盐所致。发生腹痛时，应平卧休息，做腹式呼吸 20～30 次，同时轻轻按摩腹肌缓解疼痛。防止发生腹肌痉挛的关键，是在运动出汗过多时及时补充盐水。

（5）运动性晕厥。这是剧烈或长时间运动，使精神及身体器官过度紧张，血管收缩，血液循环受到影响而引起的暂时性脑贫血。开始时可能感到头昏眼花，心悸气促，恶心想吐，出冷汗，继而会失去知觉，昏倒在地。身体素质不好也可能引起运动性昏厥。如果在运动中出现不适，应立即停止运动，继续慢慢地做放松活动及深呼吸运动。如情况严重，应及时到医院检查，以便及早发现隐患。

（6）运动性过敏休克。其表现是，进行一定量运动后，出现全身发热、发痒、皮肤充血，随着运动量加大，全身出现荨麻疹、喉咙障碍等一系列过敏休克综合征。这是由于人体组织中含有的组织胶颗粒，在运动且加大时过多地从肥大的细胞中脱离出来，进入血液及心血管、胃肠、肺气管道组织，与其相结合引起变态反应的结果。严重者可发生心跳骤停，是运动疾病中最危险的一种。有效的预防是在医生指导下，每次参加运动前服用脱敏药物。

（7）运动性血尿。一般是指健康人在剧烈运动后骤然出现血尿，可能是由于运动强度过大、运动量增加过快、身体机能下降引起的。一般运动后如不伴随其他异常症状和体征，仅感疲劳乏力，运动中止后，血尿会很快消失，不会造成不良后果；血尿明显者，可口服维生素 C，多饮水，多吃新鲜水果，有助于血尿尽快消失。预防措施是运动量应由小到大，循序渐进。长时间没有活动后，不要突然进行过于剧烈的运动。

（8）运动猝死。一般指运动过程中或运动过后 24 小时内发生的非创伤性意外死亡。其特点是过程自发、意外，且进展迅速。人们在进行紧张激烈的运动时，需氧量急剧增加，容易导致心肌缺血，从而引起心律失常或心肌梗死，甚至猝死。许多运动猝死的发生是由于先天的疾病，或平时没有发现的病痛在运动中突发而造成的。如先天性或隐性的心脏病患，一般须在发作时才能检测出来，而在平时很难发现。也可能由某些外部诱因造成，如饱食后激烈运动、激烈运动后立即洗热水澡等。

运动中要注意自己身体的反应，如在运动中或运动后出现胸闷、气促、心慌、头痛、恶心等特别情况，应提高警惕。身体不适时，要立即停止运动；运动时不要逞强，每个人有个体差异，必须注意循序渐进的原则；运动后要做放松运动，并注意身体反应；激烈运动后最好不要马上吸烟或洗热水澡；一旦发现有人出现运动猝死的情况，应立即通知医务人员，并及时采取恰当的急救措施，如心脏复苏术等。

第二节　实验室安全

高校实验教学是培养大学生实践能力的重要环节，对于大学生学习科学研究方法等都具有积极的意义。但是在实验实践中，火灾、烫伤、中毒、触电等安全事故屡见不鲜。这不仅影响正常的教学，还严重威胁师生的人身安全和国家的财产安全。为了消除这些安全隐患，大学生在遵守学校及学科专业实验教学规定的同时，自身更要加强防范意识，懂得如何规避和处理实验室发生的安全问题。

【案例】2015 年 12 月 18 日上午 10：10 左右，清华大学化学系何添楼二楼一实验室发生了爆炸火灾事故，现场发现一博士后实验人员死亡。爆炸发生在化学实验室，初步确认是相关人员在做化学实验中发生的，有三间屋起火，过火面积80 平方米。

一、实验室常见的安全事故

（一）火灾

火灾是高校实验室的普遍性事故之主要安全隐患。它的发生，主要有以下原因：

（1）忘记关电源，致使设备或电器通电时间过长，温度过高。

（2）操作不慎或使用不当，使火源接触易燃物质。

（3）供电线路老化，超负荷运行，导致线路发热。

（4）乱扔烟头，接触易燃物质引起火灾。

（二）烫伤和灼伤

烫伤和灼伤主要是机电伤人，多发生在有高速旋转或冲击运动的机械实验室、带电作业的电气实验室和一些有高温气体、液体产生的实验室。引起烫伤和灼伤的主要原因有：

（1）操作不当或缺少防护，造成挤压、甩脱和碰撞伤人。

（2）违反操作规程或因设备设施老化而存在故障和缺陷，造成漏电触电和电弧火花伤人。

（3）使用不当造成高温气体、液体伤人。

（三）中毒

中毒事故多发生在存放有化学药品和剧毒物质的实验室，主要原因有：

（1）违反操作规程，将食物带进有毒实验室，造成误食中毒。

（2）设备设施老化，存在故障或缺陷，造成有毒物质泄漏或有毒气体排放不出。

（3）管理不善，造成有毒物品散落流失，引起环境污染。

（四）爆炸

爆炸事故多发生在存放有易燃易爆物品和压力容器的实验室。酿成这类事故的直接原因是违反操作规程，引燃易燃物品，进而导致爆炸，或由于设备老化，存在故障或缺陷，造成易燃易爆物品泄漏，遇火花而引起爆炸。

二、实验室安全事故预防措施

（一）严格执行操作规范

预防实验室的安全事故的方法各异，但总的来说，关键就是要严格执行操作规范。

（1）严格遵守操作规程，在指导老师的指导下进行实验操作。

（2）学习消防知识，熟悉实验室的消防器材并学会使用，熟悉消防通道的位置。

（3）实验前详细熟悉实验内容，了解实验原理及操作细节，注意上课老师所告知的注意事项。实验进行中有任何状况或疑问，随时寻求指导老师的帮助，切勿私自变更实验程序。

（4）实验前先了解实验设备的性能、配备及正确的操作方法。零件及附件严禁私自拆卸和调整，并注意插座电压（110V 或 220V）之类别．切勿触摸电极或电泳槽内溶液，湿手切勿开启电源。

（5）注意身体安全，在实验室内应穿实验衣（最好长及膝盖下），配戴眼镜或安全护目镜，避免暴露肌肤。留有长发者，应戴帽套将头发卷入套内，或以橡皮圈束于脑后，以防止引火危险或污染实验。

（6）化学物品的安全使用。易燃、易爆、剧毒等化学试剂和高压气瓶要严格按有关规定领用和存放保管。不要使用不明成分的物质，不要任意混合各种试剂，以免发生意外事故。浓酸、浓碱制剂具有强腐蚀性，应避免溅落在皮肤、衣物、书本上，更要防止溅入眼睛里。

（7）实验结束后，不要急于离开实验室，要对实验室进行全面清理，再洗净双手，关闭电源、水源、气源，处理残存的化学物品、易燃的纸屑等杂物，消灭火灾隐患。

（二）防火防爆炸

（1）学习消防安全知识，强化安全意识。建立防火安全工作制度和责任制度，经常组织实验室工作人员和参加实验的大学生学习消防安全知识，使其熟悉实验室的消防通道位置及其配备的消防器材，并学会使用消防器材。要经常对实验室内的仪器、设备、电气线路、危险物品进行安全检查。

（2）实验室内的电炉或其他明火因实验需要使用，必须远离可燃物和易燃易爆化学物品，使用中要时刻注意消防安全，停电或停用后要及时切断电源。

（3）进行可能发生爆炸的实验，必须在特殊设计的防爆炸的地方进行，并注意避免发生爆炸时爆炸物飞出伤人或飞到有危险物品的地方。使用爆炸性物品要避免撞击、强烈震荡和摩擦。

（4）使用微波炉加热，不可有铝箔等金属物品，瓶盖必须打开，以免爆炸。加热后戴防热手套取出瓶子，务必轻轻摇晃，确保不会突沸。此外，电磁炉等使用前应熟悉操作规范，严防爆炸或烫伤。

（5）做实验时不要将与实验无关的物品带进实验室，不要在实验室内存放可燃易燃物品。保持实验室内外消防安全通道畅通，严禁占用走廊堆放物品。

（6）严禁在实验室和实验大楼内吸烟，特别是使用易燃易爆的有机溶剂做实验时，更要保证没有明火存在。有易挥发和易燃物质的实验，应在远离火源的地方进行，最好在通风橱内进行。

（7）加热试管时，不要将试管口对着自己或别人，也不要俯视正在加热的液体，以免液体溅出受到伤害。

（8）使用高压容器做实验，要严格检查，防止气体和液体泄漏；高压容器严禁暴晒，并远离热源，容器充装不宜过满，且必须专瓶专用，不准随意充装其他气体，并要设有明显的识别标志。

（9）散落的易燃易爆物品必须及时清理，含有燃烧、爆炸性物品的废液废渣应妥善处理，不得随意丢弃。

（10）实验结束后应该全面检查实验室，尤其是要及时关闭电源、清除火灾隐患。

常见灭火器的选择和使用

灭火器种类	内装药剂	用　途	效　能	使用方法
泡沫灭火器	硫酸氢钠、硫酸铝和发泡剂	扑灭油类火灾，电气火灾忌用	10升型号射程8米，喷射时间60秒	倒过来，摇晃，打开开关，喷射
酸碱灭火器	碳酸氢钠水溶液、硫酸	扑灭木材、棉花、纸张等火灾，电气、油类火灾忌用	10升型号射程10米，喷射时间50秒	倒过来，溶液随即喷出
二氧化碳灭火器	液态二氧化碳	扑灭贵重仪器、设备和电气火灾，钠、钾、镁、铝、乙烯忌用	3千克型号射程3米，喷射时间30秒，有毒	打开开关，随即喷射
干粉灭火器	碳酸氢钠干粉、高压二氧化碳	扑救石油、石油产品、油漆、有机溶液和电气等火灾，乙烯、二氧化硫等火灾忌用	8千克干粉喷射时间15秒，射程45米，无毒	提起圆环，干粉随即喷出

（三）防创伤防噪音

理工类专业（如机电工程、汽车加工、土木工程等）往往会开设金工实习、建筑勘测等实验课，在实验进行时，很容易由于操作不当，从而导致一些意外伤害发生。同时，也会产生较大的噪音，长期生活在噪音很大的环境中，人会感到疲倦不安、思想不集中，甚至造成耳鸣、耳聋等严重后果。

（1）在有较大噪音环境中进行实验时，应注意个人防护，如佩戴耳塞、耳罩、耳棉等。

（2）严禁在进行弹、喷、射击等实验时对着人，以防伤人。

（3）用钻孔器、锥子、针等切割和穿透物品时，不应以另一只手给物品作垫层，以免穿透时手被机械击伤。

（4）不能把手插进螺孔或管子中，以防被毛刺刮伤。

（5）要正确使用玻璃器材。

（6）在室外等地进行实地勘测等实验时，要严格按照指导老师的安排操作，严禁拿实验器材作为戏耍工具，来开展一些与实验无关的活动。

（7）备好急救药品箱，配备实验室一般伤害处理药品，以备急用。

（四）防触电防辐射

实验室的电线、电气设备相对于宿舍和家庭的要复杂得多，在实验室进行实验，防触电的意识应该更强一些。实验室辐射的范围也比较广，例如电磁辐射和放射性辐射，应注意防范。

（1）实验前，要对各种移动电器和线路认真检查，确保绝缘良好。所有金属外壳电器应接上地线。

（2）电线或电器盒盖破损要及时修复，以免高压导线裸露伤人。

（3）学生在实验中接触放射性物质时，应将放射性物品存放在防辐射箱内，使用完后必须及时入库保管。

（五）防科研泄密

（1）科研项目数据和成果的安全。实验室承担保密科研项目，如基础及应用研究的测试数据、分析结论、阶段成果和各种技术文件，均要按科技档案管理制度进行保管和使用，不得擅自提供给他人，不得将实验成果带出实验室，防止意外丢失造成泄密。

（2）实验室内保密项目的实验场地，不得擅自对外开放，带人参观要经领导批准，并划定参观范围。

（六）防菌、防中毒、防腐蚀

实验室防菌、防中毒主要是对有害的细菌、真菌和病毒、有毒试剂等的防范，防止由于误食有毒药品、误吸有害气体等造成身体伤害甚至生命危险。

（1）严格按照实验程序、实验室的管理规定和指导老师的安排进行实验操作。

（2）正确全面认识剧毒物品的危害性和操作方法，试剂需要多少领取多少，剩余的要退还或在实验室里妥善处理好，不能出于好奇或其他目的私自领取存放。

（3）实验完毕后，要妥善清理实验器材，该销毁的要安全焚烧销毁，该高压高温杀菌消毒的要严格执行，以免以后造成安全事故。

第三节 社会实践安全

社会实践是大学生增强实践能力、提高综合素质的重要途径。通过社会实践，大学生可以丰富社会知识、开阔眼界，可以把所学的理论应用于实践。大学生参与的社会实践活动，比较常见的有家教、打工和进行社会调查活动。最近几年来，利用课余时间去社会上打工兼职的在校大学生越来越多。对于经过了十年寒窗苦读的大学生来说，找一份兼职工作，不仅能够获得可观的收入，还能锻炼自己的交际和工作能力，为日后就业打下良好的基础。在大学生参与社会实践活动日趋普遍的同时，我们必须正视在社会实践活动中存在的各种不安全因素。社会实践活动安全问题已引起了各界的广泛关注。安全是大学生参加社会实践活动的前提。如果没有安全作为保证，社会实践活动将失去原来的意义。

一、家教、打工活动的安全防范要点

家教和打工就是通常所说的勤工助学活动。大学生的勤工助学活动是社会上的一种需要，也是大学生锻炼自己、提高能力的一种途径。据调查，大学生的勤工助学活动，因经济原因而行之的占46%，培养教学能力的占有31.6%，增加社会阅历的占18.4%，打发多余时间的占有3.1%。大学生打工不仅可以锻炼自己，提高能力，为社会做贡献，而且又能为自己挣得一笔可观的收入，减轻家庭经济上的负担。勤工助学有校内和校外两种。学校的勤工助学岗位一般都由专门的勤工助学办公室进行管理。校外的勤工助学情况比较复杂，学生在做家教、打工时应特别注意安全。

（一）提高警惕，防止上当受骗

不少大学生寻找家教或进行打工，是自己到社会上通过中介机构或私下联系而成的，并没有到学校有关部门登记注册。面对社会上中介市场和人员的良莠不齐、鱼龙混杂，部分大学生在做家教、打工过程中容易出现问题。

（1）防止被黑中介利用。大学生勤工助学一定要选择正规的服务机构，要考察服务机构是否具备一定的规模、服务年限的长短、是否有健全的服务体系、工作人员素质是否优秀，等等。另外也要看是否有工商部门颁发的营业执照。欺骗大学生的往往都是那些仅仅有几张桌子、几部电话，蜗居在十几平方米房间内的"皮包家教中心"。

（2）不要轻易缴纳各种费用。校外勤工助学服务机构不排除有些打着需要家教等勤工助学人员的幌子，实则有着不良的动机。由于条件的限制，勤工助学服务机构也无法确定每位勤工助学服务需求者的真实身份。大学生和家长见面后所发生的事情，是勤工助学服务机构所不能预料和控制的。对付此种骗局，就需要大学生本身一定要认清自己的工作职责：我找的是家教，是挣钱的，而不是其他任何职业，不是需要我预先付钱的。坚持这一点，骗子的计谋就不可能得逞。如果建档费高于10元，那么勤工助学服务机构也有骗建档费的嫌疑。一旦发现可疑人员要及时报告，上当受骗后要及时报案、大胆揭发，使犯罪分子受到应有的法律制裁。

（3）不要轻易提供家里的电话给陌生人。大学生找家教要通过正规渠道，不要轻易相信别人煞有介事的说辞，更不要轻易提供家里的电话给陌生人。

（4）不要轻易将自己的财物借与他人。家教是在学员家中进行的，或者是在双方约定的图书馆、自习室进行，如果对方和你约见在其他和家教不相关的场合并提出要借用你的贵重物品时，一定要提高警惕。

【案例】某大学计算机专业大二学生何某不久前在免费信息报纸上登了一则

征求家教的广告。不久一陌生男人打来电话，以请家教为名，约其第二天见面的地点和时间。可是在何某到达地点时，此人却以生意忙为由说"11点才能过来"。一会儿何某接到了另外一个陌生人的电话："我是禁毒大队的，正追踪一毒贩。毒贩把手机呼叫转移到你手机上，你要关机4小时。"何某相信了，关掉了手机。骗子立刻把电话打到了何某的家里，称其外出被车撞骨折了，快寄8 000元手术费。而且还有两个"学生"在电话中边哭边证实。在打何某的手机打不通的情况下，心急的何某父母立刻筹了8 000元去县城把钱打到"医院"账上。不久，对方又说由于时间拖得太久伤口感染，还需5 000元。父母把仅剩的2 000元打了过去，就这样骗子骗到了1万元。

（二）遵纪守法，诚信授课和工作

（1）要树立法制观念。义务与权利是否得到维护，作为打工者应谨慎思考。要重视打工协议的签订，特别是打工时间长、工种特殊的协议，还有必要通过公证部门予以公证，以确保打工权益不受损害。在交换意见、签订协议时，应仔细研究对方提出的要求和协议中的条款，不要匆忙允诺或签字，防止上当受骗。

（2）要注重维护自己的合法权益。谨防打工陷阱，保证自己的打工安全。打工时，一定要弄清雇用单位的合法性和工作的具体内容。比如说，该单位是否有工商、税务营业执照，是否有固定场所。要记清营业单位的详细地址和法人代表的姓名，以便在发生纠纷时，在司法解决的过程中，提供有力的证据。同时，大学生一定要按照有关法规签订合同，没有合同，也要注意保留能证明与用人单位发生劳动关系的凭证。同时要保持高度警惕，一旦发现雇佣劳动方有侵权、违约、强迫打工者从事违法行为时，应立即向有关部门反映，以保证自己的合法权益不受侵害。

（3）要理智选择，冷静应对。大学生在勤工助学求职过程中，要注意保护自身利益，无论遇到或发生什么事情，一定要保持头脑清醒，及时向有关部门反映问题。尤其是那些临时工作，往往不签协议，所以更要小心，对于那些工作难度不大，对技能要求又不高，但工作待遇却很好的工作，尤其要小心，因为这些工作往往是陷阱。在拿不定主意的情况下，不妨先问问自己的父母或者老师，让他们帮忙拿主意。作为大学生本身也一定要严格要求自己，多参加一些社会活动，多听一些关于法律的知识讲座，多参加安全防范教育活动，多知道、多了解、多掌握一些防范知识对自己有百利而无一害。

（4）要依托学校，强调诚信。外出做家教、打工的大学生，要争取得到学校的管理、指导和帮助，尽可能到学校有关部门登记注册，选择正规的家教渠道，如学校的勤工助学中心、正规的家教服务机构、大型的人才市场等，并学习掌握有关的安全知识。通过BBS、报纸、街头举牌、散发和张贴小广告等方式很容易被不法分子所利用。

学校勤工助学办公室为同学们提供从注册信息、报名登记直至项目进程跟踪一系列服务，同时也让企业在网上添加兼职信息、查询报名情况、确定面试和录用等一整套的工作，会给大学生的工作、学习带来方便。

大学生做家教和外出打工，要遵纪守法，要讲诚信，认真教授知识，做好工作，不做违法的事情。对个别受教孩子家长以及打工单位领导人员提出的无理要求，应坚决予以抵制。

二、社会调查类活动的安全防范要点

高校每年都组织大学生结合专业到农村、工厂开展社会调查活动。这项活动大都是由学校组织进行的，一般都由教师带队，学生具体组织安排。社会调查活动内容丰富，形式多样，情况复杂，活动形式一般都为开放式的。从社会调查活动的特点出发，我们应着重从以下几个方面抓安全防范：

（一）交通安全

交通安全是出行的第一要务。在前往调查地和返校过程中，以及在调查地都要使用交通工具，要注意上下车（船）安全，遵守城市交通规则，避免发生交通安全事故。若发生交通安全事故，要依靠当地交通安全管理部门，依照交通安全法律、法规进行妥善处理。

（二）财物安全

当前社会治安形势和状况总体是好的，但也时常发生盗窃、诈骗、火灾等罪案或事故，因此不管到何地、在何时，都要随时提高警惕，做好防盗、防诈骗和防火灾的工作，避免发生这类安全事故而影响社会调查，避免发生意外事故。人员走失时，要及时使用电话联系，或事先确定集合的地点和时间。

（三）卫生安全

在外出调查过程中，要注意饮食卫生，预防食物中毒，防止病从口入；不要随便到无证饭馆和小摊就餐；不要购买"三无"食品和食用过期的食品与饮料。夏天尽量不要食用剩菜、剩饭。要自带一些常用药物，如出现一般疾病可对症吃药，严重时应立即到医院医治。讲究个人卫生和保持公共环境卫生。另外，社会调查地是否有流行性疾病也要作为一个重要因素予以考虑。

（四）交往安全

大学生开展社会调查，出门在外，人生地不熟，要学会与人交往，谈话态度要好，问路问事要有称谓，进行调查时要讲文明礼貌。要注意听被调查人介绍情况，认真记录，要谦逊。遇到不顺心的事情，受到不公道的对待，要忍耐，要善解人意，学会换位思考，不要发脾气闹纠纷，不要相互谩骂，更不能你推我拉、打架斗殴。否则，会有损大学生的社会形象，影响调查工作的深入进行。

（五）人身安全

大学生在社会调查过程中，要防止受到犯罪侵害。女大学生在社会调查中要注意防止性侵害，平日穿戴不要太奇特、太暴露；夜间户外活动要格外注意安全。

另外，一般不提倡个人外出开展社会调查，因为个人身单力薄、力量有限，一旦发生安全事故，难于解决和处置。如果一定需要个人外出进行调查，可以事先通报学校，由学校与前往调查地有关单位联系，请他们协助。

第十章 就业安全

【学习目标】
（1）了解求职陷阱的常见形式及避免方法。
（2）了解就业陷阱的常见形式及防范手段。
（3）了解传销与直销、微商的区别。
（4）了解解救误入传销者的方法。
（5）掌握误入传销后的自救方法。

第一节 求职陷阱

【案例】小王是应届毕业生，有件事一直让她感觉憋屈："白白干了两个月活儿，却连工资也拿不到，太气人了！"2014年12月，想趁寒假找份工作的她在两家招聘网站上传了简历。一家房地产销售公司很快便与她取得了联系。面试很顺利，2015年1月15日，她便在该公司上班了，"主要就是办公室事务，没什么难度"。当时公司告诉她工资每月2 000元，每月15日发放。但当她要求签劳动合同时，公司负责人表示，合同一签，双方的责任、要求也就多了，会很麻烦。看着负责人一脸诚恳的样子，她没签合同便开始工作了。和小王一起入职的，还有另外三个大学毕业生，也都没签劳动合同。第一个月到第二个月，工资发了，可干到第三个月和第四个月，工资就不发了，这让他们无法忍受。"开始说是公司资金出了点儿问题，暂时给不了。后来我再去找，公司方面居然说我丢失了他们的重要资料，所以钱一分都不给。最后他们说，反正没合同，随便我们去哪里告，总之，要钱没有。"

一、常见求职陷阱

所谓求职陷阱，是指利用求职者急切的求职心态进行的一些诈骗方式。根据最新调查，有五成求职者在求职包括兼职过程中遭遇过陷阱，其中收取各种名目的费用是求职陷阱中的惯用伎俩，比如说风险押金、培训费、服装费、建档费等各种名目的费用。

一般而言，常见的有如下形式：

（1）想要兼职先交培训费。其借口是要对新员工进行培训才能上岗，培训时要耗费资源，所以要收钱作为培训费。一些不法之徒还声称自己与一些知名度高的艺人、电视台、电影公司或唱片公司有联系，可代为介绍工作，诱使求职者参加其提供的培训课程，支付高额培训费。通常被骗者在付款、接受培训后，往往没有接到任何工作或进一步发展的消息，或只接到性质及薪酬跟当初承诺不符的工作，但此时被骗者已无法追回已付的款项。

（2）串通医院分赃，专坑求职者体检费。"黑中介"经常利用求职者急于找工作又不清楚体检程序等空子，假装按照正常的招聘程序，依次进行面试、笔试、体检等项目，向求职者收取上百元的体检费，通知求职者到其指定的医院体检。3天以后，当求职者与"黑中介"串通的医院拿到结果时，会被"黑中介"以"不合格"等理由堂而皇之地拒绝或辞退，或者增加一些条件让求职者自己知难而退（例如要求再交费用、改变工作承诺等），体检费则被"黑中介"和医院瓜分。

（3）剽窃求职者作品。这是指以考试为名无偿占有程序设计、广告设计、策划方案、文章翻译等劳动成果。这种堂而皇之地占有他人的劳动成果的行径极为恶劣，却又较难维权。广大求职者要具备慧眼，多加小心。

（4）扣留证件要求求职者做不正当商业行为。初次求职者一般经验缺乏，加之防备松懈，因此市场上有人设陷阱，诱骗无经验的求职者（尤其是学生）从事不正当的商业行为，或用不当手法扣留求职者的保证金、证件等。

（5）个别单位在人才市场"挂羊头、卖狗肉"，比如招聘时说招记者，实则是招广告业务员；说是招聘财务总监、工程师，而实际上却是招聘做一般性工作的员工。待求职者前来应聘时，许诺若干美好前景，说服求职者。

（6）个别不法商人会游说求职者支付大笔金钱去学习推销术，以及买入货物作推销之用，其常见的手法往往是层压式推销，以高薪诱使求职者付出大笔金钱购买一批货品或货品的代理权。不少求职者往往禁不住利诱而怀着以小博大的侥幸心理，以致踏入了陷阱也察觉不出来，直至缴付大笔金钱后，方发觉购入的货物质量粗劣，而价格也高于市场上同类商品的价格，难以推销，欲退货又不能，因而蒙受金钱上的损失。

（7）色情陷阱。这类工作通常以招聘公关、陪唱或侍应生为名，而在广告上更会标榜工资特高、无需经验等，以吸引求职者。一旦签约后就会逼你去陪酒或从事色情交易，如果拒绝就可能会骚扰家人，甚至控告你毁约而要你赔偿。因此，千万不要贪图高薪而鲁莽签约。

（8）利用网络招聘进行广告炒作。由于网络的传播面广、传播速度迅速，不少企业开始利用网络招聘，来为企业进行另一种形式的广告宣传。通过长期发布招聘信息，一方面增加企业的"曝光率"；另一方面利用可观的招聘数量，制造一种公司发展迅速、求才若渴的假象。其实，这都是企业假借招聘之便进行的一些广告炒作。

二、如何避免求职陷阱

（1）填写个人简历时，请不要在规定的表单以外的地方填写你的联系方式，这样易使不相干的人看到你的联系方式，从而可能导致不安全的情况发生；强烈建议求职者只留本人电话号码并保持电话畅通，勿长时间关机。若非必要最好不留家庭成员联系方式。

（2）在接到企业的面试通知时请特别注意：

第一，在收到招聘单位的面试邀请电话时，请务必再上人才网站核实一下这家企业的资料；对方如果用移动电话与你联系，必须索取对方的固定电话，面试前尽量通过对方的固定电话预约面试时间和了解企业信息。

第二，请认真确认面试地点。正规单位招聘一般会将招聘地点设在单位的办公室、会议室，以租用房间作为应聘地点的单位要警惕；千万别轻信招聘者在指定的街道或酒店接待，应该自己主动找到招聘单位所在办公地址或办事处。

第三，绝大多数招聘单位不会主动派车去接应聘者，应聘时勿与陌生人到偏僻地方，勿将手机等财物借给陌生人。发现被骗应及时报警。

（3）如遇到单位要求必须体检才能上岗的，请求职者注意：单位不应当指定医院，且此类医院也不应该是私立医院或者诊所。如遇到此类情况，请求职者不要相信，发现被骗应及时报警。

（4）拒交各种名义的费用。任何招聘单位以任何名义向求职者收取抵押金、服装费、产品押金、风险金、报名费、培训费等行为，都属非法行为。招聘单位培训本单位的职工，也不准收取培训费。求职者遇到此类情况，要坚持拒交，并向招聘单位所在地区举报，以确保自己的合法权益不受侵害。

（5）不轻信许诺到外地上岗。对外地企业或某外地分公司、分厂、办事处的高薪招聘，不论其待遇多么好，求职者千万要保持清醒的头脑和高度的警惕，不要轻信招聘人员的口头许诺。最好先向劳动保障部门咨询，并办理相关的手续才去外地，否则可能会吃大亏，比如被骗工骗钱甚至被人贩子拐卖。

（6）掌握劳动法规和相关政策。求职者在求职前或求职过程中，应主动学习一些劳动法规和相关政策，提高自己的求职素质和独立思考的能力。

（7）通过多种途径了解公司背景。在求职者正式进入单位之前，想方设法加强对企业的了解以免误入骗子设下的陷阱。

（8）谨慎签订劳动合同。与用人企业签合同时，求职者要"三看"：一看企业是否在工商部门登记以及企业注册的有效期限，否则所签合同无效；二看合同字句是否准确、清楚、完整，不能用缩写、替代或含糊的文字表达；三看劳动合同是否有一些必备内容，包括劳动合同期限、工作内容、劳动保护和劳动条件、劳动报酬、社会保险和福利、劳动纪律、劳动合同终止的条件、违反劳动合同的责任等。必须签书面合同，试用期内也要签合同。

（9）发觉被骗，及时报案。求职者一旦发觉上当受骗，要及时向招聘单位所在地的人事局、劳动局监察大队或公安局、派出所报案，寻求法律保护。但由于劳务诈骗往往涉及公安、工商、劳动、人事等部门，求职者应该根据情况选择最有效的投诉部门：若被投诉对象为合法机构，求职者可以找劳动部门；若求职受骗情况特别严重，可以到公安部门进行报案。

第二节　就业陷阱

一、常见的就业陷阱

所谓就业陷阱，是指将要从事的工作内容，与双方原先的约定不一致；或者是借着提供工作的机会，用骗术使求职者付出超出原定劳动契约内容的额外财物；或是诱骗胁迫求职者做出违背道德、法律的行为等。

（一）协议（合同）陷阱

就业协议是明确毕业生、用人单位和学校在毕业生就业择业过程中权利和义务的书面协议。就业协议一经签订，对三方都具有约束力。就业协议对于学校管理毕业生就业工作，规范用人单位和毕业生在用人、择业过程中的行为，维护各方的合法权益发挥了一定的积极作用。但这一制度在实行中产生了许多问题：签订就业协议本来是出于保护学生的目的，而且协议上也明确规定了学生就业后就执行劳动合同，已签订的就业协议不再生效。但实际上在签订就业协议后，不少单位在试用期间就不再签订劳动合同，所以常常会出现学生在试用期间要跳槽，按照《劳动法》不需要承担违约责任，而单位则以就业协议为依据向学生提出索赔要求。按照有关规定，就业协议不能代替劳动合同或聘用合同，但实际上就业协议对毕业生和用人单位却又相当于劳动合同，它甚至可以对劳动合同的期限进行约定。

如果就业协议的约定内容不能与随后签订的劳动合同或聘用合同的内容吻合，就可能在毕业生和用人单位之间产生纠纷。就业协议内容不规范致使一些用人单位为了避免毕业生随意违约，在劳动合同中就不约定试用期，把学生当作廉价劳动力，在就业协议中没有明确违约金的数额，完全由单位与学生协商而定。由于学生缺乏维权意识以及学生在求职过程中处于相对弱势地位，就使就业协议从某种程度上来说成为"霸王合同"。

当前的就业形势使相当一部分大学毕业生在就业市场上处于弱势地位，不少学生在就业时出于种种顾虑，对可能会使自己权益受损的条款不敢提出异议，对单位在试用期不签订合同的做法也不会追究，甚至被迫接受单位提出的一些不公平条款；甚或在签订就业协议的时候，单位要求附加补充协议，上面规定了学生所有的违约责任，而对单位违约责任则避而不谈。有些单位利用学生求职心切的心理对学生要求过多，使学生在日后利益受损。

（二）押金陷阱

一些公司可能规模不大、薪水不高，但是开出了一些诱人的条件。比如说，在某些大中城市工作，可能解决这些大中城市的户口问题。希望留在大中城市工作的学生很容易被这样的条件迷惑。双方谈得差不多了，公司又表示：为了增进双方的信任，学生在工作之前必须交押金。等学生交完押金、工作一段时间后，公司的有关人员就表示，聘用之初说定的工作岗位有些调整，可能把学生派到偏僻地区或冷僻部门，而这些区或部门学生肯定不愿意去。公司算准了学生不愿意去，就指出是学生不服从公司安排，也就是主动毁约放弃这个岗位，学生交的押金自然收不回来。

（三）试用期陷阱

劳动法设立试用期的目的在于给予双方相互考察、相互了解的期限，毕业生在试用期内可以随时通知用人单位解除劳动合同，而不需要理由，也无须承担违约责任。用人单位只有证明毕业生在此期间不符合单位的录用条件才可以解除劳动合同。但是，一部分用人单位正是利用试用期大做文章，主要表现为：试用期过长或与签订的劳动合同期限不符；要求毕业生在试用期内承担违约责任；在试用期内无正当理由辞退毕业生，以见习期代替试用期；约定两个试用期；续签劳动合同时重复约定试用期，将试用期从劳动合同期限中剥离；仅仅订立一份试用期合同；试用期工资低于当地的最低工资；试用期内单位不缴纳社会保险费。

一般来说，单位用人有试用期是正常的，试用期的薪水一般都不高，等到转正之后，薪水会有较大幅度提高。很多公司为了使用廉价劳动力，抓住毕业生急于找工作的心理，堂而皇之地打出试用期的牌子，看起来非常规范，待试用期一过，以种种理由告诉求职者不合适就将其解聘了。这样的公司不断炒人，毕业生永远不会成为正式员工。

（四）设计成果陷阱

有些单位按程序假装对应聘毕业生进行面试，再进行笔试。在面试、笔试时，把本单位遇到的问题以考察的形式要求前来应聘者作答或设计，然后再找出各种理由拒绝录用应聘者，而将应聘者的劳动果实据为己有。

（五）工资陷阱

工资是一个很模糊的概念，毕业生在找工作的时候，不要只看表面工资多少，最好还是要问清楚具体内容。工资包含的内容有很多，比如福利、保险、奖金等。而有的单位在招聘的时候，只说基本工资，其他如奖金、福利、保险等根本不包括在内。而有的单位尽管开的工资不低，可是保险等需要扣除的项目也都包括在内，在东扣西扣之后，最后剩的钱可能并不多了。

（六）虚假招聘陷阱

一些招聘会组织者在广告中夸大其词，招聘单位滥竽充数、虚假招聘、"友情客串"，名为招聘，实则借机进行企业宣传。其真实目的是通过卖门票或收取报名费敛财。

（七）电话面试陷阱

用人单位通过电话与求职者联系是很常用的方式，毕业生通过电话了解求职信息也是没有问题的。但是通过"电话面试"是很少有的，双方没有见面，怎么可能一拍即合？而且，电话里怎么知道你的学历、你的能力是真实的？因此，应届毕业生要格外警惕电话面试。如果毕业生没有发送过求职信息，对任何企业打来的电话都要高度警惕。

二、防范就业陷阱的办法

（一）了解劳动法律法规

劳动法律法规作为一个法律体系，为包括大学毕业生在内的劳动者提供了实体上和程序上的法律保护。我国劳动法律体系包括全国人大及其常委会、国务院制定的有关劳动关系的法律、法规，国务院各部门和地方国家机关制定的劳动规章，地方性劳动法规等。

近年来，我国制定的重要劳动法律有《劳动法》《劳动合同法》《劳动争议调解仲裁法》《就业促进法》《职业病防治法》《安全生产法》《工会法》等；重要劳动法规有《工伤保险条例》《失业保险条例》《社会保险费征缴暂行条例》等。此外，还有大量与劳动关系有关的其他法律、法规、规章、司法解释等。为了配合《劳动合同法》的实施，还制定了《劳动合同法实施条例》。

大学生就业前后，需要重点把握的两部法律是《劳动合同法》和《劳动争议调解仲裁法》，与大学生就业相关的是《就业促进法》。

一份抽样调查显示，虽然有80%的毕业生认为有必要签订就业协议，但只有5.4%的毕业生认为自己"非常了解"就业协议的内容和作用，有82%的毕业生"了解一部分"，还有12.6%的毕业生则"完全不了解"。这一结果显示，作为就业协议的一方签约主体，毕业生对就业协议的内容、作用和相应的法律后果尚缺乏深刻认识。因此，学校要加强对在校大学生，尤其是应届毕业生进行有关法规政策的教育，为毕业生顺利走上工作岗位保驾护航。

（二）加强素质教育

要加强素质教育，培养学生的诚信意识，使其树立正确的世界观、人生观、价值观和择业观。要使毕业生受到社会和用人单位的欢迎，必须重视对学生综合素质的培养，对学生进行系统的公民道德、身心素质、诚信意识、竞争能力、创新意识、团队意识，以及事业心、责任心和集体荣誉感的培养和教育，使毕业生能适应复杂多变的就业环境，成为用人单位用得起、留得住的人才。

（三）注重就业指导

学校的就业指导应以务实为原则，加强就业政策、就业观念、就业心理、就业实践、就业技巧等方面的指导，做好就业跟踪。对毕业生在求职中可能遇到的陷阱的识别、处理进行分析和引导，教育毕业生提高自我防范意识，防止上当受骗，凡事多留个心眼，多问几个"为什么"。在签订协议时，相关细节一定要核实清楚并留下证据，以防止用人单位在事后变卦，导致自身权益受到侵害。在寻找工作时应该通过正规的就业渠道，对于他人介绍的工作应事先做一定的调查了解，不要随意轻信。择业时应抱着一颗平常心，不要因为追求片面的高薪而陷入陷阱中。同时，学校在校内就业网上公布电话，学生如遇麻烦，可随时联系学校。

大学毕业生在择业时必须擦亮双眼，平衡心态，避开陷阱，以相应的对策，正确面对可能遇到的陷阱：

（1）无论如何都不能留下重要的证件、印鉴；不要缴纳面试费、保证金等费用，更不要随便签名盖章。

（2）利用电话或电子邮件招聘，不敢公开公司名称和地址的，要特别小心；对于民营的职业介绍所，最好查证它是否有合法经营资质。对于事先以电话联络，前往应聘才知道是一家非法职业介绍所的时候，不妨假装是路过来询问状况的人，以便对该公司的服务有进一步的了解。

（3）对于工作性质交代得很模糊的情况，要进一步搜集信息、探问清楚。如果对方讲得头头是道、天花乱坠，也不要马上相信他，尤其是不让提问或者一直转移话题对问题避而不答的。要了解月入数万元或数十万元的高薪招聘广告很可能来自一些不法的传销行业或骗人的吸金组织。

（4）毕业生在签约前，最好到用人单位进行实地考察，对用人单位的运行情况、拟安排的岗位、工作条件、用工制度及工资、住房、养老保险等各项待遇进行详细了解，切忌草率从事。签约时谨防有些单位在协议上所设的无保障协议、死协议、卖身协议、临时口头协议、押金协议等协议陷阱。为保险起见，书面契约还是更妥当安全。签订协议的时候对有关试用期的条款应保持足够的警惕，用人单位违约赔偿必须约定，一定要把单位承诺的待遇写清，要么写在协议书的备注栏里，或单独写在一张纸上，但一定要双方都签字盖章并各留一份，以保护自己的权益。

（5）一定要通过正规渠道找工作，对于各种招聘信息要认真分析，辨清真伪。切莫因求职心切而忽视或放松对对方的考察了解。正规的企业招聘，一般都是在平面媒体、人才市场等权威机构发布信息，而按照程序，人才市场会对招聘企业的资质进行审查，确定企业状况以及招聘信息的真实性。同时，企业会给人才机构派发委托单，正式确定招聘合作关系。可以多参加政府正式组织的或专门针对应届毕业生组织的大型招聘会。

（6）没有就业经验的应届毕业生，在接到企业打来的招聘电话时，一定要小心询问。首先，要了解对方是如何知道自己电话号码的；其次，弄清对方的详细地址和电话；最后，不要轻易对方相信电话里承诺的优厚待遇。同时，毕业生在发布个人求职信息时要选择信誉好的网站，因为有些不负责的网站随意将求职者的信息公开，这会给不法分子以可乘之机。

（7）毕业生在投递简历前必须向有意向的单位所在地的主管人事部门或学校有关部门求证核实。对于用人单位提出的面试或实习要求，要征得校方同意，离校之前必须留下尽可能多的联系方式。

第三节 防传销

【案例】2005年，某校三名女生反映，同宿舍同学施某于4月21日经同班同学李某介绍，前往广州应聘工作，至今未归。4月24日下午，施某的同乡卫某也报称，4月24日中午1时许，其与施某通话时，施某称被控制在番禺印刷厂对面一座楼内，随后电话即中断。接到学生的反映，施某所在学院立即将有关情况向保卫部门报告。经调查，得知学生万某在4月初经李某介绍私自前往广州求职，至今也失去联系。综合上述情况分析，施某、万某、李某很有可能身陷非法传销陷阱。校保卫处立即将情况报告公安机关，请求协助解救。4 月 29 日，保卫处、施某所在学院配合市公安局刑侦支队前往广州解救。在广东省公安机关的通力协作下，经过排摸调查，发现三名学生被困在广州番禺区。5 月 1 日晚上，解救小组采取行动，成功将三名学生解救出来，同时一并解救了其余十多名大学生。

所谓传销，本是指生产企业不通过店铺销售，而由传销员将本企业产品直接销售给消费者的经营方式。现在的传销已大多演变为非法组织以欺骗乃至胁迫的手段，靠强收"入门费"敛财。这里的传销，是指组织者或者经营者发展人员，通过对被发展人员以其直接或者间接发展的人员数量或者销售业绩为依据计算和给付报酬，或者要求被发展人员以交纳一定费用为条件取得加入资格等方式牟取非法利益，扰乱经济秩序，影响社会稳定的行为。

一、传销概述

（一）传销的形式

2005 年 8 月 10 日，国务院第 101 次常务会议通过《禁止传销条例》，该条例自 2005 年 11 月 1 日起施行。该条例中指出，如下行为，视为传销行为，予以禁止：

（1）组织者或者经营者通过发展人员，要求被发展人员发展其他人员加入，对发展的人员以其直接或者间接滚动发展的人员数量为依据计算和给付报酬（包括物质奖励和其他经济利益，下同），牟取非法利益的；

（2）组织者或者经营者通过发展人员，要求被发展人员交纳费用或者以认购商品等方式变相交纳费用，取得加入或者发展其他人员加入的资格，牟取非法利益的；

（3）组织者或者经营者通过发展人员，要求被发展人员发展其他人员加入，形成上下线关系，并以下线的销售业绩为依据计算和给付上线报酬，牟取非法利益的。

（二）传销与直销的区别

任何传销组织都不会直接以"传销"的名义发展人员，而大多以"直销"的名义欺骗大学生。分清传销与直销，分清传销与微商，是避免误入传销陷阱的重中之重。

（1）在直销活动中，直销商和直销企业通常会以销售产品为导向，其整个销售过程始终将把产品销售给消费者放在第一位。而传销活动则不一样，传销商和传销企业在开展传销活动的过程中，通常会以销售投资机会和其他机会为导向，其在整个从业过程中，始终把"创业良机和致富良机的沟通和贩卖"放在第一位，并不关注和推崇产品的销售。

（2）在直销活动中，直销商在获取从业资格时没有被要求交纳高额入门费，或购买与高额入门费价格等量的产品。而在传销活动中，传销商在获取从业资格时，一般会被要求交纳高额入门费或者购买与高额入门费等价的产品。

（3）在直销活动中，直销从业人员所销售的产品通常会有比较公正的价格体系，这种价格体系是经过物价部门专门批准的，其体现出销售过程中的公正性；而且其产品有正规的生产厂家和标准工艺流程，在出厂被销售的过程中，生产厂家均为其提供正规的售后服务。而传销活动中，由于其从业人员本身所贩卖的就是一种投资行为，所以对于产品本身并不关注，他们所关注的是投资回报的比例问题和速度问题，产品在传销过程中只是一个可流通的道具。

（4）在直销活动中，直销从业人员的主要收入来源有两个方面，一是直销从业人员自己销售产品所得到的销售佣金，这是直销从业人员长期的根本收益，其收入的多少完全由直销从业人员的销售绩效来决定；二是企业根据直销从业人员的市场拓展情况和营销组织的建设情况所给予的管理奖金。而传销活动中，传销从业人员的收入主要来自于其拓展营销组织（发展下线传销从业人员）时所收取的高额入门费，而不是来自于长期的产品销售所得到的正常佣金。

（5）在直销活动中，直销人员在其从业过程中通常会有岗前、岗中、岗后的系统培训，其内容包括产品培训、营销技术培训、客户服务培训、政策法律培训等。在传销活动中，传销从业人员虽然也有可能接受在直销活动中所推出的各种教育培训，但是它往往在形式上虚晃一枪，他们更推崇在从业过程中大规模的激励活动和分享活动，其内容比较单一，多为激励式的观念改变，其目的就是诱导听课者赶快买单从业或者加大从业力量。

（6）在直销活动中，直销从业人员和直销企业通常在其直销系统文化的建设中会坚决强调"按劳分配和勤劳致富"等原则，把直销活动当成一种正常的创造财富和分享财富的活动，其传播的是所有的收入均来自于自己的付出的观念，主张在营销技术上精益求精。而在传销活动中，传销从业人员和从事传销活动的企业通常在其传销系统文化的建设中会坚决强调"一劳永逸""一夜暴富"等价值观念和原则。

（7）在直销活动中，直销企业和直销从业人员最终的营销目标就是吸引越来越多的忠实客户群体，这些消费群体信任公司和公司的产品，愿意长期消费公司的产品，忠实于公司的品牌。而在传销活动中，从事传销活动的企业和传销从业人员的终极目标往往是"捞一票就走、迅速致富"，因而他们采取的方式往往就是"打一枪换一个地方"的机会贩卖，他们并不强调产品的重复消费和发展、维护忠实客户，不推广忠实消费者的理念系统。

（8）在直销活动中，直销从业人员的工作在前期主要是开发消费客户并销售产品给这些客户，但随着消费客户越来越多，其工作重心便逐渐进行了转换，即由前期的开发消费客户逐渐转为管理消费客户，并且在管理消费客户的过程中，及时准确地向各种消费客户提供各种消费资讯产品，售卖服务。而在传销活动中，传销从业人员的工作自始至终不会有什么变化，即总是围绕着"寻找下线、拉取人头"模式发展下线组织的工作重心展开。

（9）在直销活动中，直销企业通常会要求本企业的直销从业人员了解国家关于直销问题的各种政策法规信息，并自觉遵守各种政策法规，合法缴纳各种税金，尤其是个人所得税税金。而在传销活动中，从事传销的企业，通常的做法则是，截断各种通往从业人员的政策信息流系统，不鼓励自己的从业人员过多了解各种政策法规信息，也不会反复强调其作为公民的责任和义务。

（10）在直销活动中，直销企业和直销的从业人员通常会制定和执行良好的消费者利益的保护制度，一旦消费者权益受损，直销企业或直销从业人员必须采取各种形式对消费者进行补偿。而在传销活动中，由于从事传销的人员通常是以产品作为拉取人头、发展下线的一个道具，所以其交易一旦完成，就不允许退货，即使允许退货也往往伴随着各种各样的苛刻条件。在传销活动中企业基本上不按国际惯例设置正规的冷静期制度，即便有所设置，在实际执行中也会衍生出各种各样的障碍体系出来。因此，在传销活动中，消费者的正当权益基本上是极难得到维护的。

（三）传销与微商的区别

微商和传销在某些环节上近似，比较容易混淆。但正常的微商和传销其实有着本质区别。

（1）出发点不同。传销本身就是为了非法牟利，是不正当的商业行为。正常的微商却是一家合法的企业利用微商建立一套合理的销售体系，或者通过微商体系将客户的忠诚度串联起来。

（2）进入条件不同。传销必须缴纳一定的高额会费或购买一定的产品才能入会。实际上，在微商发展的早期，也有一些品牌打着微商的幌子做传销的事，这种行为自然是被排除在正常的微商行为之外的。而微商是低门槛或者零门槛经销者，比如我们周围就有很多不压货、无库存、无代理费的微商品牌。

（3）收入分配模式不同。传销的收入模式是按照人头数计算，因为它发展的每一个人都需要交纳高额会费或者购买产品（销售额是指发展一个下线，下线交纳多少会费）来赚取收入。真正的微商则是按照产品的销售业绩来获得收益，是大规模的个性化商业行为。

实际上，微商和传销区分的关键点在于，是不是致力于把产品送到消费者手中，追求双赢，同时有配套和持续的服务措施。

二、大学生误入传销的途径

（一）毕业求职误入非法传销

当前大学生面临日益严峻的就业形势，加之毕业生缺乏社会经验，这是大学生易误入非法传销的重要原因。非法传销极具诱惑性，以"迅速致富""高额回报""高薪招聘"等为诱饵，以"特许加盟""网络销售""市场营销""专卖代理""电子商务"等作伪装，以打电话联络感情、假借介绍工作设陷阱、谈理想抱负迷惑人心、神化非法传销活动等为手法，诱骗一些大学生误入歧途。

目前，最突出的是一些非法传销组织者不再利用销售商品来牟取暴利，而是通过"拉人头"等方式骗取高额的"入会费"，"上线"从"下线"上交的所谓"入门费""培训费"中提取"报酬"，以获得高额不义之财。对此，广大学生，尤其是即将毕业的学生应提高认识，增强自我保护意识，严加防范，避免被骗。譬如在投简历前必须向有意向的单位所在地的主管人事部门或向校学生处就业指导办公室求证核实；对于用人单位提出的面试或实习要求，事先要征得校方同意，在离校之前留下尽可能多的联系方式。

（二）轻信朋友误入非法传销

【案例】暑假，学生汤某的一个朋友与其联系，告诉汤某他在一个艰苦的环境中创业，希望汤某能在放假期间去帮帮他。虽然汤某很少一个人出门，但还是一个人千里迢迢跑到朋友所在的地方。因为汤某相信他需要帮忙，虽然其对具体情况一无所知。然而，让汤某不愿相信的是，正是这个他最信任的朋友诱骗其误入非法传销。在半年多的时间里，汤某目睹了非法传销骗人、害人的种种勾当，认清了非法传销的罪恶本质，也远离了非法传销。一年后，汤某恳求学校再给她一次机会，让她回校继续学习。汤某在忏悔信中写道："虽然我已离开传销组织快半年的时间了，但那些画面不断在我脑海里重现，让我痛苦、盲目、自闭。尽管那里的一切都已经结束，但是，它犹如一个巨大的伤疤留在我心里，一碰就鲜血直流。因为当揭开去年那一页时，我知道我用一把双刃剑，一边去伤害所有关心和爱护我的人，一边去刺伤自己，并改变甚至断送了自己的人生。在家待着的那段时间里，我常常一个人躲在黑夜里哭，特别是面对亲人和朋友对我无条件的宽容时，我更加难过。我老问我自己：为什么会走到今天这一步？以前的那个好女儿、好学生上哪里去了？甚至我曾想过以死谢罪，但死解决不了问题，那是懦夫的行为，那只能给关爱我的人更大的伤害。我唯一能做的是回学校好好上学，做一个坚强的人，要对得起所有关爱我的人，特别是要对得起我的父母……"

非法传销采取人身和精神双重控制，使传销人员很难脱离。当然，大学生容易误入非法传销也有其自身原因，主要表现在：一是社会接触面不广，且往往急功近利，对生活的期望值过高，很容易被宣称能"暴富"的非法传销诱骗。二是陷入传销组织的大学生大都性格比较内向，不爱说话，朋友少，容易相信别人。三是陷入传销组织的大学生大多来自较为贫困家庭，一旦被骗，无法索回交纳的"入会费"，但又想挽回损失，于是越陷越深，不能自拔。四是大学生一旦陷入传销组织，容易"洗脑"，往往会反过来诱骗朋友、同学等加入。

要引起注意的是，让你信任的人欺骗你，是非法传销的诱骗伎俩之一。因此，若遇朋友或同学请求帮忙或介绍工作时，应向对方了解具体的情况，或通过其家人了解其近况，倘若对方含糊其辞，甚至连其家人也不知其去向时，切不可随便前往帮助或应聘。

三、如何预防误入传销

（1）我们应该通过学习，从思想上抵制传销。要认真学习国务院《禁止传销条例》《直销管理条例》等有关法律、法规和国家的方针政策，增强对传销的本质、形式、欺骗性、危害性、违法性的认识和了解，不断提高识别能力，增强防范意识，防止因不学法、不懂法而误入传销陷阱；加强科学理论知识的学习，树立正确的人生观、价值观和择业观，戒除急功近利、投机暴富的心态，立足个人实际，诚信做人，诚实劳动，勤劳致富，自觉抵御传销歪理邪说的诱惑。

（2）我们应该通过宣传，从周围环境中扫除传销。要加强同学间的交流与沟通，在择业、就业过程中相互提醒，相互关心，携手抵制传销。对亲朋好友和同学游说外地"有份高薪工作"应保持高度警觉，以免上当受骗。一旦发现周围同学误入歧途，应想方设法劝导，使其尽快解脱。发现传销违法犯罪活动的迹象和嫌疑，应向学校或当地公安、工商部门举报，防止其继续危害社会。

（3）我们在遇到问题和困难时，应学会自我保护。如果遇上传销组织通过电话等各种方式骚扰，应认清其"暴富神话"的本质并不予理睬，及时向辅导员、老师报告或向当地公安、工商部门举报。如果以招聘或直销的名义诱引时，要辨清真伪。不明真相时，可求助于外援。如果不小心误入传销组织，也应认清状况，稳定情绪，尽量避免用极端的自残方法（如跳楼等）伤害自己。在保护好自身安全的同时，通过各种自救或他救方式机智地逃离传销组织控制，并协助当地公安、工商部门打击传销。

"抵制传销，从我做起"，让我们共同行动起来，使所有的亲朋好友拒绝传销、远离传销、自觉抵制传销，为家庭和睦、社会安宁做出积极贡献。

四、如何解救误入传销者

（1）冷静，不要冲动，不要一味地指责误入传销者，要学会理解他们。他们渴望改变、追求财富的欲望没有错，错在选错了道路，被别人利用和欺骗了。一味地指责只能让双方越来越对立，对事情的解决没有帮助。要"动之以情，晓之以理"，以理服人，摆事实，讲道理，戳穿传销美丽的谎言，让误入传销者知道事实的真相。

（2）马上破坏误入传销者的邀约市场，让所有的亲朋好友不要听信他们描绘的美好前景。很多朋友刚得到自己的亲朋好友在做传销的消息时，往往顾虑重重，觉得家丑不可外扬，为了保住面子，不愿意说出去，这是极端错误的。你的沉默只会让更多的人上当受骗，因为你做传销的亲朋好友骗不到你，他们还可以去骗别的不知情的亲朋好友，这样的话只会让他们越陷越深。如果他们失去了邀约市场，对传销组织来说也失去了价值。

（3）在做到以上两点以后，要及时把陷入传销的亲朋好友解救出来，还可以亲自去一趟，最好是父母出面。因为传销痴迷者已经执迷不悟，他们是不会心甘情愿地回来的，带上他们的父母去，可以将他们强制带回来。到了传销组织所在地后，应马上联系当地公安部门，寻求帮助。

在解救时，有可能遇到各种突发情况，在遇到这些情况的时候，一是要冷静，设法及时和反传销专业人员取得联系，向他们请教；二是要想方设法取得更多的帮助，公安、工商、的士司机，甚至路人，这些都是可以给你提供帮助的力量。在危急关头，特别是在遭到传销组织大量人员"围追堵截"时，应及时报警或高声向路人求助，主动争取一切可以利用的力量。

五、误入传销后如何自救

误入传销后，每一个受害者都想尽快逃离传销窝，但选择的途径不同，所引发的结果也不同。

（1）在身份证、手机、钱包被没收，无法外出、无法对外联系的情况下：假装对传销感兴趣，口头说可以先做试试看，目的是让传销分子放松警惕，然后假借要向家里要钱缴纳入门费，需要联系家里，这样就创造了外出或者拨打电话的时机。

（2）在无法外出、无法对外联系，拨打手机但有人监视的情况下（这种情况比较多见）：都不知道自己身在何处时，即使报警，说不清地址，警察依然无法有效展开救助。这时，只能在电话中假借各种名义，先找人借钱，然后借拿自己的银行卡去外面取钱获得外出的机会，通过向路人、警察大声呼救等方法脱身。

不要进行身体上的对抗，毕竟传销内部人多势众，不要硬碰硬，以免对自己的身体造成伤害。要利用一切机会外出，只要能够出去，就可以找机会获得帮助。

第十一章 旅游和游泳安全

【学习目标】
（1）了解旅游的基本安全常识、旅游出行前的准备工作。
（2）掌握旅游突发疾病的简易处理方法。
（3）了解旅游登山安全事宜。
（4）了解游泳前的准备工作及游泳的注意事项。
（5）了解防止溺水和游泳遇险时救险的方法。

第一节 旅游安全

【案例】2002年8月，北京大学山鹰社一批大学生攀登西藏境内的希夏邦玛西峰时，五名队员遭遇雪崩身亡。2010年12月，复旦大学学生在黄山走入非旅游路线遇险，一名当地民警在救人时牺牲。2012年4月4日，上海交通大学和华东政法大学数十名大学生自发出游，在苏州太湖不幸发生游船意外事故，导致四死四伤。

一、旅游安全常识

（1）了解旅游的目的和行程计划。组织者必须让参加旅游的人员明确旅游的目的和行动计划，以及每日行程的目的地、到达之后的行动，以保证旅游安全、顺利地进行。

（2）了解所去地区的天气及疫情。出发前了解清楚旅游地的天气和疫情，这样，可以携带必备的衣物，也有灵活机动地安排活动的思想准备，并做好疾病预防工作，避免染病。

（3）明确不可去的地方。组织者首先应明确未开发区、疫区、洪区等地不能去。不能盲目到一些未开发的地区去进行旅游探险。

（4）采取团队的方式。同学们外出旅游最好以组团的方式，由于所到之处人地两生，有旅游团导游带领，不仅参观具有典型意义，也比较安全；发生问题可以由导游与当地的旅游部门联系解决。

（5）注意旅游交通安全。选择安全可靠的交通工具，不乘坐无运输营业资格的交通工具。如果乘大巴出行，切记到加油站不能用手机，更不能打火吸烟。如果骑自行车，必须遵守交通规则。如果以飞机作交通工具，那么，不可带任何刀具；自飞机起飞到降落一定关上手机，系好安全带，不能大声说笑打闹，一切听机组人员的指挥。

（6）注意住宿安全。旅游途中，每到一处住宿，必须注意防盗防火，出入必须随手关门；要查看灭火器材放置的位置和消防通道的方向，以防万一。另外，还要注意晚间可能有电话骚扰。

（7）注意饮食安全。每到一处旅游地，都有一些地方小吃，切记"病从口入"，不要随便食用。可以请导游带领去卫生条件好的餐馆品尝。每餐到旅游定点餐馆去，卫生条件比较有保证。

（8）要了解当地的风土人情。去少数民族地区，要尊重少数民族的习俗，务必请导游介绍当地的风土民情，以及言语、行动、购物、饮食方面的忌讳，以免发生不必要的问题与麻烦。

（9）确定联系的方法。旅游参观行动以团队整体为好，不可单独行动；不方便的话，可以三五人一组，约好集合的时间、地点。每人的手机号必须给领队，以便找人。

二、旅游出行前的物品准备

出行前物质上要有充分的准备。

（1）要根据所去目的地的季节准备好个人的洗漱用具。

（2）除了本身正在用的药品外，还要带些治疗肠胃炎、感冒的药和治疗外伤的药（如碘酒、消炎粉、创可贴）。

（3）带好旅游团队用的标志旗、旅游帽，以便行路、集合时大家好辨认。

（4）带上指南针以便在不熟悉的地方辨别方向。

（5）无论组团或非组团旅游，都要带好身份证、学生证等。

三、旅游突发疾病的简易处理

（1）晕厥。劳累、中暑、饥饿等原因，可令人突然昏倒，不省人事。此时可用拇指捏压患者的合谷穴（虎口中），持续几分钟有望苏醒。

（2）吐血。用中指按压内关穴约1分钟，至有酸胀感为止，可望止住吐血。病情缓解后，应尽快去医院治疗。

（3）心绞痛。当心绞痛发作，一时无法找到硝酸甘油片等药物缓解时，周围人可用拇指掐患者中指指甲根部，让其有明显痛感，亦可一压一放，持续几分钟，并应及时送医院。

（4）流鼻血。偶然发生鼻出血，可迅速掐捏足跟，左鼻孔出血掐捏右足跟，右鼻孔出血掐捏左足跟，便可止血。

（5）胃痛。胃痛时，用双手拇指揉患者的双腿足三里穴（位于膝下三寸，腿骨外侧一横指处），待有酸麻胀感后持续几分钟，胃痛可明显减轻或消除。

（6）抽筋。腿或脚部抽筋时，可立即用大拇指和食指捏住人中穴，持续用力捏几十秒钟后，抽筋的肌肉就可松弛，疼痛也随之缓解。

四、旅游登山安全

参加登山活动，必须具备体力、装备、知识三大要素；同时，登山还是一项需严密组织、精心准备的集体活动，一定要有组织、有准备地进行。

过去几年间，大学生登山屡屡发生事故。如2005年7月3日，3名来自北京大学和清华大学的学生在贵州省六枝县登山时发生事故，其中1名清华大学大三学生坠崖死亡。

旅游登山应注意以下几点：

（1）出行前规划旅游线路，充分了解交通路况，进入山区应注意塌方落石与路基塌陷。

（2）登山前应了解自己的健康状况，随身携带药物；有高山反应及身体不适者，勿勉强上山。

（3）特别要注意选择合适的登山服装，尽量轻装上山，少带杂物，以减轻负荷；要穿旅游鞋或布鞋，勿穿高跟鞋，以免造成登山不便和有碍安全；要准备好互相联系以及与外界联系的通信工具；如借助拐杖，要注意选择长短、轻重合适与结实的拐杖。

（4）活动前或进入山区后，应随时注意气象变化。遇到下雨时在山上不可用雨伞而应用雨披，这是为避雷电并防止山上风大连人带伞给刮跑。

（5）要做到观景不走路，走路不观景；照相时要选择能保障安全的地点和角度，尤其要注意岩石有无风化。

（6）登山队伍不可拉得太长，应该常保持前后呼应的状况。迷路时应折回原路，或寻找避难处静待救援，以减少体力的消耗。

（7）上山后注意林区防火，沿途不能吸烟。

（8）爱护自然环境，不破坏景观资源，维护环境整洁，不任意丢弃垃圾。

第二节　游泳安全

【案例】2007年5月底，安徽某高校团委组织的校级篮球赛已经进入总决赛。在打完比赛后，学生队员张某不经请假，未坐校车返回，私自约另两名队员翻越学校围墙，到标有"水深危险"的郊区水库游泳，在中央水深处突发肌肉抽筋。学校老师发现该生未归队，迅速查找后及时追到，因荒郊水库过大且张某已游至中央而无法及时施救。最终张某溺水而亡，警方花费近20小时才将尸体打捞上岸。

在学生群体中，意外伤害是丧失生命的一个重要原因。调查显示，溺水身亡是首要因素。溺水是指水被强制吸入体内肺部，导致人体缺氧窒息的危急病症。

发生溺水事故的主要原因有泳技不好、水情不熟、疾病、过长时间潜水、碰撞、抽筋、好奇心促使下水、"不服气"心理驱使下水、为显示本领而冒险、以为救生圈在手就万事大吉等。溺水多发生在夏季海边、江河、湖泊、池塘、游泳池等地方。一旦发生溺水，少数溺水者因大量水灌入胃腔，出现上腹部膨胀，多数溺水者四肢发凉，意识模糊，重者心跳和呼吸停止。溺水者面色青紫肿胀，眼球结膜充血，口鼻内充满泡沫、泥沙、碎屑等杂物。窒息是溺水者死亡的主要原因。大部分学生自制力差，自救意识和能力薄弱，同时又热爱户外运动。因此，在日常学生管理和教育中教会学生基本的安全常识和自救方法，可以有效地预防学生溺水情况的发生，或者在溺水时可以自救，尽量避免意外的发生。

一、游泳前的准备工作

游泳是一项深受大众喜爱且对身体有益的活动，但同时游泳也存在着重大的安全隐患。为保证生命安全，在游泳前应该做好以下准备工作：

（1）游泳前需要体检。游泳者在下水前要对自己的身体状况有所了解，以免出现意外。患有严重沙眼、高血压、肺结核、中耳炎、心脏病、皮肤病以及各种传染病的人不得下水游泳，这些人游泳不但对自己的身体不利，还有可能将疾病传染给其他人。

（2）游泳前要做适量的准备活动，主要以伸展四肢的运动为主，目的在于增加肌肉的协调性，使身体各部位肌肉、关节及内脏器官、神经系统都进入兴奋状态，减少下水后遭遇意外事件的可能。准备活动包括跑步、做操、弯腰、压腿、摆手等伸展身体的运动。还应用少量冷水冲洗一下躯干和四肢，这样可以使身体尽快适应水温，避免出现抽筋、头晕、恶心、心慌现象。

（3）饱食或者饥饿时，剧烈运动、繁重劳动、过度疲劳和饮酒后，不要游泳。尤其是在满身大汗、浑身发热的情况下，不可以立即下水，否则易引起抽筋、感冒或意外。饱餐后游泳则会使血液分布发生变化，脑部血液供给不足，会出现头晕，造成险情。饥饿时人体内血糖含量降低，如这时游泳就会出现头晕、昏厥以致溺水。过度疲劳后游泳容易造成抽筋或因体力不支而溺水。饮酒能刺激中枢神经系统，使之处于过度兴奋或抑制状态，故酒后游泳容易发生溺水事故。尤其要注意的是女同学在月经期间也不宜去游泳。

（4）游泳应该携带救生工具和必要的急救药品。为确保安全，游泳时应该配备救生圈、救生衣等救生工具。在游泳过程中，可能发生意外，因此，携带必要的急救药品是必不可少的，有条件的可配备药品箱。

二、游泳注意事项

（1）不能一个人独自外出游泳。一个人去游泳最容易出问题，而且一旦出问题没有人相救。学生应该在熟悉水性的人的带领下去游泳，以便互相照顾。要慎重选择游泳场所，不要到江河湖海中游泳。水下情况不明时，不要下水。如果集体组织外出游泳，下水前后都要清点人数并指定救生员做安全保护。不是体育类专业的高校，建议不要组织集体游泳。

（2）选择好的游泳场所，对是否卫生，水下是否平坦，有无暗礁、暗流、杂草，水域的深浅等情况要了解清楚。一般情况下，凡是水况不明的江河湖泊、山塘水库都不宜游泳；被污染了的河流、水库和有急流处、两条河流汇合处以及落差较大的河流湖泊，均不宜游泳；来往船只较多、受到污染和血吸虫等病流行地区的水域也不宜游泳。对于学生来说，最好的游泳场所就是室内游泳池，那里的安全系数最高。

（3）恶劣天气如雷雨、暴风，或天气突变等情况下，也不宜游泳。雷雨天气游泳可能会导致在水中被雷击而出现危险情况；暴风天气游泳，因风较大或风向转变使游泳者异常吃力，易导致游泳者体力不支而出现险情。

三、防止溺水

为保障游泳安全，防止溺水事故的发生，必须做到以下几点：

（1）要十分了解自己的水性，不要贸然跳水或潜泳，下水后不能逞能，更不能互相打闹，以免呛水和溺水。不要在急流和漩涡处游泳。

（2）要十分了解自己的身体状况，做好下水前的准备，先活动活动身体，如水温太低应先在浅水处用水淋洗身体，待适应水温后再下水游泳。另外，游泳时不要佩戴任何首饰，以免刺伤自己。

（3）要有一定的自救常识。在游泳中，如果突然觉得身体不舒服，如心慌、恶心、眩晕、气短等。要立即上岸休息或呼救。若小腿或脚部抽筋，可用力蹬腿或做跳跃动作，或用力按摩、拉扯抽筋部位，同时呼叫同伴救助。

四、游泳遭遇危险时的救险

（一）溺水自救

在游泳过程中，由于缺少游泳常识而溺水死亡的现象时有发生。游泳者除了要注意游泳卫生，还应掌握必要的游泳安全和水中救护的知识与技能，如此才能有效地预防疾病和避免突发事件。

溺水是由于大量的水灌入肺部，或冷水刺激引起喉痉挛，造成窒息或缺氧，若抢救不及时，几分钟内即可死亡。一旦发生溺水，等医院急救可能会失去宝贵的抢救时机，因此，必须掌握基本的自救方法，争分夺秒地进行现场急救。

游泳时发生溺水事件的概率很高，即使有不少地方采取了救护措施，有时候也难免会发生意外，所以游泳者应该了解溺水后的自救方法。

（1）手脚抽筋是最常遇到的溺水原因。一旦发生手脚抽筋，首先要迅速稳住身体，将抽筋肌肉拉直。

如果是手指抽筋。可将手握拳，然后用力张开，迅速多次重复该动作，直到抽筋消除。

如果是脚趾抽筋，尽量找到接近浅水区或池壁的地方，如果短时间内找不到的话，最好的方式是先踩水，然后用力用手指将脚趾向上扳，或者用力猛蹬，反复重复这个动作，帮助抽筋的部位拉直。

若是大腿或小腿抽筋，先吸一口气仰浮水上，采用拉长抽筋肌肉法，用抽筋肢体对侧的手握住抽筋肢体的部位，并用力拉扯，同时用同侧的手掌压在抽筋肢体的膝盖上，帮助抽筋腿伸直。

（2）呛水后慌张容易引起溺水。如果不慎呛水，要保持清醒的意识，迅速调整游泳姿势，保持好身体重心，这样可缓解呛水带来的不适感。

（3）在饥饿、紧张、疲劳、激动时下水可能会引起不舒服或晕眩。在水中发现此类情况的前兆后要立即上岸休息，补充糖分。如果事发突然，要紧急向岸边的救助人员或旁边的游泳者发出求救信号。

（二）水中救护

水中救护是指发生水上事故时，对溺水者所采取的使其脱离生命危险的紧急救护措施，通常可以分为间接救护和直接救护两种。

（1）间接救护。间接救护是指利用竹竿、浮球、救生圈、救生衣、木板等救护器材对溺水者进行紧急现场救护。当溺水者在水中需要救护时，只要有条件使用救护器材的，应尽可能使用，特别是正在呼救、挣扎、离岸较近的人，要采取必要措施让其尽快脱离险境。如果救护者不会游泳，而且又没有救护工具，应立即大喊求救。

（2）直接救护。在间接救护条件不充分或溺水者已经处于昏迷状态时应直接救护。在直接救护时，救护人员应注意下列几点：

第一，救护人员在下水救人前首先必须观察好溺水者的被淹地点，应在第一时间到达确定的地点救人。其次，要看清楚溺水者的浮沉情况，如果溺水者已经昏迷，先要把溺水者的脸部托出水面，然后托举。若溺水者正在挣扎，须从后面接近溺水者，避免被溺水者抱住。

第二，救护人员下水救人时，要沉着冷静，先观察水情，选择合适的下水地点和措施，救护人员跳水的方法最好是腿部向下，切忌头部先入水。救急流中的溺水者，应从溺水者的斜前方入水，朝溺水者游去。方法不正确容易导致救护人员受伤，影响救援。如溺水者已经沉没，应迅速寻找打捞。救护人员一般采用反蛙泳或侧泳将溺水者拖带至岸边。

第三，救护者救人时应游到溺水者后方，用左手从其左臂和上半身中间握住溺水者的右手或托住溺水者的头，用仰泳方式将其拖到岸边。溺水者如果把救护者抱住不放，救护者应想办法与溺水者脱离，然后再救。

此外，在实施水中救护时，需注意游泳者在溺水过程中的习惯动作是胡乱挣扎，只要抓到东西，就像抓到了"救命稻草"，不肯松手，连救护人员也可能被溺水者抱住而加大救护的难度，甚至会出现溺水者和救护者都出现险情的局面。故在此，给大家介绍几种救护人员的水中解脱法。

①虎口解脱法。如果救护者的手臂被溺水者抓住，救护人员可以用被抓的手臂用力按

压溺水者的虎口，可使溺水者的手指松开。

②扳指解脱法。若溺水者从背后抓、抱救护者时，趁溺水者两臂未抱住时可用力反扳溺水者的中指而避免被抓抱。

③推扭解脱法。若溺水者从前面抓、抱救护者，趁溺水者两臂未被抱住时可推托溺水者下颚，或扭转溺水者颈部。

④托肘解脱法。若溺水者从前或后把救护者的身体及两臂抱住，可把溺水者的肘部上托，身体下钻，以免出现两人都不能动弹的局面。

（三）对溺水者的急救

在游泳中遇到溺水事故时，现场急救刻不容缓，心肺复苏最为重要。将溺水者救上岸后，要立即清除其口腔、鼻腔的呕吐物和泥沙等杂物，保持呼吸通畅，松解溺水者的衣领、纽扣、内衣、腰带、背带等，同时注意保暖；将溺水者的舌头拉出，以免舌头后翻堵塞呼吸道；将溺水者的腹部垫高，使胸及头部下垂，或抱其双腿将腹部放在急救者肩部，做走动或跳动"倒水"动作。恢复溺水者呼吸是急救成功的关键，应立即进行人工呼吸，可采取口对口或口对鼻的人工呼吸方式。在急救的同时应迅速送往医院救治。具体程序和方法如下：

（1）迅速将溺水者拖上岸。由于溺水者在水中呛水非常快且呛水量大，在水中溺死的过程很短，所以应以最快的速度将其从水中救上岸。若溺水者溺入深水中，救护者在水中救护时应从背部将溺水者的头托起或拉住其胸部，使其面部露出水面，然后将其拖上岸。

（2）倒出呼吸道积水。溺水者被救上岸后，应立即倾倒出其腹腔尤其是呼吸道内的积水，以保证其呼吸道畅通。有如下方法：

①救护者一腿跪地，另一腿屈膝，将溺水者腹部横放在救护者大腿上，使溺水者头足下垂，接着按压溺水者背部或者抖动大腿，使其胃内积水倒出。

②救护者从后抱起溺水者的腰部，使其背向上、头向下，轻轻抖动，也能使积水从其腹部倒出来。

③溺水者俯卧于救护者肩部，使其头足下垂，当救护者来回跑动时就可倒出其呼吸道内积水。倒水的同时还必须用手清除溺水者咽部、鼻腔里的泥沙和污物，保持呼吸道畅通。但要注意，倒水的时间不宜长，以免延误心肺复苏。

（3）倒净溺水者呼吸道积水后，马上检查溺水者的心跳、呼吸情况，必要时对其进行人工呼吸。

①一般以口对口吹气为最佳。急救者位于溺水者一侧，托起溺水者下颌，捏住溺水者鼻孔，深吸一口气后，往溺水者嘴里缓缓吹气，待其胸廓稍有抬起时，放松其鼻孔，并用一手压其胸部以助呼气。反复并有节律地进行（每分钟吹16～20次），直至恢复呼吸为止。

②对呼吸、心跳微弱或刚停止的溺水者，迅速进行口对口（鼻）式的人工呼吸，并施行胸外心脏按压。让溺水者俯卧，一臂前伸，一臂枕在其头下，脸侧向，按压背部、肋腰部位，一压一松，每分钟16～18次。溺水者也可仰卧，两臂上举，按压方法与俯卧式相同，结合按摩心脏。必要时，也可采用口对口的吹气方法。人工呼吸与胸外心脏按压和吸氧在送往医院途中也不能停顿，坚持数小时乃至更长，待判定好转或死亡后才能停止。

③对呼吸已停止的溺水者，应立即进行人工呼吸和胸外心脏按压。急救者将手掌根部

置于溺水者胸骨中段进行心脏按压，下压要慢，放松时要快，每分钟 80 ~ 100 次，与人工呼吸互相协调操作，与人工呼吸操作之比为 5 ∶ 1，如一人施行，则心脏按压与人工呼吸之比是 15 ∶ 2。让溺水者仰卧，背部垫一块硬板，头稍后仰，急救者位于溺水者一侧，面对溺水者。右手掌平放在其肋骨下段，左手放在右手背上，借急救者身体重量缓缓用力。不能用力太猛，以防骨折，将胸骨压下 4 厘米左右，然后松手腕（手不离开肋骨）使胸骨复原，反复有节律地进行（每分钟 60 ~ 80 次），直到心跳恢复为止。

④经现场急救处理，在溺水者呼吸、心跳恢复后，立即将其送往附近医院。在送医院途中，仍需不停地对溺水者做人工呼吸和心脏按压，以便于医生抢救。事故现场如果具备医疗条件，可对溺水者注射强心药物及输氧。溺水者苏醒后要禁食，用抗生素治疗防感染。

第十二章　公共安全

第一节　自然灾害

一、预防和应对雷电灾害

【案例】2015 年 6 月 12 日，宜春 120 接诊了一例雷电击伤患者，该患者是一名在校女大学生。医务人员接到报警后火速赶到现场，了解到该大学生约 10 分钟前在厕所被雷电击中，晕倒在地，几分钟后自行清醒，自觉头部和肘部有疼痛，头部有少量出血，还有逆行性记忆丧失。同行的同学发现后立即报警。医务人员在现场对患者做了心电图、血糖检查，进行了包扎止血、吸氧、静滴抢救药品等急救，后监护转运到医院进一步救治。

雷电是发生在大气层中的一种声、光、电混合现象。雷电对人的伤害方式，归纳起来有四种，即直接雷击、接触电压、旁侧闪击和跨步电压。打雷放电时间极短，但电流异常强大。放电时产生的强光，就是闪电。闪电时释放的大量热能，能使局部空气温度瞬间升高 1 万 ～ 2 万摄氏度。如此巨大的能量，具有极大的破坏力，可造成电线杆、房屋等被劈裂倒塌以及人、畜伤亡，还可能引起火灾及易燃物品爆炸。雷电全年都可能发生，而强雷电多发生于春夏之交和夏季。

（一）室内防雷

雷电来临时，躲到室内是比较安全的，但这也只是相对室外而言。在室内如果不注意采取措施，也可能遭受雷电的袭击。下面就来介绍几种室内防止雷电灾害的措施。

（1）未来天气早知道。注意收听天气预报，当预报有雷雨天气时，应合理安排户外劳动和活动，尽量不要外出。

（2）发生雷雨时，在房间内一定要关闭好门窗，目的是为了防止直接雷击的雷电电流入侵。同时还要尽量远离门窗、阳台和外墙壁，以防雷击到你所处的房屋时，会受接触电压和旁侧闪击的伤害，成为雷电电流的泄放通道。

（3）要保持室内地面的干燥，房子漏雨应及时修好。在室内不要靠近，更不要触摸任何金属管线，包括水管、暖气管、煤气管等。特别要注意在雷雨天气不要洗澡，尤其是不要使用太阳能热水器洗澡。不要穿潮湿的衣服，不要靠近潮湿的墙壁，不要赤脚站在水泥地上。另外，室内随意拉一些铁丝等金属线，也是非常危险的。如果室内的地板或电气线路潮湿，雷电电流的漏电就有可能伤人。室内的金属管线接地不好，接地电阻很大，雷电电流不能很通畅地泄放到大地，就会击穿空气的间隙，向人体放电，造成人员伤亡。

（4）雷雨天气时在房间里不要使用任何家用电器，包括电视、电脑、电话、电冰箱、洗衣机、收音机、微波炉等。这些电器除了都有电源线外，电视机还会有由天线引入的馈线，电脑和电话还会有信号线。雷击电磁脉冲产生的过电压，会通过电源线、天线的馈线和信号线将设备烧毁，有的还会酿成火灾，人若接触或靠近设备也会被击伤、烧伤。要尽量避开电源线、电话线、广播线。电源线、电话线、天线要安装相应的避雷、接地装置，以防止这些线路和设备对人体二次放电。

（二）室外防雷

在雷电发生时，应尽量不要到室外活动，大多数雷击死亡的事故都发生在户外。如果躲避不及，在室外遇到雷雨天气时，可以采取以下防护措施：

（1）一般情况下，高大的物体以及物体的尖端是容易被雷击的，所以在室外不要靠近铁塔、烟囱、电线杆、旗杆等高大物体，更不要躲在大树下或者到孤立的棚子和小屋里避雨。这是为了减少或避免受到接触电压、旁侧闪击以及跨步电压的伤害。例如去黄山旅游，雷雨时就不要攀登高峰，不要用手扶铁链。

（2）为了防止雷击，较高的建筑物一般都安装了避雷针，可以保护周围不受雷击。在室外万一无处躲藏，可以躲在与避雷装置成45°夹角的圆锥范围内，这是一个避雷针安全保护的区域，但注意不要靠近防雷装置的任何部分。若找不到合适的避雷场所，可以蹲下，两脚并拢，双手抱膝，尽量降低身体重心，减少人体与地面的接触面积。千万不要躺在地上、壕沟或土坑里。如能立即披上不透水的雨衣，防雷效果更好。

（3）雷雨天气尽量不要在旷野里行走。在郊外旷野里，与周围比较，你可能是最高点，也就是说你将处于尖端的位置。不要站在高处，也不要在开阔地带骑车或骑马奔跑，更不要撑着雨伞，拿着铁锹和锄头，或任何金属物体，因为这样可能会遭到雷击。要找一块地势低的地方，站在干燥的，最好是有绝缘功能的物体上，蹲下且两脚并拢，使两腿之间不会产生电位差。如果有急事需要赶路时，要穿塑料质地的不透水的雨衣，要走得慢些，步子小点。

（4）为了防止接触电压的影响，在室外千万不要接触任何金属的东西，如电线、铁丝网、金属晒衣架、钢管、铁轨等导电的物体。身上最好也不要带金属物件，因为这些东西会感应到雷电，灼伤人的皮肤。另外，在雷雨中也不要几个人挨在一起或牵着手跑，相互之间要拉开几米，这也是为了避免在遭受直接雷击后传导给他人，以减少跨步电压的危害。

（5）当在野外高山活动时，遇到雷雨天气是非常危险的，千万不要靠近空旷地带或山顶上的孤树，那是最易受到雷击的地方。高大的树林的边缘、电线、旗杆的周围和干草堆、帐篷等无避雷设备的高大物体附近，铁轨、长金属栏杆和其他庞大的金属物体近旁，山顶、制高点等场所也不能停留；不要躲进空旷地带孤零零的棚屋、岗亭里。在大岩石、悬崖下和山洞口躲避，可能会遭到雷电流产生的电火花的袭击。最好是躲在山洞的里面，并且尽量躲到山洞深处，两脚并拢，身体不可接触洞壁，同时要把身上的金属物件拿出来放到，至少5米外。

（6）在雷雨天气时，千万不要到江河湖塘等水面附近去活动。因为水体的导电性能好，人在水中和水边被雷电击死、击伤的概率特别高。所以在雷电发生时，要尽快上岸躲避，并且要远离水面。

（7）如果能找到一栋有金属门窗并装有避雷针的建筑物，躲在里面是非常安全的。如有条件应进入有宽大金属构架、有防雷设施的建筑物，或金属壳的汽车、船只。但是帆布篷车和拖拉机、摩托车等在雷电发生时是比较危险的，应尽快离开。金属的汽车外壳是一个非常好的屏蔽。一旦有雷击，金属的外壳会很容易地把雷电电流导入大地。人在汽车里要关好汽车门窗。

（8）身处空旷地带宜关闭手机。手机已是人们日常生活中的主要通信工具，然而雷鸣电闪时，一定不要使用手机，手机电磁场极有可能成为祸根。

（三）抢救被雷电击伤的人员

人在遭受雷击前，会突然有头发竖起或皮肤颤动的感觉，这时应立刻躺倒在地，或选择低洼处蹲下，双脚并拢，双臂抱膝，头部下俯，尽量缩小暴露面即可。高压电线遭雷击落地时，近旁的人要保持高度警觉，当心地面"跨步电压"的伤害。逃离的正确方法是：双脚并拢，跳着离开危险地带。

当人被雷电击伤后，如不及时采取应急措施，将会造成严重的后果。受雷击而烧伤或休克的人，他的身体是不带电的，因为天空中的闪电只持续很短的时间，雷电击中人后，电流已经通过人体泻放到大地，所以对受伤者进行抢救是没有危险的，抢救时不要有顾虑。受伤者的身体被雷电的电火花烧伤只是表面现象，最危险的是对心脏和呼吸系统的伤害，应该迅速实施紧急抢救。若伤者失去知觉，但有呼吸和心跳，则有可能自行恢复。应该让他舒展平卧，安静休息后再送医院治疗。通常被雷击中的受伤者，常常会发生心脏停止、呼吸停止，这实际上是一种"假死"现象。要立即组织现场抢救，使受伤者平躺在地，再进行口对口的人工呼吸，同时要做心外挤压或按摩。如果不及时抢救，受伤者就会因缺氧死亡。另外，要立即呼叫急救中心，由专业人员对受伤者进行有效的处置。

二、应对地震灾害

地震是一种自然现象，目前人类尚不能阻止地震的发生，但可以采取有效措施，最大限度地减轻地震灾害。本部分旨在帮助同学们学会未雨绸缪，以便在大地震时正确逃生。

（一）地震逃生常识

地震时切忌惊慌。要沉着冷静，迅速采取正确行动。特别是在高楼和人员密集场所，就地躲避最现实。我国有过地震本身并没造成任何破坏，但惊慌失措的人们互相拥挤踩踏造成重伤甚至死亡的教训。地震中的大多数伤亡，是在人们进出建筑物时被坠物击中造成的。地震发生后，慌慌张张地向外跑，碎玻璃、屋顶上的砖瓦、广告牌等掉下来砸在身上，是很危险的。

（1）平时注意为突发状况准备应急物品，包括水、食品、应急灯和备用电池、便携式收音机、急救箱和急救手册、灭火器、重要文件和现金、衣服等。

（2）住平房的居民遇到级别较大的地震时，如室外空旷，应迅速跑到室外躲避，尽量避开高大建筑物、立交桥，远离高压线及化学、煤气等工厂。来不及跑时要迅速钻到重心较低且结实牢固的床下、桌下，远离玻璃制品、建筑物外墙、门窗以及其他可能坠落的物体，例如灯具和家具，同时用被褥、枕头、脸盆等物护住头部，并用毛巾或衣物捂住口鼻防尘、防烟。等地震停下的间隙再尽快离开住房，转移到安全的地方。没有桌子等可供藏身的地方时，也要用坐垫等物保护好头部。

（3）如果住在楼房中，发生了地震，不要试图跑出楼外，因为时间来不及。最安全、最有效的办法是，及时躲到两面承重墙之间最小的房间内，如厕所、厨房等。也可以躲在内墙根、墙角、坚固的家具旁等易于形成三角空间的地方，并且注意保护好头部。千万不要去阳台和窗下躲避。不要使用电梯，更不能跳楼。万一在搭乘电梯时遇到地震，将操作盘上各楼层的按钮全部按下，一旦停下电梯开门，迅速离开电梯。电梯一般都装有管制运行的装置，地震发生时，会自动运行，停在最近的楼层。万一被关在电梯中的话，可通过电梯中的专用电话与管理室联系、求助。

（4）如果正在上课时发生了地震，不要惊慌失措，更不能在教室内乱跑或争着往外跑。靠近门的同学可以迅速跑到门外。中间及后排的同学可以尽快躲到讲台、课桌、办公桌下，用书包护住头部。靠墙的同学要紧靠墙根，双手护住头部。

（5）如果正在街上，绝对不能跑进建筑物中避险，也不要在高楼下、广告牌下、狭窄的胡同、桥头、斜坡及架空电线、水泥预制板墙、门柱等危险的地方停留。注意用手或手提包等保护好头部，避开危险之处。在繁华的大街上，最危险的是玻璃窗、广告牌等物掉落下来砸伤人。此外，还应该注意自动售货机翻倒伤人。

（6）如果在公共场所时发生地震，不能惊慌地乱跑。可以躲到就近比较安全的地方，如桌柜下、舞台下、乐池里。在人多拥挤的地方，不要为寻找掩护或出口而仓皇逃跑。在百货公司、地下街道等人员较多的地方，最可怕的是发生混乱。应依照商店职员、警卫人员的指示来行动。不要听信谣言，不要轻举妄动。从携带的收音机等中把握正确的信息，相信从政府、警察、消防等防灾机构和人员处直接得到的信息。

（7）地震时若正在驾车行驶，应迅速躲开立交桥、陡崖，不要停留在建筑物下、大树旁、电线杆旁、电线电缆下等，尽快选择空旷处立即停车，留在车厢内直至地震停止。应把车窗关好，车钥匙插在车上，不要锁车门，并和当地的人一起行动。地震停止后小心前进，注意道路和桥梁的损坏情况，不要试图穿越已经损坏的桥梁。

（8）正在野外活动时发生地震，应尽量避开山脚、陡崖，以防滚石和滑坡。如遇山崩，要向远离滚石前进方向的两侧方向跑。正在海边游玩时，应迅速远离海边，以防地震引起海啸。隧道内的人应在安全的情况下尽快离开，走到空旷的地方。避难时要徒步，携带物品应在最少限度，绝对不能利用汽车、自行车避难。

（9）当灾难发生时，你很可能在72小时之内得不到任何救助，因此至少要学会如何撑过这72个小时。如果被困在废墟下，设法清除压在身上的物体，尽可能用湿毛巾等捂住口鼻，防止烟尘引起窒息；不要点火柴；不要向周围移动，避免扬起灰尘；要注意保存体力，设法找到食品和水，创造生存条件，等待救援。可敲击管道或墙壁以便救援人员发现自己。可能的话，使用哨子。在其他方式都不奏效的情况下再选择呼喊——因为喊叫可能使人吸入大量有害灰尘并消耗体能。设法用砖石等支撑上方不稳的重物，保护自己的生存空间。

（10）地震时可能会发生火灾，此时不能依赖消防车来灭火。以压低身体的姿势避难，并做到绝对不吸烟。地震发生时一定要确保：切断保险丝或跳闸；关闭煤气阀门；关闭自来水阀门。注意避开一些可能的隐患：可能会倒塌的又高又重的家具，比如书架、橱柜或是定制的组合柜；可能会从管道上脱离并碎裂的热水器；可能发生移动、扯坏煤气管道或电线的物品；悬挂在高处较重的盆栽植物，有可能脱钩坠落；挂在床上方较重的相框或镜子，有可能在地震中坠落；橱柜或别的柜子剧烈晃动时，柜子的插销可能会松动打开；放置在开放式储物架上的易碎品或重物可能会坠落摔碎。

（二）震后的注意事项

首先，如果已经离开房间，千万不要地震一停就立即回屋取东西。因为第一次地震后，接着会发生余震，余震对人的威胁会更大。确定地震停止后可以做如下事情：

（1）检查伤情。检查伤亡及损毁的情况，如有需要，立即寻求协助。如果有人呼吸停止，进行口对口人工呼吸；如有流血的外伤，立即直接压迫伤处止血，不要移动重伤员，除非有伤情扩大的紧急危险；用毛毯包裹伤员，以保持体温。

随身携带用干电池供电的收音机，以获取最新的救援消息和新闻报道。临海居住的人们要警惕可能会引发的海啸。海啸是地震引发的海浪。若当地政府发布了海啸预警，要意识到危险的海浪正在逼近，这时要尽快撤到内陆的高地。

不要使用电话，除非伤势严重。当附近有掉落的碎片和玻璃碴时，一定要穿鞋。

（2）检查隐患。尽可能熄灭火苗。如果火势已无法熄灭，要迅速离开家中，尽可能通知消防队，并提醒邻居。用干电池供电的手电筒检查房屋。进屋前就要打开手电筒，因为如果屋内煤气泄漏，打开手电筒可能会引起火花。检查燃气管道、电线和水管，检查电器的受损情况。如果闻到煤气味，或看到管道破裂，要关掉煤气管道的主阀门。在供电局来做安全检查之前不要再合上电闸。谨记：在燃气闸关闭后，必须由专业人员重新打开。不要点燃火柴来寻找燃气泄漏处。若怀疑煤气管道泄漏，不要启动电源开关或使用电器，因为产生的火花会点燃泄漏的燃气。如果家里电线受损，要切断电源。如果家里不安全，要离开房屋，寻求救援。切莫触摸掉落的电线或受损的电器。检查建筑是否有裂缝和损坏，尤其是烟囱与砖墙周围。如果建筑有坍塌的迹象，要迅速撤离。检查水与食物的供应。如果水源被切断，可使用热水器里的水或融化食用冰块救急。扔掉所有可能会变质或受污染的食物。检查壁橱和食橱，开门要当心，注意躲避架上可能掉落的物品。

（3）震后生活。震后如需做饭，只有在户外才能使用木炭和煤气。不要驾车，除非情况危急。不要穿越受灾区域去看热闹，这样只会妨碍救援行动的有序进行。为使救援车辆通行无阻，要保持街道畅通。谨防余震，余震虽然一般较主震弱，但也足以造成进一步损害，并使建筑物更脆弱。除非警方、消防队或救援组织请求你提供协助，否则应远离受损害的区域。

三、应对洪水灾害

一个地区短期内连降暴雨，河水会猛烈上涨，漫过堤坝，淹没农田、村庄，冲毁道路、桥梁、房屋，这就是洪水灾害。发生了洪水，如何自救呢？

（1）保持镇定的情绪。在一个拥有150万人口的滞洪区，曾进行过一次避难演习，仅仅是一次演习，竟因为人多混乱挤塌了桥，发生死伤事故。故在洪灾中，避难者要克服不必要的惊恐和混乱。

（2）做好充分准备。在暴雨来临之时，人们要以预防为主，尽可能充分地做好准备。有条件者可修筑或加高围堤，尽量利用一些不易被洪水冲走的材料，如沙袋、石堆等堵住房屋门槛的缝隙，减少水的漫入；无条件者可选择登高避难之所，如基础牢固的屋顶或在大树上，搭建临时避难台。蒸煮可供几天食用的食品，宰杀家畜制成熟食；将衣被等御寒物放至高处保存；扎制木排，并搜集木盆、木块等漂浮材料加工为救生设备以备急需；将不便携带的贵重物品做防水捆扎后埋入地下或放置高处，票款、首饰等物品可缝在衣物中；准备好药物、取火物品；保存好各种尚能使用的通信设施。

避灾专家认为，避难所一般应选择在距家最近、地势较高、交通较为方便处，应有供水设施、卫生条件较好，可与外界保持良好的通信、交通联系，如城市高层建筑的平坦楼顶，地势较高且楼房坚固的学校、医院，以及地势高、条件较好的公园等。

（3）洪水到来时，来不及转移的人员，要听从安排，进行必要的防洪准备，或是撤退到相对安全的地方，如防洪大坝上或是当地地势较高的地区，就近迅速向山坡、高地、楼房、避洪台等地转移，或者立即爬上屋顶、楼房高层、大树、高墙等地方暂避。注意千万不要游泳逃生，不可攀爬带电的电线杆、铁塔，也不要爬到泥坯房的屋顶。发现高压线铁塔倾斜或者电线低垂或断折时，一定要迅速躲避，不可触摸或接近，防止直接触电或因地面跨步电压触电。

（4）如洪水继续上涨，暂避的地方已难自保，则要充分利用准备好的救生器材逃生，或者迅速找一些门板、桌椅、木床、大块的泡沫塑料等能漂浮的材料扎成筏逃生。离开房屋前，尽量带上一些食品和衣物。

（5）如果已被洪水包围，要设法尽快与当地政府防汛部门取得联系，报告自己的方位和险情，积极寻求救援。无论遇到何种情形，都不要慌，要学会发出求救信号，如晃动衣服或树枝、大声呼救等。如已被卷入洪水中，首先要保持镇定，一定要尽可能抓住固定的或能漂浮的木板、箱子、衣柜等物，如果离岸较远，周围又没有其他人或船舶，不要盲目游动，以免体力耗尽，要等待机会逃生。

在山区，如果连降大雨，容易暴发山洪。遇到这种情况，应该注意避免渡河，以防止被山洪冲走，还要注意防止山体滑坡、滚石、泥石流的伤害。

（6）洪水过后，要服用预防流行病的药物，做好卫生防疫工作，避免发生传染病。

四、应对泥石流灾害

泥石流是山区常见的自然地质现象，是指在降水、溃坝或冰雪融化形成的地面流水作用下，在沟谷或山坡上产生的一种挟带大量泥沙、石块等固体物质的特殊洪流，多发于我国中西部山区。它对城镇、铁路、公路造成严重危害。我国每年因泥石流造成的经济损失达十多亿元，伤亡人员达数百人。泥石流往往突然暴发，浑浊的流体沿着陡峻的山沟前推后拥、奔腾咆哮而下，地面为之震动，山谷犹如雷鸣，在很短时间内将大量泥沙、石块冲出沟外，在宽阔的堆积区横冲直接、漫流堆积，常常给人类生命及财产造成很大危害。

泥石流暴发突然猛烈，持续时间不长，通常在几分钟至一两个小时结束。泥石流较难准确预报，易造成较大伤亡。怎样判断泥石流的发生？遭遇泥石流如何避险、逃生呢？我们要遵循泥石流的形成、活动规律，掌握其发生过程中的特有现象，采取正确的应急措施。

（一）预防为主

泥石流多发生在夏汛暴雨期间，而该季节又是人们喜欢去山区峡谷游玩的时间。因此，人们出行时一定要事先收听当地天气预报，要及时掌握气象部门降雨量预报。特别要注意暴雨天气，不要在大雨天或在连续下雨几天且当天仍有雨的情况下进入山区沟谷旅游。当前三日及当天的降雨累计达到100毫米左右时，处于危险区内的人员应立即撤离。

（二）雨季不要在沟谷中长时间停留

下雨天在沟谷中耕作、放牧时，不要在沟谷中长时间停留；一旦听到上游传来异常声响，应迅速向两岸上坡方向逃离。雨季穿越沟谷时，先要仔细观察，确认安全后再快速通过。山区降雨普遍具有局域性特点，沟谷下游是晴天，沟谷的上游不一定也是晴天，"一山分四季，十里不同天"就是群众对山区气候变化无常的生动描述。因此，雨季的晴天，也要提防泥石流灾害。当地国土气象部门的预警预报，可以为防范泥石流灾害提供重要信息，在山区，大家应养成每天收看预警预报的习惯。

（三）采取正确的方法逃生

泥石流不同于滑坡、山崩和地震，它是流动的，冲击和搬运能力很大，所以，当处于泥石流区时，不能沿沟向下或向上跑，而应向两侧山坡上跑，离开沟道、河谷地带，但注意不要在土质松软、土体不稳定的斜坡停留，以免上斜坡失稳下滑，应选择基底稳固又较为平缓的地方。另外，不应上树躲避，因泥石流不同于一般洪水，其流动中可沿途破除一切障碍，所以上树逃生不可取。应避开河（沟）道弯曲的凹岸或地方狭小、高度又低的凸岸，因泥石流有很强的冲刷能力且具有直进性，故这些地方很危险。

长时间降雨或暴雨渐小后或刚停，不应马上返回危险区。泥石流常滞后于大雨发生，具有阵流的黏性泥石流，其阵流间隙有时会被误认为泥石流已结束。只有当确认泥石流不会发生或泥石流已全部结束时才能解除警报，不可存在侥幸心理。当白天降雨量较多时，夜间必须密切注意降雨，最好提前转移。

五、应对滑坡灾害

滑坡是指山坡在河流冲刷、降雨、地震、人工切坡等因素影响下，土体或岩层整体或分散地顺斜坡向下滑动的现象。

泥石流的特点是沿沟"流动"，而滑坡的特点是顺坡"滑动"。不论是"滑动"还是"流动"，都是在重力作用下，物质由高处向低处运动的一种形式。因此，"滑动"和"流动"的速度都受地形坡度的制约，地形坡度较陡时，滑坡、泥石流的运动速度较快。

人们通常把滑坡称为突发性地质灾害。与泥石流一样，在山地环境下，滑坡现象虽然不可避免，但通过采取积极防御措施，滑坡危害是可以减轻的。事实上，所有滑坡都要经历一个孕育阶段，都或多或少有一些前兆显现。如果能及时捕捉到这些前兆，就能为防灾、避灾赢得宝贵时间。

（一）注意发现滑坡前兆

（1）山坡上出现裂缝。滑坡裂缝是滑坡形成过程中的一种重要伴生现象。随着滑坡的发展，滑坡裂缝会由少变多、由断续变为连贯。地面出现裂缝，说明山坡已经处于不稳定状态。

（2）坡脚松脱鼓胀。有些情况下，滑坡迹象首先在坡脚处显现出来。斜坡前线土体或岩层发生松脱、垮塌时，垮塌的土体一般较湿润，垮塌的边界不断向坡上扩展；斜坡前部有时会发生丘状鼓起，顶部常有张开的扇形或放射状裂缝分布。

（3）斜坡局部沉陷。当地下存在洞室（如矿洞、溶洞）或地面有较厚的近期人工填土时，有时会由于洞顶失稳或填土压实导致地面沉陷。这种情况下，地面陷落必然与下伏洞空或填土范围有明显的对应关系，可能是即将发生滑坡的征兆。

（4）斜坡上建筑物变形。斜坡变形程度不大时，在土质地面和耕地中往往不易发现变形迹象，相比之下，房屋、地坪、道路、水渠等人工构筑物却对变形较敏感。因此，当各种构筑物相继发生变形，特别是变形构筑物在空间分布上具有一定规律性时，应将之视为发生滑坡的前兆。

（5）泉水井水异常变化。滑坡也会引起地下水水质和水量动态的变化。原有泉水出水量突然变大、变小甚至断流，水质突然浑浊，原来干燥的地方突然渗水，或出现泉水、井水水位忽高忽低或者干涸，蓄水池塘忽然大量漏失水等现象，都可能是即将发生滑坡的表现。

（6）地下发出异常声响。滑坡发展过程中造成的地下岩层断裂，巨大石块间的相互挤压和摩擦，都可能发出一些特殊的响声。当出现这种现象时，应该注意家禽、家畜是否也有异常反应。因为动物对声音的感觉要比人的感觉更灵敏，往往能在人类之前更早感知危险的临近。

（7）各种前兆的相互印证。不同环境下的滑坡前兆出现的多少、明显程度及其延续时间的长短有着很大差异，有些前兆可能是非滑坡因素所引起。因此，在判定滑坡发生可能性时，要注意多种现象相互印证，尽量排除其他因素的干扰，这样做出的判断才会更准确。在无法判定是否会发生滑坡时，宁可信其有，不可信其无，先采取避灾措施，再等待专业人员的判断。

（二）及时躲避滑坡灾害

当地面变形速度加快、滑坡征兆越来越明显时，如果能提前搬迁到安全的地方，应该是防御滑坡灾害的最好办法。但在许多情况下，需要采取一些临时性的避灾措施，尽量减轻滑坡造成的损失。临时避灾不是灾难临头才想起避灾，而是要从发现灾害征兆之时起，就要有所准备，"有备"才能"无患"。根据以往经验，躲避滑坡灾害应做好以下几方面准备：

（1）预先选定临时避灾场地。选择场地时，要把安全性放在第一位。避灾场地原则上应选在滑坡两侧边界之外，不宜选在滑坡的上坡或下坡地段。在确保安全的前提下，避灾场地距原居住地越近越好，地势越开阔越好，交通和用电、用水越方便越好。

（2）要听从指挥，留心预警信号。滑坡发生时，专门部门会通过实地踏勘选择好转移路线，转移路线会尽量少穿越危险区，并事先约定好撤离信号（如广播、敲锣、击鼓、吹号等）。

（3）预先做好必要的物资储备。有条件时，应在避灾场地预先搭建临时住所，准备基本生活物资。财产和生活用品可以提前转移到避灾场所，既可方便生活又能有效减少经济损失。交通工具、通信器材、雨具和常用药品等，也要根据具体情况提前做好准备。

历史经验表明，滑坡灾害绝大多数发生在雨季，夜晚发生滑坡较白天发生滑坡的损失更大。因此，雨季特别是雨季的夜晚最好不要在滑坡危险区逗留。

第二节　校园突发公共安全事件

【案例】2005 年 6 月 25 日晚，在江西九江学院发生了一起大学生群体性事件。据悉，九江学院的数千名大学生因强烈不满学校滥收费用，在 6 月 25 日晚上举行示威，而且燃烧横幅以示抗议。当晚参与该事件的学生约有 2 000 人，他们在凌晨 2 点左右聚集在第五、六教学楼前示威，一直持续到天亮。示威队伍捣毁了食堂旁的公共设施，其中包括 1 辆汽车、公用电话亭和 2 号服务楼超市。关于当时现场的照片和文字很快上传到网络上。后来学校和市政府主要领导相继赶到现场做学生的思想工作，答应退还部分费用，事情才慢慢平息下来。

突发公共安全事件是指突然发生，造成或者可能造成重大人员伤亡、重大财产损失和重大社会影响，并进而对国家安全、社会稳定、国家政权有较大影响的事件或状态。突发公共安全事件大多具有危机的特质，或者说具有向危机事件转化的潜质。因此，在一定意义上突发公共安全事件也称公共安全危机事件。

校园内发生的突发公共安全事件一般指发生突然、成因复杂，并有可能对校园的安全构成危害，或者可能构成重大危害，乃至可能造成重大人员伤亡、重大财产损失和重大社会影响，并对社会稳定和国家安全产生重大影响的事件或状态。

一、校园突发事件的特征

大学生群体突发事件既有一般群体性事件的共性，又具自身的特殊性，如公众敏感性、主体的活跃性等。若处理不当，不仅会破坏校园内部安定，还会影响到校园以外乃至整个社会秩序的稳定。

（一）公众敏感性

大学生群体突发事件有别于其他群体性事件的一个显著特征，就是它的主体是有理想、有道德、有文化、有思想的大学生群体。这个群体关注社会发展，追求新鲜事物，敢于冒险，敢于探索，充满激情，显现出独有的特征和魅力，他们一直是社会各界关心、国家重视的对象。尤其在信息全球化、网络和媒体高速发展的时代，大学生群体突发事件一旦发生，很容易成为社会各界、新闻媒体关注的焦点。

（二）主体的活跃性

年轻的大学生思想活跃，接受能力强，但过于以自我为中心，缺乏实践锻炼，是非判断能力不够，遇到问题容易感情用事，走向片面或极端。在信息高速发展的时代，他们在接受海量、复杂信息的同时，由于辨析、区别能力不够，很容易被某些错误思想、负面意见所误导。

（三）事件的危害性

大学生群体突发事件发生时，一时缺乏理性、情绪激动的学生，一般会在校园内广泛宣传，扩大参与的规模。如果得不到校方的及时有效回应，可能组织起来聚集示威或上街游行，乃至发生打、砸、抢等严重事件，迅速影响学校周边地区乃至整个城市的秩序。同时，由于他们的特殊身份，更容易引起社会各界的极大关注，由单一的校园内部问题变成社会问题，对社会正常秩序造成一定影响。

（四）发生的多变性

一般而言，大学生群体突发事件会有一定征兆，但事件真正发生时也会体现其不可预见及多变的特点。时间、地点等的变化加之新情况、新因素的渗入及内部危机应急机制的不完善，通常会使日常的高校管理体制难以迅速应对群体突发事件，超出师生习惯性的心理承受能力，给广大师生造成一定的身心伤害。

（五）影响的扩散性

大学生群体突发事件的发生尽管通常是人们预料之外的，但事件的发生都有其深刻的自然、社会、历史原因。虽然最初只是在某一时刻、某一空间突发，但由于存在深层次的、积累性的矛盾，它在一定时空引发后会向更广的时空延伸、弥漫和扩散。如果不在最初的引发范围内控制住群体突发事件，有可能会扩散为大范围的动乱。

（六）事件的警示性

面对频繁发生的大学生群体突发事件，部分公众会把它的发生看作是高校管理不到位的表现，一些高校负责人则担心群体突发事件的发生会影响高校的形象。事实证明，没有哪个高校的危机管理系统是完美无缺的，冲突和危机是普遍存在的。群体突发事件固然有其负面影响，但它却是促进社会协调、整合，从而走向统筹、和谐所不可避免的因素和环节。从这一意义上来说，大学生群体突发事件有极大的警示性，可以使高校在日常管理中发现矛盾，主动采取合适的方法、措施化解矛盾和冲突。

二、校园突发事件的常见类型

一般来说，可能出现在校园的突发公共安全事件主要有下列几种情形：

（1）群体性上访、围堵、冲击学校，干扰正常工作、生活秩序的事件。

（2）重大的刑事案件，严重暴力犯罪案件。

（3）集体中毒、火灾、溺水、交通事故、建筑物倒塌、化学危险物品泄露等造成人员伤亡或环境污染的重大事故。

（4）自然灾害造成人员伤亡的紧急事件。

（5）散布错误言论、进行"法轮功"等邪教宣传、窃取国家机密等严重危害国家安全的重大事件。

（6）敏感时期进行非法集会、游行、示威、静坐、抗议等群体性政治事件。

（7）各类非法传教活动、政治性活动引发的群体性不安定事件。

（8）师生非正常死亡、失踪等可能引发影响校园和社会稳定的事件。

（9）其他重大安全事故。

三、应对校园突发事件

应该如何应对大学校园突发事件呢？

（1）要加强危机教育，提高学生预防的能力。

（2）培训应对校园突发公共安全事件的技巧，提高学生的干预能力。

（3）实施仿真模拟，检视学生的应急能力。

（4）培养大学生自身的心理素质，加强心理干预。

（5）大学生自身应该为可能出现的危机做好准备，在身体与心理上都能够更好地处理危机。

第十三章 国家安全

【学习目标】
（1）了解成立社会社团和校园社团的规定。
（2）正确认识宗教。
（3）了解邪教的特征并认清"法轮功""全能神"邪教组织的真面目。
（4）了解恐怖主义的基本知识及应对恐怖主义的方法。
（5）了解国家安全的基本知识。
（6）了解危害国家安全行为的法律责任及公民维护国家安全的法律义务。

第一节 大学生社团活动安全

社团一般分为社会性团体和非社会性团体。所谓社会性团体一般是指跨单位或地区所组成的团体组织。非社会性团体是指在本单位内部范围内所组成的团体组织。学校的社团组织主要是由学校的教职工、学生自愿组织的群众性团体，如协会、联谊会、研究会、学会等。这些群众性团体的成员都是本校的，活动范围也局限在校内，属于非社会性团体。

一、社会性团体

成立社会性团体，应当按照国务院1989年10月25日发布的《社会团体登记管理条例》的规定办理。这个条例明确规定了社会团体的登记管理机关是民政部或地方各级民政部门；业务活动受有关业务主管部门的指导，如要申请成立社会团体，应当经过有关业务主管部门审查同意后，到登记管理机关申请登记。经过核准登记的社会团体，发给社会团体登记证书，就具有合法性。

二、校园社团

校园社团是高校大学生依照共同的兴趣、爱好自发组成的群众性校园业余组织，属于校内非社会性团体。校园社团是高校校园文化建设的重要载体，是高校学生第二课堂的重要组成部分。加强高校社团的建设和管理，对推进素质教育，促进青年学生成长、成才有着十分重要的作用。社团活动也有助于提高学生自我管理、自我服务、自我培养的能力。

（一）成立社团的程序

大学生成立社团必须遵循合理而合法的程序：

（1）向学校相关学生社团管理部门了解有关规定。

（2）向学校的社团管理部门提供相关的申请材料，包括社团名称、宗旨、活动内容、活动范围、组织机构和负责人以及成员情况、经费来源和其他需要说明的事项等。

（3）提交申请，经学校有关职能部门审批同意后才可成立社团；社团负责人必须在规定的时间内到有关部门注册。

（4）社团干部、负责人必须按照自荐、成员选举和学校考察的方式产生，确保其能有效地领导、组织社团活动。

（5）每个社团至少要有一个指导教师参加，社团发起人不应由受过纪律处分的人担任。

（二）社团管理

管理制度的健全与否是一个团体组织成败的关键。大学生社团本身是学生自发组织的业余团体，正是由于这种自发、宽松的管理特点，部分成员纪律观念淡薄、工作随意性大，导致社团各部门间缺乏凝聚力和可持续发展的动力。而一个组织松散的大学生社团在活动的经费、内容、范围、方式和地点等重要因素上势必缺乏周密考虑。

（1）社团成员入团必须经过该团负责人的审核批准，登记注册后发给其会员证，并规定成员的权利和义务。

（2）学生社团必须服从学校的领导和管理，在法律和校规校纪规定的范围内活动，不得从事与本社团宗旨无关的活动，也不得耽误同学的学习。

【案例】某校一个学生登山协会从登记程序角度而言是合法的。暑假协会组织成员去西藏登山。由于许多同学事先没向学校请假，开学后耽误课程达几周时间，违反了该校协会管理的规定，最后这个协会被学校取缔了。

（3）社团组织活动，应在活动开始前几天上报校团委，说明活动的目的、内容、方式、人数、时间、地点以及主办单位、组织人等，经学校批准后方可举行；如果邀请校外人员到学校参加活动，也必须事先报学校同意。

（4）务必注意活动场地的财产安全和活动安全问题。大学生社团活动一般分为室内活动和户外活动两种形式。室内活动应该注意活动地点的构造情况，做好防火、通电等安全预防工作。户外活动则必须注意天气等自然因素引起的安全问题，并在活动开展前上报校团委和校保卫处各一份活动的安全分析和安全保障措施报告，由两个部门进行实地考察审核后方可举行。

（5）确保活动经费的来源合法化。大学生社团活动经学校批准后，应该视其性质或者向学校有关部门申报，或者从社团的成员会费中筹集，一定要确保足够的经费并使其来源合法化。

（6）如果社团自己编印刊物，须经学校批准，并接受学校管理。每期刊物都应报登记管理部门备案，并且只能在校内散发、张贴。千万不能向社会散发、张贴，否则就成了非法刊物，因为国家有刊物管理规定。在校内张贴海报、通知等，也应按照学校制定的张贴物管理办法张贴在学校指定或许可的地点。对于张贴、散发反对我国《宪法》确立的根本制度、损害国家利益或者侮辱诽谤他人的宣传品的当事者，由司法机关追究其法律责任。

（7）由于学生社团人员流动性较大，一般来说学校每学期或每学年都要对社团进行注册。作为社团的负责人，千万别忘了在规定的时间到有关部门注册。如果社团的主要负责人变更，也应随时到管理部门去变更登记。

（三）社团外联注意事项

当今大学生社团活动已经不再满足于校内的小规模活动，学校间、学校与企业、媒体间的外联活动逐渐增多。大学生社团活动的主要安全问题是外联活动安全。为确保社团外联安全，必须注意如下几个方面：

（1）通过网络、电话了解赞助公司的基本情况，以免被一些假冒公司欺骗。

（2）外联人员外出拉赞助时需向部门负责人申请，经同意后方可行动。

（3）外联人员外出前需有两名以上人员陪同，并携带相关证件，确定前去单位的地址和乘车路线，确保人身安全。

（4）条件谈妥后要签署协议，并确保单位负责人盖章，避免社团活动结束单位拒绝支付赞助费。

（5）外联人员拉得赞助后必须向学校相关部门汇报，得到批准后才可举行活动。

（四）大学生如何合理选择社团

选择学生社团时，请注意"三避免"：

（1）避免盲目选择。近几年，高校学生社团发展迅速，数量增长迅速。在学生社团招新现场经常会看到新生们拿着一沓宣传材料，觉得每一个社团都很新奇，每一类社团都想参加；于是，一不小心就参加了好几个学生社团。其实，这样是会占用很多课余时间的，有时还会影响到专业课的学习。身在大学的我们，时间和精力是有限的，一定要选择自己感兴趣、有特长的学生社团；参与学生社团活动的关键在于质量而不是数量。

（2）避免从众心理。大学新生刚到一个新的环境，对各方面还不太熟悉，容易受到群体的影响和压力，产生从众心理。选择学生社团亦是如此。有的新生在选择学生社团时容易受周围同学影响，同学选什么，自己就选什么，而不去考虑是否适合自己，是否能使自己真正实现个性和兴趣的发展。

（3）避免虎头蛇尾。有些学生在刚加入学生社团时热情很高，但是随着对大学环境的日益熟悉，逐渐对学生社团活动失去了兴趣，甚至有的学生认为参加活动不过是一种娱乐，想去就去，不去也罢。这种被动参加社团活动的心理不仅有悖学生社团宗旨，而且会使自己失去很多锻炼机会。

选择学生社团时，可参照"三结合"：

（1）与自己的兴趣爱好相结合。目前，高校学生社团类别逐步丰富，涵盖了理论学习、学术科技、社会实践、志愿服务、新闻传媒、文娱体育等很多领域。我们在选择社团时，应当结合自己的兴趣，爱好文艺的学生可以加入大学生艺术团，爱好篮球的可以加入篮球协会，等等。

（2）与自己所学专业相结合。学习，就应做到学以致用，课堂上讲的知识大多以理论为主，参加相应的学生社团活动则为大家提供了一个实践的机会，如学习法律专业的学生可加入法律协会、学习工商管理专业的可加入未来管理者协会。学生通过学生社团活动可促进自己对专业知识的理解，做到理论联系实际，提高分析问题和解决问题的能力。

（3）与自己的职业规划相结合。面对严峻的就业压力，大学生的职业规划显得越来越重要。有专家建议，职业规划要从大一开始。大学阶段是就业起跑的助跑期，因此，在选择学生社团时可选择有利于自己职业规划目标实现的学生社团，比如有志于从事法律工作的可选择法律协会等等。

第二节　反邪教

【案例】2000 年 12 月，北京高校几个大学生因痴迷"法轮功"邪教，和社会上的"法轮功"练习者一起，预谋在北京市郊区利用空飘气球至天安门广场上散布"法轮功"邪教宣传品。他们在一个月的时间里，策划、研制气球升空时散发宣传品的装置，购买用于气球升空的气球瓶、减压器和彩色气球等，并在圆明园附近放飞携带 10 000 份宣扬"法轮功"邪教宣传品和条幅的气球升空。他们的罪行当然逃脱不了法律的制裁，分别被判以 3 至 12 年的有期徒刑。

一、正确认识宗教

（一）我国的宗教政策

我国对于宗教的政策是：宗教信仰自由；团结广大宗教界爱国人士和信教群众共同建设社会主义国家，维护祖国的统一和各民族的团结。

《中华人民共和国宪法》第三十六条规定："中华人民共和国公民有宗教信仰自由，任何国家机关、社会团体和个人不得强制公民信仰宗教或者不信仰宗教，不得歧视信仰宗教的公民和不信仰宗教的公民，国家保护正常的宗教活动，任何人不得利用宗教进行破坏社会秩序、损害公民身体健康、妨碍国家教育制度的活动。宗教团体和宗教事务不受外国势力的支配。"

（二）大学生如何面对宗教

随着改革开放的深入、对外交往的扩大，境外反动宗教组织千方百计通过各种渠道向我国，特别是对大学生进行宗教渗透。有些同学由于不了解我国的宗教政策，无意中陷入了反动宗教组织的陷阱而不能自拔。如某大学有一位同学参加了一个非法宗教团体，这个团体经常派人找他，并且给他布置传教任务，使他非常苦恼，但又摆脱不了这个非法宗教团体的纠缠，学习和身体健康均受到很大影响。因此，作为当代大学生，了解马克思主义的宗教观，正确理解我国的宗教政策，使自己不至于在这一问题上吃亏跌跤，是十分必要的。

大学里信教的同学，主要是一些少数民族同学，比如藏族同学有信仰喇嘛教的；回族、维吾尔族、哈萨克族等民族的同学有信仰伊斯兰教的；还有一些同学信仰基督教、天主教。绝大部分同学是不信教的。那么在宗教问题上同学们需要注意些什么呢？

（1）要深入了解党和国家所制定的宗教信仰自由政策的含义。所谓宗教信仰自由，就是说每个公民既有信仰宗教的自由，也有不信仰宗教的自由；有信仰这种宗教的自由，也有信仰那种宗教的自由。宗教信仰自由政策的实质，就是要使宗教信仰成为公民个人自由选择的问题，成为公民个人的私事。只要是正常的宗教活动和信仰都受国家法律的保护。我国的宗教政策坚持政教分离的原则，即国家不采取行政办法干涉宗教，允许宗教信仰自由，允许进行宗教活动和建立教务组织；但宗教也不得干预国家行政，干预司法，干预学校教育和社会公共教育，绝不允许利用宗教反对党的领导和社会主义制度，破坏国家统一和国内各民族的团结。还需要注意的是，我国还推行独立自主自办教会和"三自"（自传、自治、自养）的宗教方针，不受外国宗教势力的支配，但并不反对同国外宗教团体进行正常的国际交往。

（2）任何宗教组织和教徒不应当在宗教场所以外的地方进行宗教活动和布道、传教、宣传有神论，或者散发宗教传单和其他非法出版物。特别是在大学校园中，更不允许进行宗教活动（神学院除外）。例如某大学曾经有一些传教的同学在学校借了一间教室，准备搞宗教活动，既违反了国家的有关规定，也干扰了学校的正常教学秩序，被学校劝阻。所以信教的同学如果要进行宗教活动，应去相应的宗教场所。

（3）我国宗教信仰自由的政策不适用于共产党员和共青团员。共产党员或共青团员毫无疑问应是无神论者。我们党曾经多次做出明确规定：共产党员不得信仰宗教，不得参加宗教活动。在基本上全民信教的少数民族当中，生活在基层的共产党员在执行共产党员不参加宗教活动的规定时，可以根据情况区别对待，以利于联系群众，但在思想上要同宗教信仰划清界限。学生党员和共青团员要树立辩证唯物主义和历史唯物主义的世界观，不信教、不传教。我国教育部在高校本科教育中，现已不设宗教本科专业。为了研究宗教问题和对外交流的需要，极少数高校可以从历史专业本科生中招收少数宗教学专业的研究生。

（4）要警惕境内外反动宗教组织对我国的宗教渗透。对于披着宗教外衣的人进行的违法犯罪和反革命破坏活动，需要引起警觉。曾经有一个学校的几位同学上街遇到一些人在散发宗教宣传品，并附有圣经讲习班的听课证。他们认为听听圣经，增加点知识也未尝不可，便报名参加了，没想到最后居然参加了非法宗教组织。同学们千万要提高警惕，切不可因为一时的好奇陷入反动宗教组织的陷阱。

如果接到了散发或邮寄的宗教宣传品或参加宗教组织活动的邀请信，切不可轻易参加或将宗教宣传品在同学、朋友中散发，而应主动报告学校保卫部门或老师，并配合学校进行工作。

另外，我国原则上不允许教徒在家里聚会举行宗教活动。如果有人邀请你参加家庭宗教聚会，你应该婉言谢绝。

二、邪教的特征

如果要问什么是邪教，可能有些青年朋友说不大清楚，甚至有些人还会以为邪教是一种"邪恶的宗教"。这个说法是不对的。在我们国家里，佛教、道教、伊斯兰教、天主教、基督教是受到国家保护的。宗教是人们对社会存在的一种反应和思想认识。宗教有很悠久的历史，曾在人类历史上起过重要作用。我国《宪法》明文规定，公民有宗教信仰的自由。同时，任何一种合法宗教活动，都有维护国家利益、稳定社会的责任。我国的宗教团体坚持爱国爱教、独立办教的方针，为社会做了很多有益的事情。

邪教则恰恰相反。邪教的"教"并不是指宗教的"教"，而是特指一种邪恶的说教、邪恶的势力。邪教组织不同于正常的宗教组织，它是冒用宗教、气功或其他名义，利用制造、散布迷信邪说等手段蛊惑人心，发展和控制成员，危害社会的非法组织。为此，我们要明确告诉青年朋友，邪教不是宗教，邪教是一种"歪门邪道"，邪教与宗教有很多本质上的区别：

（1）在宗教中，神和人是有别的，再有权威、再德高望重的神职人员也不得自称为神；邪教"教主"却自称为神。日本"奥姆真理教"的头目麻原彰晃自称他是转世的佛，有一张伪造的头上有光环、双腿盘坐、飘浮在空中的"漂浮神功图"照片。

（2）宗教的传教活动是公开的，如僧侣在寺庙中公开讲经，主教、神父在教堂中公开布道，教民在教堂公开举行教务活动，这些都是人们常见的。邪教则经常进行隐蔽的活动。

（3）宗教并不反人类、反社会，而邪教则反人类、反社会。如日本的"奥姆真理教"，在 1995 年 3 月 20 日制造了东京地铁的毒气案，导致 12 人死亡，5 000 余人受伤。受害的人全部是普通百姓，其反社会、反人类的性质十分明显。

（4）宗教组织不允许神职人员个人骗财敛财，而邪教"教主"则大肆掠夺别人的财产据为己有。美国"人民圣殿教"的"教主"古姆·琼斯的个人财产达 1 500 万美元。我国前几年破获的一个邪教组织，其头目短短 3 年时间就收获两部轿车、20 多万元现金。

（5）宗教有自己的典籍和教义，邪教的所谓教义都是危言耸听的歪理邪说。

从这些区别中可以看到，邪教与宗教是完全不同的两个概念，二者有着明显的本质区别。实践证明，防范和惩治邪教有利于维护宗教的正常活动，惩治邪教与保护宗教是完全统一的。

三、认识"法轮功"的真面目

邪教组织是一股地地道道的邪恶势力，它的本质是反人类、反社会、反科学。一般说来邪教组织主要具有"教主"崇拜、精神控制、编造歪理邪说、敛取钱财、秘密结社和危害社会等特征。

1999 年 10 月 28 日，人民日报发表特约评论员文章——《"法轮功"就是邪教》，彻底揭露了"法轮功"的本质。"法轮功"组织具有邪教的所有重要特征：

（1）"教主"崇拜，唯"教主"是从，为"教主"而生死。美国邪教"人民圣殿教""教主"琼斯、"大卫教""教主"考雷什，日本邪教"奥姆真理教""教主"麻原彰晃等，都把自己吹嘘成神或神的化身。李洪志也一样，吹嘘自己是救世主。

（2）精神控制是邪教"教主"为巩固其"神圣"地位，维持其信徒效忠自己的基本手段。李洪志以祛病、健身为诱饵，以"真、善、忍"为幌子，通过引诱、"洗脑"、恐吓，对练习者进行精神控制。

（3）编造歪理邪说是一切邪教"教主"蒙骗坑害群众的伎俩。李洪志为了发展"法轮功"组织，达到不可告人的目的，编造了"世界末日论""地球爆炸论"等邪说，制造恐慌心理和恐怖气氛，使练习者狂热、盲目地追随他。据不完全统计，全国因修炼"法轮功"致死的有 1 400 多人。

（4）敛取钱财。现代邪教"教主"大都是非法敛取钱财的暴发户。李洪志及其"法轮功"组织同样攫取了信徒的大量钱财。

（5）邪教一般都有以"教主"为核心的严密组织。以李洪志为"教主"的"法轮大法研究会"组织严密，在全国各省、自治区、直辖市建立总站 39 个、辅导站 1 900 个、练功点 28 263 个，曾一度控制 210 万名练习者。"法轮功"组织有完备的组织制度，有明确的内部分工，通信联络迅速。

（6）危害社会。邪教之害，主要表现在用极端的手段与现实社会相对抗。邪教"教主"大都有政治野心，李洪志也不例外。在李洪志东拼西凑的歪理邪说背后有一个他处心积虑、精心编造策划的政治阴谋。由于他的歪理邪说罩上了一层"真""善""忍"的光环，其说教具有一定的迷惑性，不仅使一些善良的群众难辨其伪，有些共产党员也误入他的圈套。

李洪志在许多场合都多次宣称，他的"法轮大法"没有组织，实行的是松散管理，不参与政治。但谎言重复一千遍仍然是谎言。随着揭批"法轮大法"的不断深入，查获铁证的消息不断从各地传来。如重庆市警方的调查表明，"法轮功"不仅有组织，而且组织十分严密。重庆"法轮功"组织大体有五个层次：总站、分站、一级辅导站、二级辅导站和练功点。李洪志直接任命总站站长，分站不仅有站长，还有常务副站长。他们对自认为"不得力"的站点负责人，还可以罢免撤换。

1999 年 4 月 25 日，一万多名"法轮功"练习者围聚党中央、国务院办公场所中南海，严重地扰乱了社会秩序和首都的稳定。对此，李洪志仍然宣称，没有人组织这次行动，这是"大法弟子自发地到中南海练功"。李洪志撒了一个弥天大谎。

这一天，从凌晨开始，各地的"法轮功"练习者陆续向中南海集结，从新华门到府右街，一直到北海一带很快就围满了"法轮功"练习者。这些人按地域分片聚在一起，组织严密，不断有人出来维持秩序。当日，在党的政策感召下，一些围聚中南海的练功者幡然悔悟，道出了事情的真相：他们都是在前一天晚上或者当日凌晨接到通知说"只有听师父的话到中南海练功，才能长功、消业"。试问，哪一个"没有组织"的群体有这样大的欺骗性？哪一个"松散管理"的群体会如此这般地"不参与政治"？以人民利益为最高利益的中国共产党和人民政府对邪教决不姑息，会依法严厉打击，除恶务尽。

四、认识"全能神"的真面目

邪教组织"全能神",又称"东方闪电""七灵派""女基督派""实际神",是由"呼喊派"骨干赵维山于 1989 年创立的,系基督教新教地方教会运动变种组织,是当前国内最具危害力的邪教组织之一。"全能神"为了增强对基督徒的迷惑性,打出基督教的旗号,用以掩人耳目。可是,他们所传讲的信息却与基督教的教义完全相反。他们用曲解《圣经》、歪曲教义的方法,以为我所用、唯我独尊的态度对《圣经》和教义进行恶意的批判和取舍,利用了对他们有利的部分,否认了对他们不利的部分,逐步形成了一套系统的"理论体系"。

"全能神"的实际操纵者和发起人叫赵维山。该教派虽对外宣传其创始人和"女基督"是河南的一名郑姓女子,但其只是傀儡。"全能神"在东京、纽约、旧金山、多伦多、新加坡、韩国、印尼、马来西亚等国家或地区建立了分部。2014 年 5 月 28 日,山东省招远市麦当劳快餐店命案引发了公众对"全能神"这一邪教组织的强烈关注。2014 年 6 月 1 日,中国反邪教协会发表《中国反邪教协会关于严厉谴责"全能神"邪教成员故意杀人事件的声明》,声明表示:2014 年 5 月 28 日,山东招远发生了一起"全能神"邪教成员故意杀人案件,六名该邪教成员在麦当劳向周围就餐人员索要电话号码,在遭到拒绝后,竟当众施暴,残忍地将被害人殴打致死,情节极其恶劣、手段令人发指!号召社会公众提高警惕,与邪教组织开展坚决的斗争,形成珍爱生命、保障人权、崇尚科学、反对邪教的良好社会氛围。

五、远离邪教

高等学校是"法轮功"的主攻目标,有极少数教职员工和大学生参加了"法轮功"组织,练习"法轮功",传播"法轮功",一些人甚至参加"4·25"聚集事件,参加示威和"护法"活动。有的大学生中毒较深,在"法轮功"被定为邪教后,仍然执迷不悟,参与上访和非法集会示威,不惜荒废学业,不顾亲友的规劝,不听老师、同学的忠告,到了如痴如醉、走火入魔的地步。党和政府及学校为了挽救迷信"法轮功"的学生,下了很大气力,耐心进行说服教育,帮助他们解脱,使他们迷途知返,避免了人生悲剧的发生。

大学生应当参加合法的社会组织,参与健康向上、有益身心的社会活动,包括体育健身活动。大学生不能参加邪教组织、会道门或其他以祛病健身、修身养性为幌子的非法组织活动,要经常保持政治警惕性,凡事多问几个为什么,防止上当受骗,防止做违法的事情。

大学生如果发现有人利用会道门、邪教组织或利用迷信蒙骗群众,危害社会治安,要及时向公安、保卫部门举报。我国《刑法》中有打击"组织、利用会道门、邪教组织或者利用迷信进行犯罪活动"的规定。

如果亲友参加了会道门、邪教组织或迷信活动,应当劝他们尽快脱离非法组织,中止非法活动。

高等学校是传播科学文化知识的殿堂,担负着为国家培养社会主义现代化建设人才的艰巨任务。高校的大学生应当牢固掌握辩证唯物主义和历史唯物主义,反对唯心主义,反对封建迷信。广大青年学生应当努力学习科学知识、科学思想、科学方法和科学精神。掌握科学知识是基础,确立科学思想是灵魂,运用科学方法是途径,树立科学精神是动力。

只有具备"四科"，才能正确地分析问题、解决问题，正确地认识世界、改造世界。

　　大学生要学会识别真伪、分别善恶，分清宗教与邪教的本质区别，分清我们提倡的"真、善、美"与李洪志《转法轮》里所讲的"真、善、忍"的本质区别，识破李洪志所谓"祛病健身"的骗局，从根本上认清法轮功"反人类、反社会、反科学、反政府"的反动本质。

　　与"法轮功"的斗争仍在继续，"法轮功"顽固分子在高校还有破坏活动。李洪志一伙在西方敌对势力支持下，还在利用"明慧网"进行反政府的宣传，投寄非法传单，传送攻击党和政府的录音电话的事情仍在不断发生，境外"法轮功"活动仍很猖獗，境内"法轮功"的破坏活动也在升级。广大学生必须站在党和人民一边，与邪教"法轮功"进行坚决的斗争，用实际行动去反对迷信、反对邪教，用实际行动来维护学校稳定。

第三节　反恐怖主义

一、恐怖主义概述

（一）什么是恐怖主义

　　恐怖主义是实施者对非武装人员有组织地使用暴力或以暴力相威胁，通过将一定的对象置于恐怖之中，来达到某种宗教或政治目的的策略和思想。国际社会中某些组织或个人采取绑架、暗杀、爆炸、空中劫持、扣押人质等恐怖手段，企求实现其宗教或政治目标或某项具体要求。恐怖主义活动主要是由极左翼和极右翼的恐怖主义团体，以及极端的宗"教主"义、民族主义、种族主义的组织和派别所组织策划的。

　　长期以来，恐怖主义活动被一些跨国犯罪集团、民族分裂主义分子、极端分子势力、邪教团体等组织或政党奉为他们的斗争武器，不但给无辜民众造成巨大的生命和财产损失，破坏了国际和地区的秩序，更在所有善良人心灵中留下长久无法弥合的创伤。

（二）恐怖袭击的常见手段

　　（1）袭击，包括砍杀恐怖袭击、冲撞碾轧恐怖袭击、纵火恐怖袭击、爆炸恐怖袭击、枪击恐怖袭击等。

　　（2）劫持。劫持无辜民众以及劫持车辆、船、飞机等。

　　（3）破坏。纵火破坏或破坏电力、交通、供气供水设施等。

　　（4）利用核能恐怖袭击。通过核爆炸或放射性物质的散布，造成环境污染或使人员受到辐射照射。

　　（5）生物恐怖袭击。利用有害生物或有害生物制品侵害人、农作物、家畜等。

　　（6）化学恐怖袭击。利用有毒、有害化学物质侵害人、城市重要基础设施、食品与饮用水等。

　　（7）网络恐怖袭击。利用网络散布恐怖信息、组织恐怖活动、攻击电脑程序和信息系统等。

（三）识别恐怖袭击嫌疑人

实施恐怖袭击的嫌疑人脸上不会贴有标记，但会有一些不同寻常的举止行为可以引起我们的警惕，例如：

（1）神情异常。神情恐慌，说话支支吾吾，东张西望。

（2）着装异常。穿着打扮和普通人明显不同，服装奇异。

（3）物品异常。携带管制刀具、斧头以及类似爆炸物等危险物品。

（4）行为异常。反复在商场、医院、车站等人员密集场所以及党政机关办公区附近逡巡观察。

（5）相貌嫌疑。长相貌似被通缉的嫌疑人。

（四）发现可疑人员怎么办

（1）保持镇静，不要引起对方警觉。

（2）迅速报警。直接拨打110，反映可疑情况。

（3）牢记特征。尽可能记住嫌疑人及交往人员的体貌特征，在确保不被发现的情况下，可用手机对人和物品进行拍照。

（4）确保安全。做好自身保护，防止被可疑人发觉。

（五）报警时的注意问题

（1）沉着冷静。保持冷静，不要恐慌。

（2）确定安全。判明自己目前是否面临危险，如有危险，做好个人防护，迅速离开危险区域或就地掩蔽。

（3）报警内容。首先报告最重要的内容，包括地点、时间、发生什么事件、后果等。如砍杀事件，说清位置、嫌疑人数、体貌特征、衣着打扮、伤亡人数等；如纵火事件，说清发生火灾地点，如哪个区、哪条路、哪路车、哪个住宅区、第几栋楼、几层楼，附近有无危险物等。

二、坚决打击恐怖主义

（一）我国政府反对一切形式的恐怖主义

（1）政府明确政治立场。我们要坚决反对一切形式的恐怖主义，破坏一个国家乃至国际社会的安全与稳定的恐怖主义都应受到谴责，对于以分裂中国领土与主权完整为目的而发动的针对中国利益的恐怖活动要进行严厉打压。

（2）尽快出台《反恐法》。不同于普通的力图逃避法律惩处的刑事暴力犯罪，恐怖活动属于一种显性犯罪活动，恐怖分子会采取自杀式的恐怖袭击活动，更不惧怕法律的惩处。但我们可以通过立法打击或者遏制恐怖主义。《反恐法》作为预防法，强调如何预防恐怖分子发动恐怖袭击。

（3）正确处理民族问题。不同的民族因经济、文化、习性、宗教等差别，矛盾不可避免地存在，即使同一民族内部实际也有各种矛盾，所以一些恐怖分子打着"民族分裂"的旗号激化民族矛盾。正确处理好民族问题能帮助我们更好地应对恐怖主义。推动民族经济发展、重视少数民族的教育、平等对待各民族都是有效的解决方法。

（二）全民携手共同打击恐怖主义犯罪

（1）加强自我防范意识。在人多的地方，我们要保持较高的警觉性。要提高自己的安全意识，以待万一遇到突发恐怖袭击，能最大限度地保证自己的生命安全，掌握一些遭遇恐怖袭击时的自救方法。

（2）配合反恐相关职能部门的工作。面对一些可疑的情况，我们要及时向有关部门报告，但并不提倡民众主动与恐怖分子作斗争。遇到任何突发情况，要尽量做到不围观，以免影响专门力量的快速应急反应和处置恐怖袭击突发事件，也避免给自己带来次生性的伤害。

（3）维护民族团结。暴力袭击案件造成了民众的恐慌，甚至有少部分人对少数民族的人产生忌惮心理，这是不明智的。事实上，只有一小部分人在破坏民族团结和国家安定，我们不能以点概面，而是应该团结起来，识穿恐怖分子的阴谋，让他们的意图破产。

三、大学生如何应对恐怖主义活动

在以本·拉登为首的"基地"组织的恐怖手册中，明确把学校列为恐怖活动的重要目标，"因为那是异教徒中的精英和未来所在，防备松懈……"。民族分裂主义恐怖组织在他们的培训手册中也把学校、幼儿园、医院列为"圣战"的重点目标。近年来，北京、山东、江苏、湖南等地高校相继爆发了一系列针对学生（儿童）的暴力恐怖事件。个别高校的学生还收到过恐怖信件、恐怖电子邮件和恐怖手机短信，曾发生过大学校长被绑架的案件。这表明，学校由于它易受袭击的脆弱性和恐怖事件所产生的独一无二的轰动效应开始成为恐怖组织和严重刑事犯罪分子所"青睐"的目标。为了有效应对恐怖活动的危害，大学生有必要掌握一定的反恐知识和技能。

（一）恐怖爆炸活动的应对

在众多恐怖活动中，恐怖爆炸是当今恐怖分子最常用、最普遍与最主要的恐怖活动方式。爆炸作为一种简单实用、杀伤力大、攻击目标无限制、社会影响力巨大的恐怖活动形式，往往成为世界各国恐怖分子的首选。

在日常生活中，大学生应对某些异常情况保持足够的警惕。当某一物品在不该出现的环境中出现，特别是在人员密集场所，如学校的阶梯教室、食堂、礼堂等出现，一般要引起注意。一旦发现爆炸可疑装置，具体应对措施是：

（1）保持冷静，切勿搬动可疑物品，保持其原状。

（2）迅速远离可疑物品，确保自身安全并将有关情况立即报告有关部门，请公安机关派人前来处理。

（3）在有关人员处理过程中，要听从指挥，不要围观及大声喧哗，制造紧张气氛，在没有确认的情况下，不要散布不属实的信息。

（4）当校园发生爆炸等恐怖活动时，大学生应该听从学校的统一指挥，不恐慌、不轻信、不传谣，时刻保持冷静态度，积极配合有关部门为破案提供线索，通过自己的实际行动，打击恐怖爆炸活动。

（5）当炸弹将要爆炸时，应立即卧倒，双手护住颈脖与后脑，避免被砸伤。注意观察，爆炸结束后迅速撤离。

在恐怖爆炸活动发生后，大学生还应冷静、理智地舒缓恐怖爆炸活动给自己造成的心理震荡，努力调整自己的心态，以积极、乐观向上的心态使自己的学习、生活恢复到正常状态。

（二）绑架劫持的应对

大学生如遭绑架劫持，要做到以下几点：

（1）首先要防患于未然，要有防止被绑架劫持的警惕性：上网聊天、交友时，不要轻易和网友约会见面。必须约会见面时要约请数人陪同，或者选择公共场所，不要到偏僻场所或者到对方家里见面。做兼职要有警惕性，最好通过学校联系兼职工作。对聘请兼职的人员与工作环境要进行较为详细的了解，第一次上岗最好有同学陪同前往。

（2）如果被绑架劫持，要尽可能保持冷静，机智巧妙地与对方周旋。要首先保证自身安全，切不可大喊大叫，激怒对方，不要轻易采取反抗行动。

（3）尽可能了解自己所处的位置。如果遭绑架后被转移，要根据被转移的方式、时间、速度、转弯的次数等，大致判断出自己所在的位置，也可以通过周围环境的声音判断自己所处的环境。

（4）要尽可能保留和隐藏自己的通信工具，及时把手机改为静音，适时用短信等方式向警方求救，短信中应准确说明自己所在的位置、恐怖分子人数等内容。如有可能，可利用犯罪嫌疑人准许与亲属通话的机会，巧妙地将自己所处的位置、现状以及犯罪嫌疑人的情况告诉亲属。

（5）要尽量记住劫持者的人数、头领及其体貌特征，但不要直视劫持者。如被蒙上眼睛，要听清劫持者的口音、惯用语等特征，便于事后提供线索和证言。

（6）采取自救时，一定要仔细观察，周密思考。选择好时机，在确保自身安全的情况下逃跑。逃脱后要立即报警。

（7）大学生一旦被绑架劫持，亲属、同学和朋友要立即报警，提供被绑架劫持人的年龄、体貌特征、随身携带物品、手机号码、车辆及近期照片等。将案件发生前后遇到的可疑人、见到的可疑车辆、接到的可疑电话，以及案件发生后，犯罪嫌疑人与亲属的联系方式、电话号码、要求家属做的事情等方面的信息，及时提供给公安机关。报案时务必采取隐蔽方式，防止犯罪嫌疑人害怕暴露采取极端措施。

（三）生物、化学恐怖袭击的应对

（1）可能发生生物恐怖袭击的情况：现场发现不明粉末或液体、遗弃的容器和面具以及大量的昆虫；在微生物恐怖袭击后 48～72 小时或毒素恐怖袭击后几分钟至几小时，出现规模性人员伤亡；在现场人员中出现大量相同的临床病例，在一个地理区域出现本来没有出现过或极其罕见的异常疾病；在非流行区域发现流行病；患者沿风向分布，同时出现大量动物病例。

（2）化学恐怖袭击是利用空气为传播介质，使人在呼吸到空气时中毒。如果发生了以下情况，则可能遭受了化学恐怖袭击：出现异常的气味，如大蒜味、辛辣味、苦杏仁味；异常的现象，如大量昆虫死亡、有异常烟雾、植物异常变化等；异常的感觉，如恶心、胸闷、惊厥、皮疹等；出现异常物品，如遗弃的防毒面具、桶、罐、装有液体的塑料袋等。

（3）生物、化学恐怖袭击的应对。遇到生物、化学恐怖袭击要尽量保持镇静，不要惊慌，判明情况。要尽快掩蔽，利用环境设施和随身携带的物品掩蔽身体或口鼻，避免或减少毒物的侵袭和吸入。尽快寻找窗口，迅速离开污染源或污染区，尽量逆风撤离。撤离后要及时报告，立即就医。受到生物恐怖袭击的感染者和接触者还应接受隔离。疫区人群尽量少出门，同时注意防止被可疑昆虫、鼠类或其他动物叮咬或抓伤。

（四）毒气恐怖袭击的应对

（1）当发现空气中有强烈异味或奇异颜色时，应用湿毛巾捂住口鼻，尽快转移至上风方向或有滤毒通风设施的人防工程内，并立即报警。

（2）尽可能戴上手套、游泳镜、防护镜，穿上雨衣、雨鞋等，或用床单、衣物盖住裸露的皮肤。

（3）如果来不及转移，应尽量寻找密闭性好、可以隔绝防护的高层建筑物躲避。入室后，立即关闭门窗、电源、火源，堵住与外界明显相通的缝隙，尽量停留在背风处和外层门窗最少的地方。

（4）未确定毒气种类前，勿使用明火。

（5）有毒气体散去后，尽快打开下风方向门窗通风，及时脱去被污染的衣物，用流动的水冲洗身体。

第四节　维护国家安全

【案例】在求职多次遭拒、心灰意冷之际，广西南宁的应届大学毕业生小何收到了一名在"附近的人"的聊天好友申请。小何加对方为好友后，对方自称是一家网站的军事女编辑。军事爱好者小何很感兴趣，他告诉女编辑，他就是部队家属，知道很多这方面的知识。对方开始每天都和小何联系。"告诉你一个好消息，你上次提供的拍摄图片，被网站采用了！"女编辑有一天发来信息，还顺势套取了小何父亲出发去执行航行任务的信息。小何在毫无防范意识的状态下告知对方父亲的去向和一些军事信息。女编辑立即感兴趣地说自己最近正在做军舰方面的专题，想让小何帮她收集素材。小何随即给女编辑提供了一名退伍朋友的联系方式。很快，这名朋友打来电话告诉小何他泄密了。当他向这名女编辑提出质疑的时候，女编辑马上"拉黑"了他。小何最后在朋友和父亲的陪同下，到国家安全部门说明了情况。

一、国家安全的含义

国家安全不仅包括国家政权、主权、统一和领土完整，还有人民福祉、经济社会可持续性发展和国家其他重大利益相对处于没有危险和不受内外威胁的状态，以及保障持续安全状态的能力。

我国《宪法》规定："公民有维护祖国的安全、荣誉和利益的义务，不得有危害祖国的安全、荣誉和利益的行为。"维护国家安全，是每一个大学生的光荣义务。新中国建立以后，境外间谍机关对我国的情报窃取从未停止过。特别是1978年我国实行改革开放政策以来，隐蔽战线上的斗争出现了许多新情况。以美国为首的西方国家，在对苏联和东欧实施"和平演变"的战略得手以后，扩大了对我国的情报活动，在发展对华关系的同时，继续推行"西化""分化"中国的战略，与境内敌对势力互相勾结，伺机对我国进行渗透、颠覆和破坏活动。

我国周边一些国家，无论是历史上与我国友好的，还是近年来实现关系正常化的，也都从来没有停止过对我国的情报活动。台湾当局在大陆的情报活动历来非常频繁。他们一方面直接派遣间谍来大陆搜集情报，一方面在台商和大陆人员中发展情报人员为他们服务。

每一个大学生，对于国外、境外间谍机关疯狂窃取我国政治、经济、科技和军事情报的活动，必须充分重视，保持高度警惕。

二、危害国家安全的行为

《中华人民共和国国家安全法》及其实施细则所称危害国家安全的行为，是指境外机构、组织、个人实施或者指使、资助他人实施的，或者境内组织、个人与境外机构、组织、个人相勾结实施的下列危害中华人民共和国国家安全的行为：

（1）阴谋颠覆政府，分裂国家，推翻社会主义制度的。

（2）参加间谍组织或者接受间谍组织及其代理人任务的。

（3）窃取、刺探、收买、非法提供国家秘密的。

（4）策划、勾引、收买国家工作人员叛变的。

（5）进行危害国家安全的其他破坏活动的。

《中华人民共和国国家安全法实施细则》对"资助"实施危害国家安全的行为、"勾结"实施危害国家安全的行为、和危害国家安全的"其他破坏活动"的界定是：

（1）所谓"资助"实施危害国家安全的行为，是指境外机构、组织、个人的下列行为：

①向有危害国家安全行为的境内组织、个人提供经费、场所和物资的；

②向境内组织、个人提供用于进行危害国家安全活动的经费、场所和物资的。

（2）所谓"勾结"实施危害国家安全的行为，是指境内组织、个人的下列行为：

①与境外机构、组织、个人共同策划或者进行危害国家安全活动的；

②接受境外机构、组织、个人的资助或指使，进行危害国家安全活动的；

③与境外机构、组织、个人建立联系，取得支持、帮助，进行危害国家安全活动的。

（3）所谓危害国家安全的"其他破坏活动"是指：

①组织、策划或者实施危害国家安全的恐怖活动；

②捏造、歪曲事实，发表、散布文字或议论，或者制作、传播音像制品，危害国家安全的；

③利用设立社会团体或者企业事业组织进行危害国家活动的；

④利用宗教进行危害国家安全活动的；

⑤制造民族纠纷，煽动民族分裂，危害国家安全的；

⑥境外个人违反有关规定，不听劝阻，擅自会见境内有危害国家行为或者有危害国家安全行为重大嫌疑的人员的。

境外情报机构通常通过下列手段，来窃取我国秘密，危害我国安全：

（1）随着网络信息技术的迅猛发展和移动互联网终端的快速普及，中国网民数量已跃升为世界第一位。境外间谍情报机关正是利用这一点，将网络变成对中国实施勾连、渗透、策反和窃密的重要渠道和场所。

个别大学生安全意识不强、社会经验不够丰富，有的还需要寻找一些经济来源以支持学业。境外间谍便用做兼职、发调查问卷之类的名目去吸引学生，以高额的酬金诱惑；刚开始提的要求一般都比较简单，比如先让学生去图书馆查查资料，或者搞调研，无论任务完成情况如何都照样支付丰厚的酬金，慢慢让其产生依赖感；然后再为其安排搜集、窃取情报的任务。实际上，这时候学生已经有把柄握在间谍手里，如果想退出，对方就会采取威胁讹诈等手段逼迫学生继续为他们效力。

（2）利用各种渠道，以公开或秘密的方式，灌输西方的政治、经济模式，"民主""自由""人权"的价值观念及腐朽的生活方式，培养"和平演变"的"内应力量"。

（3）采取金钱、物质引诱，许诺出国担保、色情勾引、抓其把柄的手法，或打着学术交流、参观访问、现场照相留念和文明结友等幌子，刺探、套取或收买政治、经济、军事、科技、文化等方面的国家和单位秘密。

（4）通过报刊、广播、音像、传单等途径，以无中生有、编造谣言、借题发挥、以偏概全、挑拨离间、拨弄是非、假冒他名、虚张声势等伎俩，进行的反动"心战"宣传，扰乱师生员工的精神和心理状态，煽动不满情绪，实现其颠覆、破坏的目的。

（5）策划、支持成立旨在阴谋颠覆政府、分裂国家、推翻社会主义制度的暴力集团、恐怖组织、反动宗教、社会团体和企事业单位，甚至提供经费、场地和物资。

三、危害国家安全行为的法律责任

我国法律对于危害国家安全的种种行为，规定了法律责任。危害国家安全的行为，主要承担刑事法律责任或者行政法律责任。

《中华人民共和国国家安全法》规定：境外机构、组织、个人实施或者指使、资助他人实施，或者境内组织、个人与境外机构、组织、个人相勾结实施危害中华人民共和国国家安全的行为，构成犯罪的，依法追究刑事责任。

明知他人有间谍犯罪行为，在国家安全机关向其调查有关情况、收集有关证据时，拒绝提供的，由其所在单位或者上级主管部门予以行政处分，或者由国家安全机关处15日以下拘留；情节严重的，处3年以下有期徒刑、拘役或者管制。

以暴力、威胁方法阻碍国家安全机关依法执行国家安全工作任务的，处3年以下有期徒刑、拘役、管制或者罚金。

故意阻碍国家安全机关依法执行国家安全工作任务，未使用暴力、威胁方法，造成严重后果的，处3年以下有期徒刑、拘役、管制或者罚金。情节较轻的，由国家安全机关处15日以下拘留。

对非法持有属于国家秘密文件、资料和其他物品的，以及非法持有、使用专用间谍器材的，国家安全机关可以依法对其人身、物品、住处和其他有关的地方进行搜查；对非法持有属于国家秘密的文件、资料和其他物品，以及非法持有、使用的专用间谍器材予以没收。

非法持有属于国家秘密的文件、资料和其他物品，构成泄露国家秘密的，依法追究刑事责任。

境外人员违反国家安全法的，可以限期离境或者驱逐出境。

《中华人民共和国国家安全法》对于犯间谍罪和在境外受胁迫或者诱骗参加敌对组织的，还规定了"自首从宽"和"主动说明情况不予追究"两项重要的刑事政策。

【案例】朱某是北京某大学的一名大学生，在北京学习期间，结识了某国驻华大使馆文化参赞龙某，后又结识了该大使馆新任文化参赞萨某。期间，朱某又认识了某自治区党校退休老师杜某。后来，大使馆文化参赞萨某提出要朱某及杜某等为使馆收集新疆伊斯兰教派活动的有关情况，当时朱某及杜某未表示拒绝，还与萨某签订了协议书，并接受了由萨某提供的摄像机1部、活动经费1万元以及二人的月薪3000元。接着，朱某及杜某先后前往乌鲁木齐、喀什、莎车等地拍摄、录制了伊斯兰教派有关活动情况的资料。返回乌鲁木齐后，朱某、杜某被抓获，拍摄、录制的资料被追缴。经某自治区国家保密工作局、宗教事务局鉴定，朱某所拍摄的资料为"机密"级。朱某实施的行为严重危害了国家安全，依法应予以严惩。

四、维护国家安全是普通公民应尽的法律义务

法律义务是指法律关系的主体依法必须履行的某种责任，它表现为必须做出一定行为或不做出一定行为，对这些行为的作为与不作为带有强制性，是由国家运用法的强制力保障实施的。《中华人民共和国国家安全法》对于公民维护国家安全的规定，概括起来有六项。

（1）提供便利条件和协助的义务。公民和组织应当为国家安全工作提供便利条件或者其他协助。为国家安全工作提供便利条件主要是指：在国家安全机关的工作人员依法执行国家安全工作任务时，根据需要应当主动允许进入有关场所；在符合国家法律规定程序的情况下应当允许进入、限制进入的有关地区、场所和单位，对于确需查看或者调阅有关档案、资料、物品的，应当积极提供；因维护国家安全的需要，使用交通工具、通信工具、场地和建筑物的，应当提供优先使用；交通部门包括铁路、民航、水上航运、公共电汽车等部门，对于依法执行紧急任务的，根据需要，应当允许优先乘坐交通工具；对国家安全机关需要采取技术侦察措施的，有关部门和公民应当提供各种必要条件。

（2）及时报告义务，即公民发现危害国家安全的行为，应当直接或通过所在组织及时向国家安全机关或者公安机关报告。公民发现危害国家安全的行为及时揭发检举、向国家安全机关或公安机关报告，有利于国家安全机关和公安机关开展国家安全工作，对危害

国家安全的违法犯罪案件进行立案、侦查破案。每个公民都应自觉地维护国家利益，发现危害国家安全的行为应及时直接或间接地向各国家安全机关或公安机关报告，不应知情不报。

（3）如实提供情况和证据的义务。在国家安全机关调查了解有关危害国家安全的情况收集有关证据时，公民和有关组织应当如实提供，不得拒绝。

（4）保守秘密的义务。任何公民和组织都应保守知悉的国家安全工作的国家秘密。国家秘密是指关系到国家的安全和利益，依照法律程序确定，在一定时间内只限一定范围的人员知悉的事项。而国家安全工作的国家秘密是指关系到国家安全工作的属于国家秘密的事项，如危害国家安全行为人的动态情况，国家安全机关为侦查危害国家安全行为所采取的方法、方案；对于危害国家安全行为采取的对策；追查危害国家安全犯罪案件的案卷等。

（5）不得非法持有属于国家安全秘密的文件、资料和其他物品的义务。非法持有国家安全秘密的文件、资料和其他物品主要是指非依法律规定而掌握、保存属于国家秘密的文件、资料和其他物品的行为。在履行该项义务时，应注意三个方面的问题：一是公民对于非经法律程序而得到的属于国家秘密的文件、资料和其他物品，不得私自留存，必须及时上交。二是公民对依法下发的属于国家秘密的新闻公报、资料和其他物品，要依照规定及时清理，退还或依照规定存放于保密装置中，不得使其作为自己的物品留存。三是执法部门在查处违反事项规定的行为时，应首先调查了解非法持有的国家秘密的文件、资料和其他物品是否造成泄露国家安全的后果，行为人是否具有窃取、刺探、收买、非法提供国家秘密的故意和实施了这种行为。对于构成窃取、刺探、收买、非法提供国家秘密罪或者泄露国家秘密罪的，必须依法惩处，不得只没收属于国家秘密的文件、资料和其他物品了事。

（6）不得非法持有、使用窃听、窃照等专用间谍器材的义务。此处的非法持有，主要是指非法保存、留藏专用间谍器材。非法使用主要指两个方面：一是依法不得使用这些器材的人使用这些器材；二是依法可以使用这些器材的人，违反法律和有关规定，在不该使用的场合、时间或对不该使用的人使用。

五、维护社会稳定

邓小平同志讲："中国的问题，压倒一切的是稳定，没有稳定的环境，什么都搞不成，已经取得的成果也会失掉。"高等学校是人才荟萃的地方，是情报信息的密集区，处于政治斗争的前沿阵地，历来是境内外敌对势力渗透破坏的重点。高校的稳定不仅关系到学校的教学、科研及各项工作的开展，关系到国家人才的培养和教育事业的发展，而且关系到国家稳定的大局。高校大学生应当充分认识维护稳定的重要性。

（一）威胁社会稳定的因素

（1）境内外敌对势力和各种思潮对高校的渗透及影响。目前国际局势正在发生着极其深刻的变化。尽管和平与发展的总趋势没有改变，但是随着世界多极化和经济全球化的深入发展，特别是美国"9·11"事件以后，整个国际关系，尤其是大国关系变得更加错综复杂。西方敌对势力把中国作为潜在对手进行遏制的立场始终没有改变，他们加紧利用一切手段和机会对我进行"西化、分化"和颠覆破坏活动。高校一直是敌对势力与我争夺人才的前沿阵地，也是各种思潮表现较为活跃的地方。美国及西方敌对势力把高校作为首选目标，积极寻找培养代理人，以人权为幌子，支持和利用逃亡在境外及尚在境内的"民运人士"，对我进行渗透和破坏活动，支持李洪志煽动和组织"法轮功"顽固分子进行破坏活动；通过宗教渗透和利用互联网及各种媒体进行反动宣传；以合法掩护非法，以公开掩护秘密，通过某些教学、学术交流、合作办学等渠道加紧对我高校进行政治文化渗透。

（2）国际上发生的一些涉及我国主权和民族尊严的重大事件对高校稳定产生了不可预测的影响。虽然当今国际社会发展的主题是和平，但霸权主义和强权政治依然存在，世界只要有不和谐的音符出现就会产生事端或引发冲突。高校青年学生对国内、国际所发生的大事保持了较高的关注程度，尤其对涉及国家主权和民族尊严等重大事件表现得特别敏感，一旦发生侵犯国家主权的国际事件，就会在高校学生中产生强烈震动和影响。极少数别有用心的人利用学生的爱国热情，煽动扩大事态，制造不稳定事端。发生在1996年的"保钓事件"和1997年的"印尼排华事件"就在高校引起强烈震动。

（3）民族、宗教问题对高校稳定的影响。我国是多民族国家，各民族的风土人情、人文风俗组成了民族大家庭璀璨的文化，但由于各民族文化背景和风俗习惯的不同，对同一事物也会有不同看法。有关民族方面的问题如果处理不当，就会产生矛盾，酿成事端。而民族问题往往又伴随着宗教问题，特别是近年来，由于某些国外敌对势力的操纵和受国际上民族主义思潮泛滥的影响，民族和宗教问题错综复杂，严重影响了边疆少数民族地区的稳定。

（4）"法轮功"邪教组织在高校的破坏活动影响校园稳定。自1999年7月国家取缔"法轮功"邪教组织以来，大多数"法轮功"练习者从"法轮功"邪教组织中解脱出来，但仍有一小部分"法轮功"顽固分子认不清法轮功反政府、反科学、反人类、反社会的反动本质，在李洪志的精神桎梏下继续坚持顽固立场。少数执迷不悟的"法轮功"练习者仍在搞非法串联、策划聚会等非法活动；到天安门广场等重要场所搞"护法""弘法"，制造事端；散发和张贴"法轮功"非法宣传品，干扰破坏社会正常秩序。高校极少数未转化的"法轮功"练习者，也无视国家法律，继续参加"法轮功"非法活动，严重干扰学校正常的教学科研、工作秩序。

（5）计算机互联网上有害信息给高校带来的不稳定因素日趋明显。计算机互联网的出现为高校师生的学习、科研及管理提供了方便、快捷的条件，但境内外敌对势力利用互联网传递快、传播广的特点不断制造和传播反动有害的政治信息，猖狂地攻击我国社会主义制度和人民民主专政的政权，攻击我党和政府，灌输西方民主政治思想，煽动推翻我们的政权和社会主义制度。学校是网民最为集中的地方，其负面影响不可低估。

（二）维护稳定的重要性

习近平总书记指出："没有稳定的社会政治环境，一切改革发展都无从谈起，再好的规划和方案都难以实现，已经取得的成果也会失去。"

社会动荡不安给国家给人民带来的危害是严重的，历史的经验教训值得注意。影响稳定的因素依然存在，不可掉以轻心。如果没有社会稳定，整个社会处于动荡之中，丧失起码的秩序和规则，那么就必定会使整个社会陷入混乱，改革发展进程中断、成果丧失。

多年维护稳定的工作经验证实，维护高等学校的稳定有着更为重要的意义。只有保持稳定的校园环境，学校的改革发展才能顺利进行，使教师安居乐教、学生培养成才。如果没有一个稳定的校园环境，那么就什么事也干不成，有的人还会因此犯错误，毁掉自己。高校一旦出现不稳定还会把简单问题复杂化、局部问题社会化，波及社会，影响到整个社会的稳定。我们一定要提高对维护稳定重要性的认识，树立良好的维护稳定意识，克服稳定与己无关的错误思想，把维护稳定当作头等大事来做。

（三）大学生应树立维护社会政治稳定的意识和责任感

全国人民希望稳定，党中央高度重视稳定工作，我们应从讲政治、讲大局的高度认识维护稳定的重要性，积极参与维护稳定的工作。作为一名在校大学生，在维护稳定中要做到以下几点：

（1）要善于识别、抵制各种破坏稳定的因素。高校校园是社会的一部分，是各种信息的聚集地、各种思潮的汇合点，社会上各种错误的思潮不可避免地渗透到学校来。大学生要学会识别各种错误思潮，要增强抵制错误思潮的能力，不能人云亦云，跟着错误做法、行动跑。要加强时事政治学习，用正确的思想武装自己。要有大局意识，人民的利益、党和国家的前途命运是大局，安定团结、社会稳定、发展经济是大局，我们的一切言行都要顾全大局，不做干扰国家大局的事，不参与损害大局的活动。要从自己做起，为我国现代化建设多做贡献。不管出于什么动机、有多少合理的原因，损害了稳定、破坏了大局，都是不能允许的。

（2）要善于正确处理两类不同性质的矛盾。西方敌对势力不断对我国实施"西化""分化"的战略图谋，进行渗透和颠覆破坏活动，千方百计用他们的那一套政治观点、意识形态和生活方式影响我们。我们要善于识别他们那一套，坚决地同他们斗争，要旗帜鲜明地反对资产阶级自由化，排除一切破坏稳定的因素。对人民内部出现的问题，应通过正常途径来解决。不要激化矛盾，要用理智、冷静的态度解决纠纷，避免观点偏激，哗众取宠，甚至掺杂个人恩怨进行人身攻击等不健康的做法。不要把自己置于同政府、党组织和人民群众对立的地位。作为大学生，应该清醒地认识到这一点，千万别干亲者痛、仇者快的事情。千万不要感情用事而使问题复杂化，造成有影响的事件甚至发展成学潮，引起社会不稳定。

（3）在民主的问题上不要偏离正确的轨道。民主是与法制联系在一起的，没有健全的法制就不可能有真正的民主，法制是民主的保障，民主必须受法制的制约。脱离了法制，任何民主都只能流于无政府主义的混乱，结果也是对民主的根本破坏。有人追求抽象的、绝对的民主，将《宪法》规定的公民有言论、结社、集会等项自由理解为无论何时、何地、何种原因，想怎么干就怎么干。这是典型的无政府主义与唯我主义的表现，是对社会主义民主与法制的曲解和违背。历次学潮和突发事件中总是有人打着"民主"的旗号，采取"大民主"方式，在校园中张贴大字报、演讲、组织游行等，进行实际上破坏民主、损害稳定的活动。

（4）对爱国主义要有正确的认识和理解。爱国主义包含的内容很广泛，它不仅意味着一个人要爱他所生所长的故土，爱这片故土所养育的人民、所形成的民族、所孕育的文化，同时也意味着要爱在这块土地上所建立的国家。爱国主义是一种对祖国纯朴的热爱，是对本民族利益的维护和发展。有些人错误地认为在爱国的题目下做什么文章都不过分，结果被别有用心的人利用，跌了跟头，犯了错误，所以对爱国主义的曲解也是很危险的。

（5）要身体力行维护稳定。大学生要树立稳定高于一切的观念，自觉为维护稳定做贡献。当学校发生影响稳定的事件时，自己一定要做到不围观、不起哄、不参与，并要尽最大的努力做维护稳定的工作，保证自己和周围的同学不做有损校园稳定的事情。要注意别有用心的人的插手，揭露他们的阴谋活动，对个别人搞小动作有意扩大事态、企图制造轰动效应，必须坚决制止；要执行学校采取的各项防范措施，努力完成维护校园稳定的任务，协助学校化解消极因素，及时调节处理各种矛盾和纠纷，把各种不安定事端消灭在萌芽状态。

第十四章 预防犯罪 拒绝黄赌毒

【学习目标】
(1) 了解大学生违法犯罪的现状、特点及产生原因。
(2) 了解黄赌毒的危害。
(3) 了解抵制黄色污染的方法。
(4) 了解赌博的危害和预防方法。
(5) 了解吸食毒品的动因、危害。

【案例】林某与黄某均为复旦大学医学专业硕士研究生，同住一间宿舍。同住期间，林某因琐事对黄某不满，逐渐怀恨在心。2013年3月31日，林某从他人处借得钥匙后，进入该校附属医院实验室，带走其实验后存放于此处的、内装有剧毒化学品二甲基亚硝胺原液的试剂瓶和注射器。当天晚上，林某趁无人之机，将二甲基亚硝胺原液用注射器投入宿舍饮水机内。4月1日上午，黄某从该饮水机接水饮用后，出现呕吐等症状，即于当日中午到医院就诊。经检验发现肝功能受损，遂留院观察。3日下午，黄某病情趋重，转至该院重症监护室救治。4月12日，警方经现场勘查和调查走访，认定林某有重大作案嫌疑，依法对林某实施刑事传唤，林某才如实供述了其犯罪事实。4月16日，黄某经抢救无效去世。经法医鉴定，黄某系因二甲基亚硝胺中毒致急性肝坏死引起急性肝功能衰竭，继发多器官功能衰竭死亡。在黄某入院救治期间，林某仍刻意向救治医院隐瞒真相，编造谎言，有意延误对被害人救治。2015年1月，林某因故意杀人罪被上海市高级人民法院判处死刑。同年12月林某被执行死刑。

第一节 预防违法犯罪

大学生作为"象牙塔"内的"天之骄子"，是一个特殊的社会群体，受到整个社会的密切关注。同时作为社会主义事业的未来建设者和接班人，大学生理应不断地加强自身的科学文化道德素养，自觉遵纪守法，为国家做出自己应有的贡献。但近年来，大学生犯罪有增长趋势，而且大学生犯罪向多样化、智能化方向发展。一些所谓的"学习尖子"也走上了犯罪的道路，这些问题令我们深思。本章将对大学生违法犯罪和违纪违规现象进行剖析，以提醒在校大学生避免犯同样的错误，能在加强自身修养的基础上自觉地遵纪守法，做一名合格的公民，做一名优秀的大学生。

一、大学生违法犯罪行为的现状及特点

近年来，关于大学生犯罪的报道频频见诸报端。据统计，我国高等学校学生违法犯罪的人数占高校总人数的 1.26%。2002 年，北京高校大学生中被检察机关依法起诉犯罪的达到 128 人。这些犯罪涉及杀人、伤害、抢劫、敲诈、盗窃、利用网络犯罪以及"利用邪教破坏法律实施"等罪名。犯罪人员中外地生占 72%，校内作案占 80% 以上。上海市大学生"校园犯罪"案件近年来也呈上升趋势，根据检察机关统计，在 2000 年至 2002 年 3 年中，由公安机关提请、经市检察院审查批准逮捕的大学生共有 48 人，另有 3 人自首。1997 年到 1999 年，南京浦口校区大学生犯罪案件呈逐年上升趋势，2001 年较 2000 年上升了 300%，2002 年又较 2001 年上升了 120%。从这些数字不难看出，大学生违法犯罪的人数呈明显增多的趋势。从目前情况来看，大学生犯罪主要呈现以下特点：

（一）侵犯的客体以财产利益为主，犯罪类型和方式多样化

在大学校园里面，70% 以上的刑事案件主要涉及盗窃罪、诈骗罪、抢劫罪等罪种，这些罪种所侵犯的客体多为移动性较强的个人财物，如手机、信用卡、笔记本电脑等，且大多涉案金额较小。特别需要指出的是，近年来一些新的犯罪种类如贩毒、走私、组织介绍卖淫等也开始在大学生犯罪中被发现，虽然这些犯罪数量较少，但危害极大。绑架、杀人、伤害、强奸等侵害人身权案件也有逐步增加的趋势。

（二）犯罪主体范围逐渐扩大化

犯罪主体范围扩大化包括几方面：一是从院校的办学层次、从重点与非重点来看，过去犯罪的学生主要是来自高职与民办院校，如今正逐步向重点院校蔓延，例如复旦大学投毒案、马加爵案、周一超案件、刘海洋案件等一些名牌院校的学生犯罪。二是从学历来看，也不排除硕士生、博士生。三是从成绩来看，一些成绩"非常优秀"的学习尖子也走上了犯罪的道路。有一个现象特别值得我们重视，那就是女大学生犯罪呈现出不断增长的趋势。部分高校周围出现一些提供色情陪侍的酒吧、酒店，其中不乏女大学生加入色情服务提供者的行列。还有些女大学生追求物质享受、爱慕虚荣，在无钱满足自己欲望的情况下，铤而走险盗窃同学的财物而坠入犯罪深渊。

（三）犯罪手段和方法智能化

在大学校园犯罪中，除专、本科生外，硕士生、博士生也不乏其人，他们把自己学到的科学知识运用到犯罪活动中，为其实施犯罪制造便利条件。由于大学生具有专业知识，有些大学生便利用高科技手段破译和盗用他人密码、窃取钱财；利用先进的通信工具，实施反报警技术；研制冰毒；进行软件盗用等。正是如此这般将科技含量较高的知识和技术运用到犯罪之中，使得大学生犯罪带有智能化的特点。同时，由于智力和教育的因素，有些大学生犯罪手段狡猾，作案方法隐蔽，加之他们常以文质彬彬的外表形象作掩护，不易引起怀疑，具有更大的隐蔽性，给案件的取证、侦破造成一定困难。

（四）暴力犯罪案件时有发生

有些大学生往往以自我为中心，优越感强，受不得丝毫委屈，一旦心理失衡，就用暴力解决问题。在这种犯罪中，一般没有预谋，偶然性极大，往往当事人之间并无宿怨，发生矛盾时因双方语言过激或行为失控而导致犯罪。另外，还有一些大学生来自农村贫困的家庭，他们存在着不同程度的贫困焦虑，其中一部分人在巨大的心理压力下，发生人格变异，最终走向犯罪，其手段极其残忍。杀死四名同学的云南大学学生马加爵就是典型一例。

（五）团伙性

所谓团伙犯罪，是指犯罪行为人有组织、有目的地纠合在一起，共同实施犯罪的行为。很多大学生拉帮结派，相互寻找保护、依赖，容易形成一个犯罪集团。在大学校园里面，集体团伙性的打架斗殴现象越来越突出。

二、大学生违法犯罪动因浅析

（一）社会转型给大学生带来思想冲击

转型时期急剧变化的社会现实在各个层面上冲击着人们的思想观念。随着改革的深入，一部分人主动或者被动地退出单位，成为社会人。主流意识对社会人的影响开始大大减弱，各种价值观、信仰开始被不同的群体信奉，这直接导致原有价值系统的动摇和瓦解。社会所要求的主流意识的一元化与非主流意识的多元化相混杂，社会价值取向的一元化与个体价值取向的多元化形成矛盾。社会环境的消极因素与积极因素相互斗争，此起彼伏，时时影响着人们的思想，造成人们心理的失衡。在思想文化领域，以网络平台传播的颠覆传统经典的"恶搞"在大学生中很流行。各种非主流的思想文化日益显现，给当代大学生带来深刻影响。

（二）大学生自我价值观发生了变化

价值观是影响甚至支配人们行为的重要因素。随着社会的发展，大学生的价值观出现了变化。在不否定其主流的前提下，要指出的是有为数不少的人的思想出现了消极、颓废的倾向，主要表现在：

（1）对自身及社会认识的变化。看到社会中大学生比例增长，大学生失业现象增多，现代大学生已经不再有过去大学生拥有的那种认为自己是出类拔萃的优秀者的想法，他们的自我预期下降。这使他们极易产生消极颓废心理。

在市场经济影响下，物质利益成为现实生活的重头戏，部分大学生错误地以物质利益为尺度去评价个人得失。这诱发了少数人进行抢劫、盗窃、诈骗等违法犯罪活动。

（2）个性化倾向。面对改革浪潮，大学生的价值观念出现了个性化倾向。这种倾向是对不承认合理的个人利益、个人价值的反动，具有一定的积极性，但如果不能把握合适的"度"，就很容易陷入个人主义的泥潭，从而容易犯罪。

（三）大学生心理发展的不成熟性

大学生处于青年期，其心理正在迅速走向成熟但又未完全成熟，他们心理起伏比较大、易冲动、自我控制能力较差、做事情欠考虑；加上大学生人生体验少，而社会又极其复杂，故若没有正确的引导，他们很容易走上歧途，甚至诱发犯罪。大学生心理发展的不成熟性还表现在：对自我的要求过分高于自身的素质、能力；客观生活环境困难；父母过度关怀。曾经被媒体热炒的清华大学学生刘海洋硫酸伤熊事件、北京某高校学生马忠义携带仿真枪绑架案等，都是因心理脆弱而诱发犯罪。

（四）社会文化的影响

改革开放后，各种社会思潮涌现，一些非主流文化和不同背景的西方文化、港台文化对大学生产生了不可低估的负面影响，这些影响也是导致大学生犯罪的原因之一。社会的主流文化是健康向上的，对大学生起着积极的正面引导作用，但像色情、暴力、享乐主义以及西方、港台文化中所宣传的私有化、极端个人主义文化及文化商业化作用下产生的文化糟粕，则在社会上起着极坏的影响，诱导大学生走上违法犯罪之路。

（五）家庭因素也是一个不可忽视的因素

现在的家庭无论经济条件好坏，都对自家的"骄子"给予过多溺爱。有的父母不惜省吃俭用，也要为孩子提供舒适的环境。经济条件好的，更是把孩子当作"掌上明珠"，要啥给啥。这容易使大学生产生好逸恶劳、挥霍无度的不良习气，甚至导致犯罪。

第二节　拒绝黄赌毒

黄赌毒主要指从事卖淫嫖娼、淫秽色情活动，走私、制贩、传播色情淫秽物品，以营利为目的设赌、聚赌和吸毒、制毒、贩毒等违法犯罪活动。它们不仅给社会带来了巨大的危害，而且在一定程度上威胁着广大学生的人身安全、财产安全，威胁着社会的安宁和稳定，腐蚀人的心灵，扭曲人的本性。

一、黄赌毒的危害

黄赌毒是社会公害。对于大学生而言，一旦和黄赌毒沾上边，轻则违反校纪校规，重则触犯法律，对自己、对他人、对家庭、对社会都将造成严重的危害。

（一）伤害身心

黄赌毒是多种疾病的导火索。经常接触黄赌毒的人，会呈现出一种病态心理，极易导致心理和精神疾病，从而引起消化系统紊乱和腰肌劳损等。

（二）荒废学业

大学生是祖国现代化建设的承担者，是现代科学知识的载体。一旦被黄赌毒污染，理智的防线就会崩溃，轻者不思进取、想入非非，终日心神不定、精神萎靡不振；重者沉溺其中而不能自拔，学业完全废弃，甚至在原始欲望的支配下坠入犯罪的深渊。

（三）污染校园风气

黄赌毒会助长不劳而获的习气，易使大学生们产生好逸恶劳、尔虞我诈、投机取巧等不良的心理品质，久而久之会使他们的人生观、价值观发生扭曲。黄赌毒甚至会诱发自杀、杀人等极端行为。这严重影响了大学生良好的社会形象，损害了校园优良的风气。

（四）诱发犯罪，毁灭前程

黄赌毒都需要资金，而大学生是消费者，大多需要依靠父母供给来维持学习和生活，如果大学生与黄赌毒沾上边，极易引发新的犯罪。如北京市某高校一学生因赌输了钱，经常进行盗窃，赃款达八万余元。某高校学生郭某吸毒用光了钱，便纠集同龄人将陌生人张某的300元钱劫走，又将其打伤致死。

因此，作为大学生，应正确认识到黄赌毒的危害，远离并抵制它们的侵染，严格要求自己，培养健康的行为习惯。

二、抵制黄色污染

色情文化借助语言、文字、图像等工具来表现"性行为"事件，不正常地激起人们的性需求，导致部分大学生腐化堕落。

根据有关单位不完全统计，个别高校甚至有80%的学生接触过"黄色污染"，其中以男生居多。这不仅严重影响当代大学生的正常学习和生活，也使其心灵和精神受到了严重的伤害，甚至有个别人走上了违法犯罪的道路。色情文化的泛滥已经严重地影响了人类文化的走向，影响了物质文明与精神文明建设的健康与协调。

因此大学生对于淫秽物品要坚决做到不看、不传，更不能走私、制作和贩卖，要洁身自爱、读好书、结好友、参加有益健康向上的文艺活动，做一个"四有"新人。

三、严禁赌博

赌博，是一种丑恶现象，近年来迅速殃及全国各地的高等院校，如同瘟疫一样侵蚀着青年学生，不但败坏了校风，而且也导致治安、刑事案件层出不穷，影响高校治安秩序的稳定。近年来，大学生赌博呈现人数多、范围广的特点，在个别大学较为严重。

（一）赌博对大学生的主要危害

（1）荒废学业、浪费青春。伴随着高校招生规模的不断扩大，学生在整体素质上参差不齐，一些不思进取的大学生时常纠合在一起进行赌博。一些大学生赌博成瘾，经常赌到半夜，甚至通宵达旦，导致时间不够用、精力跟不上，经常迟到、缺课。即使上课也是精神恍惚，下课后又沉迷于赌博，不做作业、不做研究。不少人考试不及格，被迫留级，几年大学不知所学为何物，浪费了人生中最宝贵的黄金岁月。

（2）影响他人、侵蚀校园。经常赌博的大学生，生活起居不能遵照学校的规定时间，不能遵守学校的作息制度。其他同学上课了他姗姗来迟，其他同学休息他还在挑灯"战斗"，影响了其他同学的学习、生活。久而久之，同学之间便生出许多不快，同学之间的互助、友爱之情变成对立的情绪。赌博现象的存在慢慢地将一些意志薄弱的同学拉下水，如瘟疫在校园蔓延，造成负面影响，败坏了校风。

（3）累及父母、祸害家庭。赌博的大学生往往赢了还想赢，输了想捞回来，越赌越烈、愈陷愈深，赢钱的时候，钱不当钱用，最终大多因赌致贪，只好编造各种理由向家人索要。很多家长则往往抱着再苦不能苦孩子的心理，想办法满足他们的要求。有些大学生害怕连续向家长要钱会引起怀疑，便想办法向社会上的人借钱，甚至借下高利贷，欠下巨额外债。一旦债主追讨致事发，父母亲虽然恨铁不成钢，但为了面子、为了儿女的前途，也只能无奈地买单。

（4）诱发犯罪，危害社会。一些大学生长期参与赌博，输光了钱，只好变卖物品，用手机、衣物等变现换钱。有些大学生连生活费都无法解决，为解决现实的窘迫或筹集赌资选择了铤而走险，有些开始盗窃校园内身边同学的钱物，有些和社会上的不法分子纠结在一起发展成为盗窃、抢夺，以身试法，走上了一条犯罪之路。

【案例】重庆市公安机关抓获一名专门盗窃同学宿舍的大学生。2002年因迷上赌博，他的学业一路下滑，最终因未做毕业设计而留级一年。2003年因继续沉迷赌博，他竟旷课一学期，最终不得不退学。他在一所中学复读了3个月后再次参加高考，最终以超过分数线30分的优势考回了原来的学校原来的专业。回到学校后，他下决心痛改前非，戒掉赌瘾。为此，他发现马路边有游戏室后会绕道而行。可遗憾的是，他没能坚持多久。2个月后的一天，他在路过一家游戏室后，又不由自主地迈了进去。他总是输多赢少，通常每天输上二三十元。到后来，他开始变本加厉疯狂赌博。据他讲，输得最多的时候，一天输了四五百元，为此，他欠下了一笔笔赌债。他每次都想从同学那借钱去还赌债，可钱一到手，他又鬼使神差地钻进游戏室内。很快，他向同学借的两三千元又输光了。为了筹集赌资，他开始想到了偷，从2004年寒假开始，他频频偷盗自己熟悉的一个男生宿舍。他多次盗窃手机、MP3、CD机、照相机、手表等，总价值四千余元。

以优异的成绩考入名牌大学的名牌专业，本是一件让不少同龄人羡慕的事情，然而他却迷上赌博，并一发不可收拾。退学复读 3 个月以后，他又以优异的成绩考回了原来的学校原来的专业，这让人不得不佩服他的学习天赋。可遗憾的是，这番波折并没有唤回他已经迷失的心，他又走进了游戏室，沉迷当中，不能自拔。

【案例】2016 年 2 月以来，贵阳乌当区公安分局先后接到保利温泉别墅区住户失窃的报案，经过六十多天侦破，犯罪嫌疑人张某终于落网。但民警万万没想到的是，这名偷盗钱财超过一百万元的"黑夜大盗"竟是贵州某大学法学专业的大四学生。据张某交代，他是家里的独子，上大学后，他便开始沉迷网络，并逐渐接触了网络赌博。张某先是向身边人借钱赌博。后来赌资越来越大，他就开始在大学生网站贷款赌博。到大四时，他已经欠下十多万元的赌债。为了还清赌债，他走上了入室盗窃的犯罪之路。

上述案例触目惊心。大量的事实证明赌博有百害而无一利，由赌博导致大学生犯罪从而产生的人间悲剧比比皆是，必须引以为戒。法律禁止赌博，赌博违反《刑法》《治安管理处罚条例》《党的纪律处分条例》《国家公务员暂行条例》和地方性法规等。

（二）对赌博要加强防范

面对赌博，大学生必须从以下方面加强防范：

第一，要从思想上筑起保护墙，树立起"千里之堤，溃于蚁穴"的思想。大凡赌徒一开始都是为了寻求刺激或放松放松，然而不觉赌博上了瘾。因此，只有看透赌博的本质，提高思想认识，才能防微杜渐、远离赌海。

第二，要正确看待社会上的赌博现象。随着人民生活水平的日益提高，不少人在工作之余搓搓麻将、打打扑克，是很常见的现象，作为大学生要正确看待。不要把这种现象带到校园里，以免影响同学间的团结，甚至荒废学业，断送自己的美好前程。

第三，要树立远大的理想。大学阶段是青春勃发、奋发有为的黄金阶段，我们必须格外珍惜。要把精力花到学习科学文化知识上去，努力提高自身的思想政治素质和专业素质。即使有剩余的精力，也要合理分配。多参加一些积极向上、健康有益的活动，以不辜负父母、老师的培养和希望。

四、拒绝毒品

作为大学生，应该多去了解有关毒品危害的知识，只有真正认识到毒品带来的危害，才能更好地去抵制毒品甚至和毒品做斗争。

（一）常见的毒品类型

毒品种类繁多，但一般来说，毒品都有四个共同的特征：不可抗力，强制性地使吸食者连续使用该药，并且不择手段地去获得它；连续使用，有不断加大剂量的趋势；对该药产生精神依赖性及躯体依赖性，断药后产生戒断症状（脱瘾症状）；对个人、家庭和社会都会产生危害后果。

目前毒品种类已达到两百多种。从近年来公安部查获的吸毒人员所吸毒品来看，主要有海洛因，其次是苯丙胺类即"冰"毒等种类。

（1）鸦片。草本类植物罂粟未成熟的果实用刀割后流出的汁液，经风干后浓缩加工处理而成的褐色膏状物就是生鸦片。生鸦片经加热煎制便成熟鸦片。熟鸦片是一种棕色的黏稠液体，俗称烟膏。鸦片是一种初级毒品。生鸦片可直接加工成吗啡。鸦片主要含有鸦片生物碱，已知的有 25 种以上，其中最主要的是吗啡、可待因等，含量可达 10% ~ 20%。

（2）吗啡。吗啡是鸦片的主要有效成分，是从鸦片中提炼出来的主要生物碱，呈白色结晶粉末状，闻上去有点酸味。吗啡成瘾者常用针剂皮下注射或静脉注射。起初它被作为镇痛剂应用于临床。但由于它对呼吸中枢有极强的抑制作用，如同吸食鸦片一样，过量吸食吗啡后出现昏迷、瞳孔极度缩小、呼吸受到抑制，甚至于出现呼吸麻痹、停止而死亡。

（3）海洛因，亦称盐酸二醋吗啡，是鸦片经特殊化学处理后所得的产物。其主要成分为二醋吗啡，属于合成类麻醉品。海洛因迄今为止已有一百多年的历史，有多种形状，是带有白色、米色、褐色、黑色等色泽的粉末、粒状或凝聚状物品，多数为白色结晶粉末。极纯的海洛因俗称"白粉"。有的可闻到特殊性气味，有的则没有。由于海洛因成瘾最快、毒性最烈，曾被称为"世界毒品之王"。一般持续吸食海洛因的人只能活 7 ~ 8 年。

（4）大麻。大麻是一年生草本植物，通常被制成大麻烟吸食，或用作麻醉剂注射，有毒性。这种毒品在当今世界吸食最多、范围最广，因其价格便宜，在西方国家被称为"穷人的毒品"。初吸或注射大麻有兴奋感，但很快转变为恐惧。长期使用会出现人格障碍、双重人格、人格解体、记忆力衰退、迟钝、抑郁、头痛、心悸、瞳孔缩小和痴呆，偶有无故的攻击性行为，导致违法犯罪的发生。

（5）可卡因，是从古柯（COCA）的植物叶片中提炼出来的生物碱，是一种无味、白色薄片状的结晶体。毒贩贩卖的是呈块状的可卡因，称为"滚石"。可卡因服用方式是鼻吸。可卡因是最强的天然中枢兴奋剂，对中枢神经系统有高度毒性，可刺激大脑皮层，产生兴奋感及视、听、触等幻觉；服用后极短时间即可成瘾，并伴以失眠、食欲不振、恶心及消化系统紊乱等症状；精神逐渐衰退，可导致偏执呼吸衰竭而死亡。一剂 70 毫克的纯可卡因，可以使体重 70 千克的人当场丧命。

（6）甲基苯丙胺及其衍生物，又名去氧麻黄碱或安非他命，俗称"冰"毒，属联合国规定的苯丙胺类毒品。其形状为白色块状结晶体，易溶于水，一般作为注射用。长期使用可导致永久性失眠、大脑机能破坏、心脏衰竭、胸痛、焦虑、紧张或激动不安，更有甚者会导致长期精神分裂症，剂量稍大便会中毒死亡。"冰"毒被称为"毒品之王"。

（7）K 粉。其化学名称叫氯胺酮，外观为纯白色细结晶体，在医学临床上一般作为麻醉剂使用。2003 年，公安部将其明确列入毒品范畴。K 粉的吸食方式为鼻吸或溶于饮料后饮用，能使心血管兴奋，吸食过量可致死，具有一定的精神依赖性。K 粉成瘾后，在毒品作用下，吸食者会疯狂摇头，很容易摇断颈椎；同时，疯狂的摇摆还会造成心力、呼吸衰竭。吸食过量或长期吸食，可能对心、肺、神经都造成致命损伤，对中枢神经的损伤比冰毒还厉害。

（8）摇头丸。摇头丸为圆形、方形、棱形等形状的片剂，呈白色、灰色、粉色、蓝色、绿色等多种颜色。这类毒品具有明显的中枢致幻、兴奋作用。在我国，因吸毒者滥用后会随着音乐剧烈地摆动头部而得名"摇头丸"。我国目前缴获的摇头丸多是混合型的，经检验，犯罪分子在传统的摇头丸中添加了冰毒、麻黄素、氯胺酮、咖啡因，大大加大了毒性。

（二）大学生沾染毒品的主要动因

（1）受周围环境的不良影响。有的大学生经常出入歌厅、迪厅、网吧、溜冰场等环境复杂的场所，其中自我保护意识不强的人就会成为那些贩毒者的目标。有一位戒毒者在叙述吸毒史时说："一次，一位朋友给了我一支香烟，并用手指挑了很少一点白粉放进去。我想这么一点点是不会上瘾的，就接过来抽了，当时只感觉到恶心想吐。第二次我又抽了一支，这次找到了感觉。谁知道这一尝出味道，就上瘾了，从此一发而不可收。没想到这是致命的一口啊！"这种愚蠢的行为实在是可恨又可惜。

（2）无知好奇是大学生吸毒的一种更为普遍的原因。一项调查表明，在青少年吸毒者中，有80%以上是在不知道毒品危害的情况下吸毒成瘾的。青年董某听说毒品能让人舒经活络，便萌生了试一试的念头，岂料再也不能自拔。最终，他为筹集毒资而抢劫出租车，被绳之以法。由于无知，有的女孩子听说吸毒可以减肥，竟信以为真，结果生命逝去的速度比体重减轻的速度还要快。年轻的我们不能抱着"找一下吸毒的感觉""抽着玩玩""尝尝新鲜"等念头，认为"我只想知道吸毒是怎么回事""我不信它有那么神""吸一口不要紧"，在毒品面前放任自己的好奇心，就好比在悬崖边抬脚试探崖底有多深一样危险。

【案例】 阿兵年幼时其母病亡，其父忙于生计无暇照管他，自7岁起，就模仿大人们抽烟，并以之为荣。他说，每天放学后燃起一根香烟吞云吐雾，走在同学们中间感觉特有面子。14岁那年，阿兵干脆辍学了，终日跟在乡里几位"大哥"身前身后当起了小兄弟。去年年初，他结识了乡里一个做餐饮生意的"大哥"，几番来往后，阿兵很得大哥喜欢。慢慢地，阿兵发现了大哥原来是"白药仔"，但他认为这是"酷"的表现。趁大哥不在家，阿兵偷了一点白粉尝鲜，并从此成了一名"小道友"。吸上白粉后，因无钱买白粉，阿兵便在一"道友""教授"下做起了聚赌的生意，有时一天纯收入达三四百元。阿兵赚了"工资"后便买"药"过瘾。今年2月19日，阿兵被警方抓获。

（三）吸食毒品的危害

毒品的危害，可以概括为"毁灭自己、祸及家庭、危害社会"12个字。

（1）吸食毒品能够毁掉一个人的健康和生命。毒品对人的身心健康毒害很大，由于它容易成瘾，一旦吸上就很难戒除，久而久之就会导致人体各器官功能减退，免疫力丧失，生育能力遭受严重破坏。吸毒还使人精神不振、情绪消沉，思维和记忆力衰退，并容易引起精神失常。吸毒的人如果不及时下决心戒除，其结果就是肝、肺、胃、肾等各种脏器功能衰竭，皮肤溃烂，最终导致死亡。有的吸毒者还由于难以承受巨大的精神压力和痛苦而自杀。另外，一次性大量吸食毒品，可能会导致呼吸衰竭而死亡。调查显示，吸毒人群的死亡率比一般人群高出15倍。吸毒人员平均寿命一般为30～40岁。同时，人一旦吸毒成瘾，大多数就会道德沦丧，不顾廉耻，失去人格尊严，最终被社会、家庭和朋友抛弃。所以吸毒首先毁掉的是自己。

（2）吸毒往往导致一个家庭的破败和毁灭。吸毒要耗费大量的资金，现在全世界每年用于毒品交易的资金达 4 000 多亿美元，有人曾测算我国一年吸毒消耗掉的资金在 400亿元（人民币）左右。即使有万贯家产，但如果家里出现一个吸毒者，很快就会倾家荡产，陷入极度贫穷的处境。在很多地方都有不少私营企业老板因自身或其家庭成员吸毒，导致企业破产。吸毒还必然引发家庭成员之间的矛盾，甚至反目成仇。

每一个大学生不仅自己要坚决不沾染毒品，避免给家庭带来灾难，而且一旦发现家庭成员有吸毒的，也要坚决与其做斗争，助其戒除毒瘾，否则，最后自己也会成为受害者。

（3）吸毒直接诱发违法犯罪，严重危害社会治安。吸毒的人没有足够的资金购买毒品时，就会去偷、去抢、去骗，偷抢不成就去杀人劫财。有的还帮毒贩子贩运毒品，以贩养吸。有的女性吸毒者则常常以卖身来获取毒资。吸毒直接诱发滋生了大量的违法犯罪活动，给社会带来了严重的危害。因此，社会要想得到安宁，必须铲除毒品。

（4）吸毒还是产生严重危害人类健康的传染性疾病的祸根。目前艾滋病和其他性病在全世界传播很快，对人类公共健康安全构成严重威胁。这些疾病主要是通过性渠道或血液来传播和扩散的。吸毒人员不健康的生活方式（如群居、卖淫）、滥用药物和共用注射器等，为引起艾滋病和其他性病泛滥的重要因素。

（四）珍爱生命，拒绝毒品

毒品不仅消耗了巨额社会财富，同时还侵蚀了吸毒者的灵魂，败坏了社会风气，引发了一系列大学生犯罪事件。

2015 年 6 月，全国累计登记在册吸毒人员达到 322.9 万人，其中，35 岁以下青少年有 188.7 万人，占 58.4%。而实际吸毒人数可能接近 1 500 万。2014 年，全国仅在册登记吸毒人员就死亡了 4.9 万名。全国每年因吸毒造成的直接经济损失达 5000 亿元。据统计，大多数省（市、区）抢劫、盗窃等侵财性案件有 30% 以上是吸毒人员所为，一些毒情严重地区甚至接近 70%。

当代大学生是祖国的未来，是父母的骄傲和期望，应珍爱生命，拒绝毒品。预防和抵制毒品应该从以下三方面做起：

（1）要认清毒品的危害性，构筑坚固的思想防线。沾上毒品就会害了自己、害了家人，也危害社会，要随时提醒自己，无论如何都不能涉毒。不要结交有吸毒恶习的朋友；不要进入吸毒的环境；不要吸陌生人赠送的香烟；不要喝陌生人赠送的饮料；不要相信别人跟你说这只是兴奋提神的东西；不要相信别人说是改良过的毒品不会上瘾；不要因为别人免费送你的就好奇"尝鲜"。这些居心叵测的人极有可能是想让你染上毒瘾后，源源不断地向你销售毒品。

（2）不小心沾染上毒品，要立即去戒毒所寻求帮助。无论是出于好奇刚刚开始尝试，还是已经误入歧途的年轻人，一旦沾染毒品，一定要快速去戒毒所、戒毒中心去寻求专业人士的帮助，千万不能一错再错地任由自己堕落下去，否则，毁了自己的人生，也伤害了深爱自己的父母亲人。生命只有一次，千万要珍惜。

（3）看到有人吸毒、贩毒应及时拨打 110 报警电话！

第十五章　警务服务

【学习目标】
（1）了解报警求助的原则、注意事项及具体的报警方法。
（2）了解集体户口的迁入和迁出程序。
（3）了解在校期间变更民族、姓名、出生日期的手续。
（4）了解办理学生户籍证明、身份证、出入境手续的流程。

【案例】2013 年 9 月 25 日下午，在蚌埠市涂山风景区盘山公路上，一年轻男子和助力车一起倒在路边，十多名路人经过却无人问津。直到安徽财经大学几名大学生路过，叫不醒该男子后及时报警，将该男子送医。9 月 26 日，蚌埠警方称，昏迷男子是酒精中毒，多亏了大学生及时报警。该男子经治疗后已出院。

第一节　报警常识

发生刑事、治安案（事）件以及危及公共与人身财产安全、工作学习与生活秩序的案（事）件时，及时报警是每个大学生的义务。当学生遭遇各种侵犯、伤害或危险时，以及水、电、气、热等公共设施出现险情时，务必设法及时报警求助。要树立有危险和困难找 110 人民警察，有突发疾病找 120 急救的意识。

一、报警求助、自救原则

（1）处理好安全性和及时性的关系。首先应确保生命安全，其次应设法及时报警。千万不要激怒违法犯罪分子。由于非法侵害具有暴力性，违法犯罪分子随时可能危害被侵害者的生命，此时报警求助，一定要在能够确保自身安全，不会因报警而增加危险性的情况下进行，注意避开违法犯罪分子。

（2）遇险不慌，灵活应变，寻机自救。遭遇绑架、拐卖、非法拘禁、非法扣押等侵犯时，不要惊慌失措，应冷静机智地周旋，然后寻机脱离险境。逃脱后应立即向警方报案，提供犯罪嫌疑人的有关情况。

二、报警求助注意事项

（1）认真保护好现场和证据。要根据不同的案件情况确定初步保护的现场范围、人证、物证，以便在相关人员到场时，能够为其提供尽可能多的线索。需要提醒的是，当女性遭遇性侵犯类的案件时，切不可因为一时的悲痛而毁坏了重要的证据。

（2）要保持联络的畅通。事主使用固定电话打完报警求助电话后，要在报警电话旁多等一会儿，以备接听人员回电话询问有关情况；使用移动电话打过报警求助电话后，务必使手机保持开机状态。

（3）要牢记各种报警求助电话，灵活选择报警求助方式。常用的报警求助电话有公安报警服务 110、火警 119、交通事故报警 122、急救中心报警求助 120 和 999。可以选择的报警方式包括本人就近直接报警、点火报警、委托他人协助报警、向巡逻车或巡逻民警报警等。110、119、122、120 和 999 等报警求助电话免收电话费，投币、磁卡电话等公用电话均可直接拨打。

三、发生非暴力性侵犯财产案件（如偷窃、诈骗、敲诈勒索等）的报警方法

案件发生后，受害人可以先口头报案，然后根据警察的要求在案发现场或者指定地点接受警察的案情询问。也可以准备一份详细的书面材料，到案件发生地的派出所或者刑警队进行报案。书面材料应包括：受害的基本情况，侵害行为发生地具体情况，侵害行为人的具体情况，包括人数、姓名、性别、侵害手段、体貌特征等。同时，注意妥善保护涉案现场和证据。

四、遭遇其他危险的求助报警方法

（一）野外遇险的求助报警方法

（1）呼救求助。在距离道路或有人居住、活动的地方比较近的情况下，遇险者可以大声呼喊求救；呼救时注意有间歇，以便听清对方回应；同时要注意保护嗓子，防止嗓子受伤失音。

（2）手机或无线对讲机报警。用手机拨通 110，可以尽快得到帮助。用手机拨打110，不用拨所在地区号，电话接通后向接警人员报告姓名、遇险情况和人数等；要讲清有无伤亡和需要什么样的帮助，要尽量描述出附近的景观特征。报警后，要在原地等待救援，不要随便移动位置。当然，前提是你所处的位置比较安全。要保持手机一直处于开机状态，以便救援人员随时与你保持联系。如果同行者同时有几部手机，应只开一部，其他手机关机以节省电能。当报警专用手机电池耗尽时，可以将手机卡换入其他手机继续等待。如果所处位置没有手机信号，要尽量往高处移动，山顶的信号往往比山脚的信号要强。在野外遇险时，一部手机往往会可以救命，所以出行时一定要携带，并事先充足电，最好带上备用电池或充电宝。

另外，如果携带了无线对讲机，可以灵活使用，向其他人求助。

（3）烟火报警。如果没有现代通信工具，可以采用浓烟、火光作为求救信号。点火地点应尽量选择开阔、近水的地方。为使烟火效果更明显，白天可以在火堆上放些苔藓、

青嫩植物、橡胶物品等使之产生浓烟；晚上可多放些干柴，使火烧旺。燃放三堆火焰是国际通行的求救信号，将可燃物堆摆成三角形，每堆之间的间隔相等最为理想，这样安排也方便点燃。如果可燃物稀缺或者自己行动不便，点燃一堆也可以。可燃物不易点燃时，可以利用油类、酒精或高度白酒作为助燃物，但不可将助燃物直接倾倒于火堆上，要用一些布料在助燃物中浸泡，然后放在燃料堆上，先将助燃物移至安全地点后再点火。要尽量搜集到较多的可燃物，保证火堆持续燃烧。但在禁止使用明火的地区，这种方法要慎用。

（4）哨声求救。当救助者离得不是很远时，可以用哨子求救，哨声能传得很远，也利于节省体力。

（5）反光信号求救。有阳光时，可以用反光信号求救。反光材料可以用镜子、金属罐头盒盖、玻璃片等。反光时不要拿着反光材料不动，要对准远处的人或者建筑物窗口轻微晃动，动态的信号更能引起注意。

（二）突发疾病的报警求助方法

（1）电话求助是首选的方法。全国统一的急救免费求助电话是120。无论固定电话还是手机，均不用加拨区号，直接拨120号码，各种公用电话不需插卡或投币都可直接拨打。电话接通后，要详细讲清病人情况、事发地点，并留下求助人的联系方式；如果事发地点是你所不熟悉的，要尽量描述周围标志性建筑物或景物。求助后应有人在距事发地点最近的路口、车站或标志性建筑物附近接应救护车，见到救护车要招手示意，并引导救护车前往事发地点。北京地区还可以拨打999号码，这是急救中心电话，也可直接拨打110求助电话，民警会根据需要帮助进行转接。

（2）在校内突发疾病，求助于周围同学、老师是比较好的方法。大家可以合力将病人送往最近的医院进行救治。但这只局限于一般外伤或病因明确且适宜搬动的病人，对多发性骨折、心脏病等不宜搬动的病人，必须等待医生或救护车前来救援。

（3）目前，许多大学已经建立了"校园110"报警救助系统，该系统配备了专门的人员和车辆、设备等，所以在校园内发现突发疾病者可拨打"校园110"进行求助。还有些大学里设有自动报警求助设施，也可利用其报警求助。

第二节　户政管理

一、集体户口管理

（一）集体户口迁入程序

（1）新生入户：报到前，凭录取学校的录取通知书、家庭户口簿，到户口所在地公安机关领取户口迁移证；到学校报到时，向学校保卫部门递交户口迁移证、近期免冠一寸照片一张，经审核后，由学校保卫部门统一去公安机关办理学生集体户口入户手续。

（2）转学入户：凭省教育厅签发的同意转学的文件原件、户口迁移证及近期免冠一寸照片一张，到转入校的保卫部门办理集体户口入户手续。

（二）集体户口迁出程序

（1）毕业生离校：毕业生应及时到所在院系或保卫部门领取户口迁移证，在迁移证的有效期内到聘用单位所在地公安机关办理户口迁入手续。

（2）其他情况离校（如转学、退学或被学校开除）的，凭学校所发文件，在规定的期限内，到保卫部门办理户口迁出手续，将户口迁往原户口所在地。

（3）毕业生拿到户口迁移证后，如果聘用单位变更了，则可凭变更后的全国普通高等学校毕业生就业报到证到保卫部门办理相关手续，然后到户口迁出地公安机关更改迁往地址。

（三）在校期间变更民族、姓名、出生日期的手续

（1）要恢复或变更民族成分，本人应写出恢复、变更民族成分的申请，经原籍所在地县以上民族事务委员会开具证明，并到公证处办理公证手续；再经学校主管部门（学生工作处或保卫处）和所在系分别签署同意变更意见，报院领导批示后，最后报所辖公安派出所审批同意，方可办理变更登记手续。

（2）在校学生无特殊原因，所用姓名不予变更。确有特殊原因需变更现用姓名的，由本人写出变更申请，经学校主管部门（学生工作处或保卫处）和所在系分别签署同意变更意见，报院领导批准后，再向所辖公安派出所申报，等上级公安机关审批后，方可办理变更登记手续。

（3）在校学生无特殊理由，不得随意更改出生日期。确有证据证明户口上的出生日期有误时，本人要写出更改理由，并提供有关更改理由证明，经学校主管部门（学生工作处或保卫处）和所在系分别签署同意变更意见，报院领导批准后，再向所辖公安派出所申报，等上级公安机关审批后，方可办理变更登记手续。

（四）办理学生户籍证明

（1）学生如需要户籍证明的，可凭本人学生证、身份证向学校保卫部门说明所要证明的用途。

（2）学校保卫部门根据学生的用途开具户籍证明；有的户籍证明（如结婚、身份证遗失补办等）须到学校所在地公安机关办理相关手续。

二、身份证管理

（一）申领居民身份证的条件

在校生有下列情况之一者需申请领取身份证：

（1）在校年满16周岁的学生，按法律规定必须申领居民身份证。

（2）外地新生进校后需重新申领学校所在市的身份证，同时应将原身份证交公安部门。

申领居民身份证的手续为：按照公安部门的要求，学生集体户口落户后，学校组织集体户口学生统一换领新的居民身份证，原有的旧证上缴公安部门处理。办证学生应缴纳相应的工本费。

（二）换领第二代居民身份证

户口从异地迁入高校的新生，原则上都要换发高校所在地的居民身份证。因为第二代居民身份证采用非接触式集成电路技术、密码技术、防伪膜和辟线等印刷技术，所以身份证上的照片由高校所在地的公安机关统一拍摄，拍摄安排听从各高校的具体通知。

新的居民身份证办理一般在户口迁入后三个月左右完成，在此期间，原来的居民身份证可继续使用。新的居民身份证发放时，学生应将原来的身份证上交。

根据发改价格〔2003〕2322号文件规定，公安机关对申领、换领第二代居民身份证的居民收取工本费每证20元。

（三）补办第二代居民身份证

因为丢失或损坏，需要及时补办新身份证，具体程序如下：

（1）本人书面提出补办新证的申请，在申请中注明身份证丢失的时间、地点、原因及身份证号码；

（2）所在院系和保卫部门核实签署意见；

（3）到学校所在地公安机关拍摄照片并补办身份证。

根据发改价格〔2003〕2322号文件规定，公安机关对丢失补领或损坏换领第二代居民身份证的居民收取工本费每证40元。

（四）办理慢证、快证、临时身份证手续

（1）慢证。持学院介绍信，到学校集体户口主管部门借用户口卡，到辖区派出所申领。取证时间为1个月。

（2）快证。持学院介绍信，到学校集体户口主管部门借用户口卡，到当地公安局办证中心办理，加急制作的可在3个工作日内取证。

（3）临时身份证。持学院介绍信，到学校集体户口主管部门借用户口卡，到辖区公安局办理，即办即取。

（4）补办身份证。持学院介绍信，到学校集体户口主管部门借用户口卡，到辖区派出所申请补办。

（五）身份证使用、保管注意事项

（1）本人要妥善保管证件，谨防被盗、遗失，不得随意借用。

（2）不得伪造、涂改、转借、出卖身份证，或使用失效身份证。

（3）有下列行为之一者，由公安机关予以处罚：拒绝公安机关查验居民身份证的；转让、出借居民身份证的；使用他人居民身份证的；故意毁坏他人居民身份证的。

（4）对伪造居民身份证的，将依照《刑法》第280条的规定进行处罚。

三、出入境管理

（一）赴港、澳地区旅游手续办理流程

（1）申请人根据国家教育部门和学校规定，到学校相关部门办理各种学籍手续。

（2）申请人到有组团出证权的旅行社交费，并填写"参加香港（澳门）旅行团申请表"；

（3）向户口所在地市、县公安局出入境管理部门提出申请，回答有关询问，提交申请人所在单位或派出所按规定"同意自费旅游"意见并加盖公章的"参加香港（澳门）旅行团申请表"。

（4）交验申请人的身份证、户口簿或其他户籍证明，并提交影印件。

（5）提交 10 张申请人近期正面免冠彩色半身证件照（光面相纸）。相片背景颜色为白色或淡天蓝色，人像清晰，层次丰富，神态自然，照片规格为小二寸，32 mm × 40 mm，头部宽度 21mm ～ 24 mm，头部长度：28mm ～ 33 mm。一次性成像快照、经翻拍的照片或采用各种彩色打印机打印的照片不予受理。

（6）提交审批机关认为确有必要的其他证明。

（7）材料齐全、手续完备，经批准的，由旅行社统一到省公安厅出入境管理处或有权审批签发旅游证件的地市公安出入境管理部门领取往来港澳通行证，并交纳证件费 50 元，签注、加注费 20 元每项次，申请手续费 5 元。

（二）出国旅游手续办理流程

个人出国旅游办理出境手续如下：

（1）申请人根据国家教育部门和学校规定，到学校相关部门办理各种学籍手续。

（2）凭本人身份证或户口簿或其他户籍证明向户口所在地市、县公安局出入境管理部门领取 2 份"中国公民出国（境）申请审批表"。

（3）详细填写"中国公民出国（境）申请审批表"并提交单位或派出所的政审意见。

（4）交验申请人的身份证、户口簿或其他户籍证明，并提交影印件。

（5）提交 4 张申请人近期正面免冠彩色半身证件照（光面相纸）。相片背景颜色为白色或淡天蓝色，人像清晰，层次丰富，神态自然，照片规格为小二寸，32 mm × 40 mm，头部宽度 21mm ～ 24 mm，头部长度 28mm ～ 33 mm。一次性成像快照、经翻拍的照片或采用各种彩色打印机打印的照片不予受理。

（6）提交旅行所需外汇费用证明（如申请人银行存款证明，数额不得低于 4 000 美元或等值国际流通货币）。

（7）提交审批机关认为确有必要的其他证明。

（8）材料齐全、手续完备、经批准的，申请人在 15 至 20 个工作日后到户口所在地县市公安局出入境管理部门领取护照，并交纳护照证件费 200 元。有加注的还须交纳加注费 20 元每项次。

随旅行团出国旅游办理出境手续如下：

（1）申请人根据国家教育部门和学校规定，到学校相关部门办理各种学籍手续。

（2)向有出国旅游经营权的旅行社报名,缴纳旅游所需的费用,并向旅行社领取2份"中国公民出国（境）申请审批表"。

（3）详细填写"中国公民出国（境）申请审批表"并提交单位或派出所的政审意见。

（4）由本人向户口所在地市、县公安局出入境管理部门提出申请，交验申请人的身份证、户口簿或其他户籍证明，并提交影印件。

（5）提交 4 张申请人近期正面免冠彩色半身证件照（光面相纸）。相片背景颜色为白色或淡天蓝色，人像清晰，层次丰富，神态自然，照片规格为小二寸，32 mm × 40 mm，头部宽度 21mm ～ 24 mm，头部长度 28 mm ～ 33 mm。一次性成像快照、经翻拍的照片或采用各种彩色打印机打印的照片不予受理。

（6）提交有出国旅游经营权的旅行社出具的全额旅游费用的发票。

（7）提交审批机关认为确有必要的其他证明。

（8）材料齐全、手续完备、经批准的，由组团的旅行社向发证的公安机关领取护照，由组团的旅行社通知申请人参加旅游，并交纳护照证件费 200 元，有加注的还须交纳加注费 20 元每项次。

（三）出国留学手续办理流程

自费出国留学办理出境手续流程如下：

（1）申请人根据国家教育部门和学校规定，到学校相关部门办理各种学籍手续。

（2）凭本人身份证或户口簿或其他户籍证明向户口所在地市、县公安局出入境管理部门领取 2 份"中国公民出国（境）申请审批表"。

（3）详细填写"中国公民出国（境）申请审批表"并提交单位或派出所的政审意见。

（4）交验申请人的身份证、户口簿或其他户籍证明，并提交影印件。

（5）提交 4 张申请人近期正面免冠彩色半身证件照（光面相纸）。相片背景颜色为白色或淡天蓝色，人像清晰，层次丰富，神态自然，照片规格为小二寸，32 mm × 40 mm，头部宽度 21mm ～ 24 mm，头部长度 28 mm ～ 33 mm。一次性成像快照、经翻拍的照片或采用各种彩色打印机打印的照片不予受理。

（6）个人联系的自费出国留学，提交接收学校出具的入学通知书；通过合法中介机构联系的出国留学，提交该中介机构出具的统一格式的有关证明和入学通知书。

（7）具有大专以上学历的人员申请自费出国留学，须提交省一级教育主管部门出具的"自费留学资格审核证明"。

（8）出国学习宗教课程（含前往宗教院校学习）的，须提交省级以上宗教局出具的的同意证明。

（9）提交审批机关认为确有必要的其他证明。

（10）材料齐全、手续完备、经批准的，申请人在 15 至 20 个工作日后到户口所在地县市公安局出入境管理部门领取护照，并交纳护照证件费 200 元。有加注的还须交纳加注费 20 元每项次。

公费出国留学（含国家公派和单位公派留学人员）办理出境手续流程如下：

（1）申请人根据国家教育部门和学校规定，到学校相关部门办理各种学籍手续。

（2）凭本人身份证或户口簿或其他户籍证明向户口所在地市、县公安局出入境管理部门领取 2 份"中国公民出国（境）申请审批表"。

（3）详细填写"中国公民出国（境）申请审批表"并提交单位或派出所的政审意见。

（4）交验申请人的身份证、户口簿或其他户籍证明，并提交影印件。

（5）提交 4 张申请人近期正面免冠彩色半身证件照（光面相纸）。相片背景颜色为白色或淡天蓝色，人像清晰，层次丰富，神态自然，照片规格为小二寸，32 mm × 40 mm，头部宽度 21mm ～ 24 mm，头部长度 28mm ～ 33 mm。一次性成像快照、经翻拍的照片或采用各种彩色打印机打印的照片不予受理。

（6）提交填写完整的"公派留学人员申请护照登记表"（简称 JW108 表）。

（7）提交审批机关认为确有必要的其他证明。

（8）材料齐全、手续完备、经批准的，申请人在 15 至 20 个工作日后到户口所在地县市公安局出入境管理部门领取护照，并交纳护照证件费 200 元。有加注的还须交纳加注费 20 元每项次。

（四）申请应邀往来台湾地区交流手续办理流程

（1）申请人根据国家教育部门和学校规定，到学校相关部门办理各种学籍手续。

（2）直接向省公安厅办证中心出入境窗口提出申请，回答有关询问，领取 1 份"应邀赴台人员申请审批表"。

（3）规范填写和提交"应邀赴台人员申请审批表"。

（4）交验申请人的身份证、户口簿或其他户籍证明，并提交影印件。

（5）提交 3 张申请人近期正面免冠彩色半身证件照（光面相纸）。相片背景颜色为白色或淡天蓝色，人像清晰，层次丰富，神态自然，照片规格为小二寸，32 mm×40 mm，头部宽度 21mm ～ 24 mm，头部长度 28mm ～ 33 mm。一次性成像快照、经翻拍的照片或采用各种彩色打印机打印的照片不予受理。

（6）提交盖有"国务院台湾事务办公室审批专用章"的赴台批件和赴台人员名单（由省台办做好行前教育后加盖公章）。

（7）提交省台办的赴台人员审查表影印件。

（8）提交台湾有关方面的邀请函和从事相关活动的行程表。

（9）提交与申请事由相应的台湾地区旅行证影印件。

（10）材料齐全、符合要求的，办证中心窗口当场约定领取证件的时间。

（11）申请人按约定时间到省公安厅办证中心出入境窗口领取证件，并交纳证件费 30 元，签注、加注费 20 元每项次，申请手续费 5 元。

参考文献

[1] 陈日文. 大学新生安全教程［M］. 北京：高等教育出版社，2006.

[2] 法律出版社法规中心. 新道路交通安全法要点解答［M］. 北京：法律出版社，2008.

[3] 公安部消防局. 消防安全管理［M］. 北京：新华出版社，1999.

[4] 国家安全公民手册编写委员会. 国家安全公民手册［M］. 北京：时事出版社，2003.

[5] 国家保密局. 保密工作概论［M］. 北京：金城出版社，1991.

[6] 湖南省高等学校保卫学研究会. 大学生安全教程［M］. 长沙：中南大学出版社，2005.

[7] 江光荣. 心理咨询的理论与实务［M］. 北京：高等教育出版社，2003.

[8] 江苏省高等教育学会高校保卫学研究会. 大学生安全教程［M］. 南京：东南大学出版社，2002.

[9] 林柏泉. 安全学原理［M］. 北京：煤炭工业出版社，2002.

[10] 杨杰，王剑星. 大学生安全读本［M］. 苏州：苏州大学出版社，2002.

[11] 张树启. 大学生网络安全教育案例［M］. 北京：九州出版社，2014. 6

[12] 中共北京市委教育工作委员会北京高教学会保卫学研究会. 大学生安全知识［M］. 北京：机械工业出版社，2006.

[13] 中国高等教育学会保卫学专业委员会. 大学生安全教程［M］. 武汉：武汉大学出版社，2010.

[14] 朱素梅. 恐怖主义：历史与现实［M］. 北京：世界知识出版社，2006.

[15] 曹波. 高校校园暴力诱因及对策探析［J］. 长江大学学报（社会科学版），2011（12）.

[16] 昌兵. 毕业生求职中的安全问题及应对策略［J］. 中国大学生就业，2006（8）.

[17] 陈由登. 全球化视野下我国高校反恐形势分析［J］. 教育文化论坛，2016（2）.

[18] 方季红. 浅谈新时期大学生国家安全教育［J］. 湖北函授大学学报，2010（3）.

[19] 郭黎岩，王冰，等. 大学生自杀心理与行为及预防对策的研究［J］. 中国健康心理学杂志，2006（3）.

［20］胡国伟，杨越明，罗威．大学生误入传销组织的原因及预防［J］．安庆师范学院学报，2012（2）．

［21］姜土生，邓卓明．大学生心理危机类型分析［J］．当代青年研究，2013（2）．

［22］李栋，赵祥瑞，等．大学生校园安全存在的问题及对策分析［J］．学周刊，2016（7）．

［23］李洪华．大学生自杀预防与危机干预［J］．教书育人·高教论坛，2016（1）．

［24］李立，冉丽娟，张俐．大学生安全教育之常见传染病预防调研与辅导［J］．科教导刊，2016（6）．

［25］李文明．浅谈当代大学生交通安全教育［J］．科教导刊，2010（12）．

［26］李晓燕．浅析大学生安全教育［J］．湖州职业技术学院学报，2015（4）．

［27］刘青建，方锦程．恐怖主义的新发展及对中国的影响［J］．国际问题研究，2015（4）．

［28］骆小婷，叶永亮，吴紫苑．浅谈国防教育与大学生国家安全意识的培养［J］．吉林省教育学院学报，2014（8）．

［29］尚敏．大学生危机成因分析［J］．黑龙江科技信息，2008（9）．

［30］施春红，姚建强．高校网络诈骗案件剖析及防范对策初探［J］．纺织服装教育，2016（2）．

［31］唐春晓，胡友根，黄成龙．网络环境下大学生求职安全问题探析［J］．法制与经济，2011（6）．

［32］唐金权．大学生传销问题及其防治［J］．河南工程学院学报，2014（1）．

［33］陶若铭．大学生违法犯罪成因分析及防治对策［J］．经济师，2003（11）．

［34］王海燕．大学生就业安全分析及应对策略［J］．知识经济，2016（3）．

［35］王明霞．网络诈骗犯罪及其防控对策探析［J］．法制与社会，2016（1）．

［36］王兴富．浅谈新形势下大学生安全教育的现状［J］．亚太教育，2016（2）．

［37］王燕．大学生安全教育与管理现状调查以及策略分析［J］．科教导刊，2016（1）．

［38］武玉红．高校校园暴力犯罪诱因解析及防范［J］．上海公安高等专科学校学报，2002（2）．

［39］肖谢，黄江英．大学生网络受骗的类型、原因及对策研究［J］．重庆邮电大学学报（社会科学版），2015（9）．

［40］闫超栋．传销对大学生的危害及防范［J］．高校辅导员学刊，2011（1）．

［41］杨玲，高杨，徐金荣．实验室安全防护的思考与实践［J］．实验室研究与探索，2014（2）．

［42］杨振斌，李焰．中国大学生自杀现象探讨［J］．清华大学教育研究，2013（5）．

［43］张小平，邵雅利．网络时代下的"90后"大学生心理特征及教育创新［J］．重庆邮电大学学报（社会科学版），2014（2）．

［44］张旭东．大学生自杀的现状、原因及预防策略［J］．内蒙古师范大学学报（教育科学版），2007（9）．

[45] 张旭新. 大学生心理问题的特点与心理健康教育［J］. 思想理论教育导刊, 2010（8）.

[46] 郑丽敏. 大学生出行安全研究［J］. 教育现代化, 2016（10）.

[47] 周利群. 女大学生遭受性侵原因分析及预防策略［J］. 法制与社会, 2013（27）.

[48] 朱家德, 赵观石. 校园性骚扰及防止策略新探［J］. 当代教育论坛, 2005（24）.

[49] 宗思韬. 面向高校网络舆情安全的监管与预警研究——高职院校大学生就业安全［J］. 电子测试, 2016（8）.